한국형 발전국가의
국가이념과 정치제도

한국형 발전국가의 국가이념과 정치제도

박성우·손병권 지음

인간사랑

이 저서는 2014년 교육부 지원 한국학진흥사업(과제명: 한국형 발전모델의 70년사: 한국 발전 경험의 확장과 융합의 역사, 과제번호 AKS-2014-KSS-121003) 지원에 따른 것임

서문

이 책의 1부는 한국형 발전국가의 국가이념이 이승만 정부와 박정희 정부 그리고 민주화 시대에 어떻게 형성됐고, 진화했는가를 고찰하고 있다. 특히 지난 70년간의 한국형 발전의 동력이 국가적 동원과 국민적 참여 간의 조합이라는 점에 주목한다. 국가적 동원은 사회적 갈등을 수반했고, 국민적 참여가 내실을 갖기 위해서는 상당한 희생과 노력이 필요했다. 이런 과정에서 국가이념은 한국형 발전을 추동시키는 데 핵심적인 역할을 담당했다.

이승만 정부의 국가이념은 문명국 담론을 중심으로 전개되었다. 근대국가로서의 위상을 정립하기 위해 부강과 문명의 조화를 추구한 것이다. 이러한 국가이념은 이승만 정부에 의해 적극적으로 홍보되어 국민의 일상적인 수준까지 영향력을 행사했으나, 국가적 동원은 국민의 자발적인 참여를 제한하는 결과를 초래하였다. 박정희 정부의 국가이념은 두 축으로 구성된다. 하나는 경제발전과 근대화, 산업화를 내세우는 전형적인 발전국가 담론이다. 다른 하나는 왜곡된 민주주의 담론을 포함한 국가이념이다. 산업화를 위한 국가적 동원은 결국 상당한 정도의 국민적 저항에 부딪쳤고, 이에 대응하기 위해 박정희 정부는 왜곡과 분식을 수반한 민주주의 담론을 국가이념으로 삼았다. 한편 민주화 이후의 국가이념은 정의 담론과 헌법개정 논의와 연계되어 있다는 특징을 갖는다. 국가는 정의 수호의 주체로 인식되고, 헌법이 국민적 정서를 반영하는 방향으로 개정되어야 한다는 국민적 인식이 확산되었다.

이 책의 2부는 발전국가와 정합적인 정치제도가 무엇인지를 확인하기 위해서 제1공화국에서 제6공화국까지의 정치제도를 다룬다. 구체적으로 한국정치의 발전과정을 정부수립 및 민주화가 좌절되는 제1, 2공화국의 시기, 발전국가의 전형적인 모습이 갖추어지는 제3공화국 시기, 그리고 발전국가의 틀 속에서 정치적 참여가 억압되면서 1인 장기집권을 위한 체제가 구축되거나 혹은 정권교체를 위한 실질적인 정당 간 경쟁이 존재할 수 없었던 제4, 5공화국의 권위주의 시기, 그리고 1987년 민주화 이후인 제6공화국으로 구분하여 각 시기별로 권력구조의 특징, 선거제도 및 정당체제의 특징적 양상, 국회운영 방식을 중심으로 살펴보았다. 이러한 논의를 통해서 제2부는 제3공화국과 함께 등장한 대통령 중심의 위계적 행정국가와 이를 지원하는 수동적 국회, 그리고 여당인 민주공화당의 안정 다수의석을 보장하는 선거제도 등이 발전국가의 전형적인 정치제도로서 등장했음을 설명하였다. 이러한 모습은 발전국가의 모습은 제4공화국 및 제5공화국에 이르러 권위주의체제의 등장으로 퇴행적인 모습을 나타내면서 국민의 저항에 부딪치게 되었다.

한편 민주화 이행, 공고화, 심화의 과정을 경험한 제6공화국의 정치제도는 제3공화국 이후 제5공화국의 권위주의체제를 불식시키고 다양한 측면에서 정치제도의 변화를 시도하였다. 우선 대통령직선제로 인해서 국민의 자유로운 정치참여가 보장된 가운데, 선거제도의 개혁이 꾸준히 이루어지면서 과거 권위주의 시절에 대표성이 약화된 사회세력의 정계진출의 물꼬가 트이게 되었다. 이와 함께 제6공화국의 초기 극단적 지역주의에 편승한 3김정치의 퇴진과 함께 각급선거 후보의 선출을 위한 경선제도의 도입, 총재제도 폐지 등 정당개혁도 추진되었다. 이와 동시에 소셜미디어의 등장, 선거유동성의 증대, 직접민주주의에 대한 요구가 등장하면서 제도권 정치에 대한 불만이 노출되기도 하였다. 이러한 현상은 제6공화국 등장 이전 발전국가의 모델로서 설명될 수 없는 새로운 현상으로서 향후 한국정치의 향방과 관련하여 지속적인 관찰을 요청하는 현상이라고 할 수 있다.

공동저자 손병권·박성우

차례

2부 한국형 발전국가의 정치제도—손병권 143

1부 한국형 발전국가의 국가이념의 진화

박성우(서울대학교)

I. 서론

1. 왜 한국형 발전국가를 재조명하는가?

지난 70여 년간 한국 경제는 누구도 부인할 수 없는 비약적 성장과 발전을 거듭했다. 경제 분야뿐 아니라 정치와 문화 영역에서도 한국은 저발전 국가들의 부러움을 살만한 성취를 거듭해 온 것이 사실이다. 한국은 아시아 국가로서는 최초로 자생적인 민주화에 성공했고, 문화적으로도 아시아뿐 아니라 전 세계를 떠들썩하게 할 만한 한류 열풍을 일으킨 바 있다. 그러나 발전국가로서의 한국형 모델에 대한 평가가 긍정적인 측면만 존재하는 것은 아니다. 압축적 경제성장을 이루는 과정에서 민주주의나 평등과 같은 정치·사회적 가치를 양보해야 했던 먼 과거를 차치하더라도 지난 20년만을 되돌아보더라도 한국이 과연 모범적 발전국가로서의 위상을 견지해 왔는가에 대한 비판적인 시각이 있다.

특히 건국 이후 세대교체와 계층 분화로 인해, 세대 간, 계층 간에 한국의 발전사(發展史), 혹은 한국형(形) 발전에 대한 상반된 평가가 공존하는 상황이 벌어졌다. 기성세대의 관점에서 한국의 발전은 압축적 경제성장의 상징이 되어 온 '한강의 기적'으로 대표된다. 그러나 젊은 세대에게 압축적 경제성장은 더 이상 맹목적인 자부심의 대상이 되지 못한다. 이들에게 지난 20년간은 부(富)의 양극화나 청년실업의 악화, 기형적인 사교육 시장의 증가 등과 같은 고질적인 경제 문제를 누적시켜 온 답답한 과정으로 파악된다. 또 한 때 아시아 민주주의의 모델로 각광받았던 한국 정치는 21세기 들어 여전히 후진적인 양태를 보임으로써 국민에게 큰 실망을 안기곤 했다. 민주주의와 법치주의 간의 갈등은 지속되고, 대통령제의 병폐 중 하나인 '제왕적' 요소는 여전히 개선될 기미가 보이지 않는다. 문화적으로도, 한류 열풍의 이면에 부정적 요소가 자리 잡고 있음을 간과할 수 없다. 한류는 지나치게 대중적 인기에만 의존하는 경향이 있어서, 상황에 따라서 외국의 문화적 포퓰리즘, 문화적 국수주의의 희생양이 될 위험에 노출되어 있다.[1] 대중문화뿐 아니라, 다양한 차원의 예술문화의 영역에서도 한국의 역할이 재고되어야 한다는 자성의 목소리가 강하게 나오는 이유이다.

무엇보다 선진국 진입의 문턱에서 오랜 기간 지체를 거듭해 온 답답

1 예컨대, 한류 연예인 한 사람의 언행에 따라서 한국 문화에 대한 소비 전체가 타격을 받거나, 나아가 혐한 정서가 발생하여 한국 문화 전체를 비하하고, 정치적으로도 문제를 야기하는 상황이 왕왕 벌어지고 있다.

한 상황 속에서, 국내적으로 경제발전에 대한 사회적 피로감과 부작용이 존재한다는 사실을 부인할 수 없다. 이런 상황에서 "한국형 발전"을 논하는 것은 자칫 과거의 성취에만 매달려 현실을 제대로 직시하지 못하는 자기최면의 오류를 범하는 것이라고 비판받을지 모른다. 또 '발전'에 대한 여러 가지 새로운 해석이 제기되고 있는 가운데 한국을 발전국가의 전형으로 인식하는 것 자체가 철지난 유행가를 부르는 것으로 비쳐질지도 모른다.

그러나 외부의 시각으로 한국의 발전 과정을 조망하면 다른 평가를 내릴 수 있다. 다수의 아시아 국가들이 한국을 자신들의 모델로 설정하고 있다는 것이다. 그들이 한국을 주목하는 이유는 불과 70년 전만 하더라도, 한국이 OECD에 가입하고, G20 국가가 되어 세계를 선도한다는 것을 상상조차 할 수 없었기 때문일 것이다. 그들에게 한국은 여전히 '한강의 기적'을 이룬 나라이고, 짧은 기간 동안 국제무대에서 다방면의 성공을 거둔 경쟁력을 갖춘 나라이다. 그렇다면 오늘날의 상황에서 우리는 그들에게 우리의 '성취'에 대해서 어떻게 말할 것인가? 한국의 발전은 이제 과거의 일이고, 현재는 성장을 멈추고 정체의 늪에서 벗어나지 못한 상태이니, 한국적 '환상'에서 벗어나라고 할 것인가? 한국의 성장을 동경하는 외부의 시선은 그렇다 치고, 우리 스스로는 우리가 이룩한 발전과 오늘날의 상황에 대해서 어떻게 이해하고 자리매김할 것인가? 한국형 발전 모델에 대한 검토는 한국의 대외 이미지를 위해서 뿐 아니라, 지난 70여 년간 우리가 걸어 온 발자취를 되돌아보고, 우리 스스로의 자화상을 그려보는 데 반드시 필요한 작업이라고 생각한다. 특히 "한국형 발전"을 이루는 과정에서 우리 국민은 국가의 역할을 어떻게 규정하고 수용했는지, 이러한 국민적 이해를 각 정권은 어떻게 활용했는지, 그리고 이러한 상황 속에서 한국은 어떻게 발전을 이뤄냈는지를 검토할 시점이다.

한국형 발전의 속성과 본질이 무엇인가라는 문제는 한편으론 엄밀한 과학적 판단의 대상이라고 할 수 있다. 그러나 한국형 발전에 대한 우리들 자신의 이해는 우리의 현재를 새롭게 형성하고, 우리의 미래를 바꾸는 역할을 하게 될 것이다. 사회과학의 속성상, 우리들 자신이 스스로를 어떻게 이해하고 인식하는가에 따라서 우리의 존재론적 성격이 규정될 것이다. 한국형 발전에 대한 우리 자신의 이해는 곧 우리가 이룬 성취에 대한 자기성찰이고, 주체적 의식 형성의 과정이다.

이런 맥락에서 지난 70여 년간 각 단계마다 지배계층을 포함해 정권 및 정부가 동원한 국가이념, 그리고 이에 동참한 국민들의 인식이야말로 지난 역사를 평가하는 가장 중요한 기준이자, 향후 우리의 미래를 결정하는 중요한 요소가 될 것이다. 이런 맥락에서 한국형 발전이 진행되는 과정에서, 어떤 국가이념이 국민을 설득시켰고 동원시키는데 활용되었으며, 국민은 또한 어떤 방식으로 국가가 제시한 국가이념에 동참해 왔는가를 살펴보는 것은 자못 의의가 있다. 이러한 국가이념의 성찰을 통해 향후 한국이 세계 속에서 지향해야 할 자기모델을 설정하고 내적 동력을 모색할 수 있을 것이기 때문이다. 아울러 한국형 국가이념을 성찰하는 작업은 한국을 여전히 자신들의 모델로 지켜보는 국가들에 대해서도 정직하고 유용한 '한국형 모델'을 제시하는 계기가 될 것이다.

이제 고도성장과 압축발전에 따른 피로감을 극복하고, 한국형 발전국가의 2.0버전을 모색해야 할 시점이다. 과거의 한국형 발전국가 모델이 오리엔탈리즘과 서구 중심적 사고틀 안에 갇혀 있던 외부로부터 주어진 "한국형"이었다면,[2] 이제부터 우리 스스로 한국형 발전국가의 독자성을 확인하고 개발할 필요가 있다. 이를 통해 여전히 한국을 주목하고 있는 저발전 국가에 대해서는 한국형 발전국가의 참모습을 제시하고, 우리 스스로도 우리의 미래를 보다 바람직한 방향으로 정초해야 할 것이다.

2. 한국형 발전국가에 대한 다양한 평가: 경제성장, 민주화, 세계화에 따라서

앞서 지적한 바와 같이 한국형 발전을 바람직한 모델로 받아들이는 것에 대해서 다양한 비판적 시각이 존재한다. 그러나 이러한 비판적 시각을 좀 더 자세히 들여다보면 한국형 발전에 대한 다양한 의식과 상반된 시각이 세대와 계층에 따라 나뉘고 있음을 알 수 있다. 한국형 발전에서의 "압축"은 곧 정치경제사회적으로 이질적인 요소들을 경험한 다양한 세대들의 공존을 의미하기 때문이다. 이들은 특히 경제성장, 민주화, 세계화에 대해서 상반된 평가를 제시한다.

예컨대, 오늘날 우리의 '경제성장'에 대해서, 절대적인 빈곤상태에서

2 이러한 시각에 따르면, 한국이 이렇게 성장한 것은 바로 이러저러한 '한국적' 특수성에 기인한다.

국민들을 구제해 준 감사의 대상으로 평가하는 세대가 있는 반면, 성장 위주의 경제정책으로 인해 세계경제질서에의 적응이 어려워졌고, 경제 민주화가 저해됐다고 평가하는 세대가 존재한다. 조금 다른 맥락에서 "해외원조"라고 하면, 전후(戰後) 한국의 가난을 떠올리며, 우리가 과거 선진국으로부터 받았던 원조나 차관을 떠올리는 세대와, KOICA나 국제기구를 통해 현재 한국이 활발하게 진행하고 있는 해외원조사업을 떠올리는 세대가 공존한다.

한국형 발전에서의 "압축"은 이와 같이 세대 간의 인식 차를 낳았을 뿐 아니라, 사회계층 간에도 상반된 평가들을 공존하게끔 하는 현상을 초래했다. 특히 한국이 성취한 민주화와 한국 민주주의의 현주소에 대한 평가는 사회계층에 따라 매우 상반된 형태로 나타나고 있다. 특히 참여와 평등과 같은 민주적 가치와, 능률과 경쟁과 같은 경제적 가치 간의 균형점을 어디에서 찾을 것인가에 대한 견해차가 나타난다. 즉 1980년대 민주화 이후 어느 정도의 정치적·제도적 차원의 민주주의의 기틀이 마련된 것으로 보고, 능률, 경쟁, 인간성, 복지, 웰빙 등 "포스트 민주화" 시대의 다양한 가치를 강조하는 계층이 존재하는 반면, 여전히 다른 어떤 가치보다도 민주적 가치의 최우선성을 주장하는 계층이 있다.

세계화에 대해서도 우리 사회에는 계층 간, 세대 간 대조적 시각이 공존한다. 사실 한국은 1990년대 명분으로서의 세계화에서, 1990년대 말 IMF 시절 불가항력으로서의 세계화를 거쳐, 그리고 이제는 선별적이고 조절 가능한 세계화를 모색 중에 있다고 할 수 있다. 이 과정에서 우리 사회의 적절하고도 바람직한 세계화의 속도와 범위가 무엇인가에 대해 매우 다양한 시각들이 존재한다. 예컨대 우리는 WTO의 농업부문

개방 문제를 둘러싼 사회적 갈등을 경험한 바 있으며, 한미 FTA의 체결에 있어서도, 협상의 시작 단계에서부터 조약의 비준 단계에 이르기까지 사회적으로 심각한 홍역을 치룬 바 있다.

지난 70년을 돌이켜 보면, 한국형 발전이 단선적으로 진행됐다기보다 역동적 복합성을 수반하면서 진행됐다. 따라서 한국형 발전에 대한 이해와 평가 역시 다양하게 나타날 수밖에 없다. 특히 경제발전, 민주화, 세계화에 대해서 세대 간, 계급 간, 사회세력 간 상반된 진단과 처방이 공존하는 것은 어쩌면 매우 자연스런 일이다. 그러나 이러한 상반된 견해가 사회적 갈등을 부추기고, 한국 사회의 또 다른 갈등의 요인으로 작용하는 것은 결코 바람직한 일이 아니다. 이러한 부작용은 한국 사회가 대외적으로 더 이상 발전모델로서의 가치를 상실하게 될 뿐 아니라, 국내적으로도 경제적, 사회적, 문화적 정체(停滯)를 초래할 수 있을 것이다.

이 글은 한국형 발전의 국가이념이 건국부터 현재까지 어떻게 진화하여 왔는가를 역사적으로 검토할 것이다. 특히 현재 한국형 발전의 중심축으로 파악되고 있는 경제성장, 민주화, 세계화라는 세 축이 역사적으로 국가이념의 측면에서 어떤 단계를 거쳐 발전해 왔는가를 검토할 것이다. 앞서 언급한 바와 같이 한국형 발전 모델은 단선적이지도 획일적이지도 않았다. 한국형 발전 모델은 역사적으로 여러 단계를 거치면서 시대적 도전과 응전의 결과로 이룩됐다. 이제 각 역사적 단계에서 한국은 어떤 도전을 받았으며, 이에 대해 어떻게 응전했는가를 국가이념의 차원에서 점검할 것이다.

경제성장, 민주화, 세계화는 그것 자체로 시대구속적인 속성을 갖는 것은 아니지만, 한국형 발전 모델과 관련해서는 특정 시기와 깊이 연루되어 있다. 경제성장이 건국에서부터 권위주의 시대를 마감할 때까지 부상했던 중심축이었다면, 민주화는 1980년대 이후 민주화 시대의 지배적인 요소였고, 세계화는 IMF 시대 이후 우리 사회의 중심 담론이 되었다. 이 글은 이러한 인식을 기초로, 세 시기에 한국 사회가 직면한 주요 도전이 무엇이고 이를 어떤 방식으로 극복했는가를 검토함으로써, 한국형 발전국가의 2.0 버전을 모색할 것이다.

II. 한국형 발전의 전조기(1945년-1961년)와 이승만 정부의 국가이념

1. 이승만 정부 국가이념의 배경

이승만 정부는 새로 근대적 의미의 독립국가로 탄생한 한국을 어떤 국가로 규정했는가? 근대적 의미의 국가란 대내적으로 어떤 결정도 내릴 수 있는 최고의 권력을 지닌 입법, 사법, 행정과 관련된 모든 권한을 보유하고 있는 권력체이다. 그런데 이러한 근대 국가의 주권은 국민에게 있으므로, 국가의 실질적인 지배세층은 국가가 대내적으로 행사하고 있는 최고의 권력의 정당성을 국민에게 설득시킬 수 있어야 한다. 이러한 정당성은 그 국가가 지향하고 있는 국가의 정체성을 규정하는 국가이념, 혹은 국가 존립의 근거를 제시하는 국가론에 의존하는 바 크다. 이러한 국가이념은 국내적으로만 효력을 발휘하는 것이 아니라, 국가로서의 독립적인 지위를 누리고 있는 다른 나라와의 관계 나아가 국제적인 환경에 영향을 받게 되어 있다. 근대국가들 간의 관계에 의해 규정되는 국가이념이나 국가론은 극히 예외적인 경우를 제외하고 국제적인 환경과 독립적으로 존재할 수 없기 때문이다.

이런 맥락에서 동일한 근대 국가라고 하더라도 국가론이 현실적으로 작동하는 방식은 지배계층과 국민 간의 관계적 상황에 따라서, 그리고 국제 질서의 변화에 따라서 다르게 나타날 수 있다. 즉 어떤 방식으로 지배계층이 국가 권력의 정당성을 확립하고자 했는가, 그리고 국제질서와 환경을 어떻게 규정하고, 국가의 국제적 위상을 확립하고자 했는가에 따라서 국가이념과 국가론이 다르게 형성될 수 있다는 것이다. 이러한 의미의 국가이념은 고정적으로 규정될 수 있는 것이 아니라, 지배와 피지배의 상호작용 그리고 국내적 상황과 국제적 상황의 교합으로 인해 변화와 역동성을 경험하게 된다.

일반적으로 한 정부의 국가이념은 지배계층과 피지배계층을 포함하는 국가 구성원들의 자기 정체성을 규정하는 데 강력한 영향을 미치는 일종의 담론으로서 기능하는 경향이 강하다. 이 장은 이승만 정부의 국가이념이 지배와 피지배의 상호작용 그리고 국내적 상황과 국제적 환경의 변수 속에서 어떤 변화와 역동성을 가지는지를 이승만 정부의 국가담론 분석을 통해서 살펴보고자 한다. 이승만 정부의 국가이념은 다분히 지배계층의 국가담론에 의해서 형성됐다고 할 수 있다. 따라서 이 장에서는 이승만 정부의 지배계층이 주도한 국가담론이 무엇이었으며, 이것이 어떻게 국가이념으로 자리 잡게 됐는가를 검토할 것이다.

우선 이승만 정부의 지배계층은 이승만이 근대국가를 수립하기 이전에 어떤 국가이념을 갖고 있었는가를 검토할 것이다. 이는 이승만 정부가 본격적으로 출범한 후 주도하게 되는 국가이념과 국가담론의 구성에 대한 예비적 성격을 갖는다고 볼 수 있다. 이승만 정부의 국가이념은 크게 세 시기로 구분해 볼 수 있다. 정부수립과 한국전쟁 이전, 한국전쟁기 그리고 휴전기 이다. 이 시기를 거치면서 이승만의 국가론은 남한의 단독정부 수립 그리고 북진통일을 통한 통일국가 완성으로 요약될 수 있다.

정부 수립기에 이승만이 가장 많이 사용한 국가이념은 '나라' '국가' '우리나라' '민국' '한국' 등과 같은 국가 개념에 기초해 있었다. 학자들은 대체로 이승만이 사용한 이런 국가 개념이 당시 한국을 대표하는 국가이념이자, 근대국가가 되기 위한 노력의 일환으로 봐야 한다고 평가한다. 즉 이전까지 전통적인 영토국가 차원의 '국(國)' 또는 '방국(方國)'의 차원을 넘어서 근대의 Jus Gentium 체제의 일원이자 주체가 될 수 있는 주권국가를 이뤘다는 표식이 된다는 것이다(한승연·신충식 2011).

물론 당시나 지금이나 아직까지 통일된 독립 국가를 이루지 못했다는 것이 큰 과제로 남는다. 이런 맥락에서 한국전쟁은 이승만 정부의 국가이념이 형성되는 데 새로운 계기가 됐다. 이승만은 일찍이 미군정기 3년 동안 남북 통일국가 수립이 현실적으로 어렵다고 판단하여 독립 국가를 지향하면서도 귀국 이후, 남북한의 통일된 하나의 국가를 창출하는 것보다 자신이 주도하는 정부 창출에 더 큰 관심을 기울였다. 따라서 한승연·신충식(2011)에 따르면, 미군정기 이승만의 주요 연설에서는 국가 이념보다 군정(부), 민정부, 우리정부, 임시정부, 독립정부, 단독정부

등 정부 개념에 더욱 집착하고 있었다. 미국 망명시절에는 무장투쟁 독립노선을 반대하고 외교적 독립 노선만을 강조했던 이승만이 단정 수립을 통해 무력통일 노선을 선택한 것은 매우 이례적인 일이다. 그러나 이러한 이승만의 북진통일 노선은 한국전쟁 이후에 점차 강화되는 경향을 보인다.

이승만은 한국전쟁 이전부터 북진통일의 의지를 천명한 바 있다. 1949년 11월 2일 〈장기의 분열 불용인, 타국 적화해도 우리는 독립유지〉라는 제하의 연설에서 이승만은 다음과 같이 말한다.

> 한국은 한 몸둥이가 양단(兩斷)된 셈이다. 한국은 앞으로 장기간 남북분열을 용인하지는 않을 것이다. 우리가 전쟁으로서 이 사태를 해결해야 할 때에는 필요한 모든 전투는 우리가 행할 것이다. 우리는 우리의 우인(友人)에게 우리를 위하여 싸움을 싸워달라고 요청하지는 않는다. 이 대사상(大思想) 냉정전쟁(冷靜戰爭)에 있어서 우리는 공산주의를 조지(阻止)하기 위하여 가능한 모든 일을 할 것이다. 중국 또는 여하한 국가가 적화할지라도 우리는 우리의 독립을 유지할 것이다. 남한은 미국의 경제적 군사적 정신적 지지를 필요로 한다. (대통령이승만박사담화집/공보처 1953)

남북한이 38선을 중심으로 대치를 지속하고 있었던 1953년 1월 1일 신년사에서는 보다 노골적으로 북진통일을 강조한다.

> 우리 일을 우리가 단독 행위로 할 수 없으므로 이북 동포를 구하지

> 못하고 모든 우방들과 협의적으로 해결할려고 했으나, 지금은 더 지낼 수 없다는 것이다. 만일 우방들이 허락하지 않으면 그 사람들은 구경할 것이고, 우리들이 무기 있는 사람은 무기를 들고 없는 사람은 그 뒤를 따라 압록강까지 밀고 오라가서 결단을 내겠다는 것이다.
>
> ……
>
> 압록강 두만강까지 미러 올라가면 중간에서 막는 것보다는 훨신 낳을 것이다. 우리 국군들의 사기는 말로 높아서 앞으로 천시(天時), 지리(地利), 인화(人和)로서 새해를 기쁜 마음으로 마지합시다. (대통령이승만박사담화집/공보처 1953)

휴전협정이 성립한 뒤에도 이승만은 종종 자유진영의 유화정책과 국제정세 때문에 한국이 통일을 이루지 못하고 국제적으로 희생당하고 있다는 불만을 터뜨렸다. 한국전쟁 휴전 이후 이승만은 오로지 무력투쟁을 통한 남북 통일국가 수립에 골몰해 있었다. 한승연·신충식(2011)은 이런 맥락에서 해방공간의 국가이념 형성 단계에서는 정체의 결정과 관련한 여러 전제들이 다양하게 정의되지 못한 채, 상해 임정에서 민주공화제로 규정한 이래 남북 분단이라는 정치적 현실에 의해 반공과 민주라는 커다란 스펙트럼 안에서만 한국의 국가이념이 규정됐다고 해석한다.

2. 이승만 정부의 국가이념 1 – 문명과 부강(富强)의 이중주

19세기와 20세기 초반까지 서구에서 유행했던 대표적인 국가이념과 담론은 문명국가 담론이라고 할 수 있다. 그러나 문명국가 담론을 중심으로 형성된 서구중심주의는 이른바 '문명국'에 의해 저질러진 세계대전을 겪으면서 위기를 맞게 된다. 무자비한 전쟁의 잔혹성과 폭력성을 경험하면서 세계는 인류의 진보와 문명에 대한 회의를 갖게 됐고, 이에 따라 20세기 중반 이후부터 서구중심주의는 문명국 담론에서 이른바 발전국가 담론으로의 전환을 맞이하게 됐다. 이제 문명과 비문명의 대조가 아닌 발전과 저발전의 대조로 서구는 발전을 주도하는 세력으로 등장한다(Nederveen Pieterse 2001; Brohman 1995).

문명과 비문명이 아닌 발전된 서구와 저발전된 비서구의 구분이 명료하게 인식되면서 발전국가 담론이 부상하게 된다. 이제 역사의 진보는 문화적 세련됨이나 문명의 진화에서가 아니라, 국민소득과 같은 경제발전을 통해서 평가받게 됐다(Patterson 1997, 김종태 2012에서 재인용). 패터슨은 이러한 발전담론으로의 전환이 유럽 중심에서 미국 중심으로의 전환과 밀접하게 연관되어 있다고 평가한다. 김종태(2012)는 미국 패권이 부상하면서, 문화와 문명을 중심으로 한 유럽의 담론과는 구분되는 새로운 담론을 만들어야 하는 상황에서 발전국가 담론은 양차 대전을 겪지 않고 유럽에 비해 비약적인 경제성장을 달성할 수 있었던 미국에게 매우 매력적이고 유리한 담론이었다고 해석한다.

이와 같은 국가 담론 전환의 전 세계적인 추세는 고스란히 동북아와 한국에도 전이됐다. 19세기 말 개화파들에 의해서 형성된 문명국가 담론은 서구를 문명국 혹은 개화국으로, 한국을 비롯한 동양을 '반개화국'으로 분류하고 서구를 이상적 모형으로 상정한 국가이념을 모색한다. 예컨대 유길준은 세계 각국을 개화국, 반개화국, 미개화국으로 나누고, 서구를 개화국으로, 한국과 중국을 반개화국으로 규정한다(유길준 2004[1985], 394-5, 김종태 2012에서 재인용). 양차대전을 겪으면서, 비서구(非西歐)는 서구식 진보에 대한 믿음을 상실했지만, 여전히 미국을 중심으로 새롭게 조성된 발전국가 담론을 받아들여 서구를 추앙하는 기조를 유지했다. 1960년대 이후 한국의 국가이념은 후진국(underdeveloped country)에서 서구와 같은, 특히 미국과 같은 선진국(developed country)으로의 전환을 최우선 과제로 삼은 국가이념을 채택한 것이다.

그러나 적어도 이승만 정부시기 즉 대한민국이 처음으로 어엿한 근대 독립국가가 탄생하던 시기까지는, 19세기 말 20세기 초에 전 세계적으로 팽배했던 문명국가 담론이 팽배했다고 할 수 있다. 주지하듯이 이 시기 한국은 신생국가로서 온갖 난관을 겪었으며, 분단의 한계와 전쟁의 경험으로 매우 낮은 경제발전 단계에 있었다. 이 시기 한국 경제의 대부분은 해외원조에 의존하는 상황이었다. 흥미로운 것은 이런 상황에서도 이승만 정부는 경제발전을 국가의 최우선 과제로 삼지 않았다는 사실이다. 학자들은 그 이유를 이승만 정부가 국가권력을 지배층의 이익만을 위해 사용하는 '약탈국가'(predatory state)였기 때문이라고 파악 한다(조희연 2003; Evans 1995). 이러한 '약탈국가'는 국민에게는 충분한 물질적 필요를 제공해야 할 동기를 갖지 못한다. 약탈국가가 경제발전에 필요한 자본축적에는 관심을 가질 리 없다. 같은 맥락에서 서재진도 약탈국가의 관심은 해외원조를 통해 유입되는 부를 어떻게 하면 지배계층에 유리하게 배분하는가에 맞춰져 있다고 지적한다(서재진 1991).

김종태(2012)는 이승만 정부가 이와 같이 경제발전에 주의를 기울이지 않았던 이유 중 하나를 여전히 전 세계적으로 지배적인 국가이념이 발전보다는 문명에 초점이 맞춰져 있었기 때문이라고 파악하는데, 이는 매우 적절한 지적이다. 경제발전을 통한 조국 근대화를 민족적 사명으로 설정했던 다음 박정희 정부와는 확연히 구분된다. 이승만 정부도 경제발전을 통해 부강한 나라가 되는 것을 바라고 있었던 것은 사실이다. 하지만 경제발전을 국가의 최우선 과제로 설정하진 않았다. 이승만 정부가 한국과 세계를 해석하는 주요 관점은 여전히 문명국 담론이었기 때문이다.

김종태(2012)는 이러한 사실을 대통령의 연설문이나 그리고 당시의 주요 신문의 논조에서 확인한다. 이승만의 연설 안에서 가장 핵심적인 용어는 발전이나 경제성장이 아니라, '문명', '개명', '야만'과 같은 단어들이다. 국가적 차원에서 바람직한 국가 모형은 '문명국' '개명국'으로 표현됐고, 국가가 지향해야 할 가치도 문명이나 개명 등의 개념으로 표현됐다. 예컨대 이 대통령은 "세계 문명국가에 손색이 없는 나라를 이룩할 것"이라는 내용을 종종 내비친 바 있다(예를 들어 1957년 7월 3일 연설, 김종태 2012에서 재인용). 김종태(2012)에 따르면, 이 대통령은 더욱 문명한 나라, 더욱 개명한 나라가 되어서, 후세 사람들이 충분한 복리를 누릴만한 나라를 물려주며, 또 세계적으로는 남에게 대우받는 나라, 추앙을 받은 나라가 되자고 강조했다는 것이다.

그러나 이 대통령의 연설문 안에는 문명과 함께 '부강'이라는 개념이 자주 등장한다는 사실을 주목할 만하다. 문명이 문화적 역사적 정신적 측면의 개념이라면, 부강은 군사적, 경제적 물질적 측면의 개념이다. 19세기 서구 문명이 곧 부강으로 곧 문명과 부강이 동일시던 때와는 달리 이 대통령의 연설에서는 문명과 부강을 구분된다. 이런 맥락에서 이승만 정부의 문명국가 담론은 기본적으로는 19세기 말 20세기 초 전 세계적인 문명담론의 연장선상에 있지만, 적어도 부강의 요소를 추가한 국가이념이라고 할 수 있다.

부강의 개념은 그 속성상 산업, 경제 분야의 연설에 자주 등장한다. 흥미로운 것은 이 부강의 개념이 이 대통령에게는 절대적으로 추구해야 할 궁극적인 목표라기보다 현실적으로 실용적인 필요에 의해서 강조되는 정도에 머물러 있다는 사실이다. 예컨대, 서구가 주도하는 약육강식의 국제질서 속에서 남의 노예가 되지 않으려면 부강해야 한다고 주장한다. 그러나 이승만 정부의 국가이념은 문명과 부강 개념을 구별하면서도 부강보다는 문명을 우위에 둔다. 1950년대의 불안정한 정치사회적 상황, 풍요하지 않은 경제적 상황에서도 국가와 민족의 문명적 가치를 강조한 이승만의 국가이념을 어떻게 이해해야 할까?

이승만이 추구한 문명국가 이념은 19세기 말 20세기 초 '반(反)개화' 또는 '반(反)문명' 식으로 한국을 서구의 문명적 지위에 비해 한 단계 낮게 평가하려는 경향과는 대비되는 것이다. 일차적으로는 서구가 세계대전을 겪으면서 서구 문명의 위상이 흔들린 것을 반영한다. 또한 한국은 대체로 유구한 전통과 역사, 예절과 도의의 문화가 있는 문명국이라는 자부심을 반영한 것이라고 할 수 있다. 서구가 물질문명에 바탕을 둔 문명국이라면 한국은 도의를 숭상하는 정신문명에 바탕을 둔 문명국이라는 것이다. 김종태(2012)는 이런 구분은 물질문명에 바탕을 둔 서구가 사상 유례 없는 폭력성을 수반한 세계전쟁을 치렀다는 사실을 주목한 것이라고 지적한다. 이승만은 1957년 11월 18일 행한 연설에서 다음과 같이 말한다.

> 우리나라는 옛적부터 개명한 민족으로 삼강오륜의 도리를 지켜서 예의지국으로 추앙을 받아온 것인데 우리가 아이 적부터 배워온 것은 천지지간 만물지중에 유인이 최귀하다는 것이며 이것은 우리 인간은 모든 짐생과 달라서 도덕을 아는 까닭인 것이다. 동성인간에 혼인하면 인종이 점점 더 퇴화되며 새 피가 섞이지 못하여 진전되지 못하므로 이것을 금한 것이니 이것은 옛적부터 도덕상으로나 생물학의 견지에서 지켜 나온 것이다. 지금 우리가 이것을 무시한다면 인류 덕의상으로나 생물학상으로 크게 불리할 것이니 이것은 그저 법대로 지켜나가는 것이 옳고 좋을 것이다. (동성동본 혼인에 대하여, 대통령이승만박사담화집/공보실, 1959)

이승만은 또한 부강을 근대 국가에 필요한 필수요소로 보고는 있으면서도, 부강하지 못하다는 것이 곧 근대국가로서의 가치를 부정적으로 평가할만한 요인이라고 파악하진 않는다. 이러한 태도는 국가와 민족의 빈곤한 상황을 가장 심각한 문제로 설정하고, 빈곤한 상태로부터 벗어나는 것을 국가의 지상과제로 설정한 박정희 정부의 태도와는 매우 대조적이다. 이에 대해 김종태(2012)는 "발전주의의 힘이 아직 크지 않은 상황에서 '가난'에 대한 '문제가' 문명 담론의 틀에서 형성된 '문명국'이라는 국가정체성에 강한 영향을 끼칠 정도는 아니었다고 할 수 있다"고 평가한다(Escobar 1995).

이런 맥락에서 이승만은 우리나라와 민족을 문명하고 개명한 수준으로 인식하고 이에 대한 긍지를 잃지 않을 것을 강조한다. 그러면서도 현실적 필요의 차원에서 부강의 필요성을 지적한다. 이승만 정부는 약육강식의 국제질서 속에서 부강하지 않은 국가는 생존하기 어렵다는 인식을 갖고 있다. 그러나 이 경우에도 단순히 부강만을 강조하는 것이 아니라, 어디까지나 훌륭한 문명의 토대 위에서 경제적, 군사적으로 강해야 한다는 '문명부강'(文明富强)을 강조했다.

김종태(2012)의 지적대로, 이승만은 분명 부강을 문명보다는 한 단계 낮은 차원의 가치로 설정한다. 그러면서도 이승만은 부강의 중요성을 배제하지 않는다. 문명의 차원에서는 한국은 어느 정도 수준에 올라 와 있는 문명국이지만, 부강의 차원에서는 현저히 미흡한 상태라는 인식 때문이다. 이런 맥락에서 이승만은 서구의 국가들은 문명한 국가가 아니라, '부강한' 국가로 묘사하고, 이들과의 관계에서 생존하기 위해서는 이들이 누리고 있는 부강을 따라 잡아야 한다는 식으로 부강의 필요성을 역설한다.

> 미국같이 부강한 나라에서도 고립하고는 지낼 수 없음을 각오하고 동서양 각국과 밀접한 관계를 맺고 있는 터이니 … 일본이 미국인과 통상조약을 정한 후로부터 영국, 미국, 불란서 등 나라가 우리나라에 군함을 파송하여 억지로 문을 트려고 시험한 것이 전후 30년 동안 일곱 번이었다 … 당시 우리 정부 당국자들이 명철한 정치가가 되어서 외

교와 통상을 확장하였더라면 그 후 우리가 당한 모든 화를 능히 면하고 부강을 이루었을 것이나 어둡고 부패한 속에서 모도다 이와 같이 된 것이니 황사를 거울삼아 앞길을 바로 찾아나가야 될 것이다. (쇄국주의를 배제함, 1949. 8. 10)

그러나 서구의 '부강'에 대한 평가는 여전히 이중적이다. 서구의 '부강'은 한편으로 부러움의 대상이지만, 다른 한편으론 제대로 된 정신문명을 수반하지 못했다는 측면에서 비판의 대상이 되고 있다. 즉 서구의 부강을 가능케 한 정치경제적 조건이 '예의 도덕'보다 다른 나라에 대한 침략과 전쟁을 서슴지 않는 '약육강식'의 논리에 기반한 것으로 여겨졌기 때문이다. 이런 맥락에서 서구의 부강은 결과로서 부러워 할 일이지만, 그 수단까지 특히 물질적 문명에만 의존하여 불가피하게 폭력성을 수반하게 된 부강의 어두운 측면까지 부러워 할 일은 아니라는 것이다. 한국과 서구는 모두 문명국이지만, 정신문명의 측면에서는 오히려 한국이 앞선 의식을 갖고 있었다. 따라서 이 당시 한국이 서구에 비해서 부강하지 못한 것을 아쉬워하긴 하지만 그렇다고 열등감을 가질 정도는 아니라고 봤다. 물질적으로만 앞서 있는 서구 국가의 문명에 대해서 이승만 정부는 오히려 비판적 시각을 견지한 국가이념을 유지하고자 했다. 이승만이 1954년 10월 1일 행한 연설을 보자.

지금 서양에서 자녀 가진 사람들이 우려를 만히 하며 미국 각 학교에서는 근래에 와서 자녀교육에 큰 문제가 되어 가지고 토론이 분분하고 잇는 중인데 그 사람들이 지금 우리 한인들의 부모에게 효도하며 장로에게 경건한 이것을 보고 부러워하고 우리를 칭찬하는 사람이 만타. …

근래 우리나라 사람들이 서양 제도를 만히 모방하고 잇나니 이것은 우리가 남이 하는 만큼 해야만 우리가 떠러저 타락된 민족이 하는 것을 면하기 위해서 조흔 것은 다 하루밧비 모번해야 하나 동양의 우리 유교의 풍화(風化)를 바더 삼강오륜(三綱五倫)의 지도를 폐하고는 우리가 크게 위태할 것이니 소위 서양문화를 밧는다는 사람들이 자유 동등의 행위만 보아 모번하고 실상 그 사람들의 덕의상 도의 잇는 것은 배우지 못하고 지낸다면 우리는 조곰 잘못하면 여지 업는 타락의 정도에 빠질 염려가 잇스므로 우리가 유교의 교훈을 바더서 오직 극단에 이르는 것만을 피하고 어른 아해가 그것을 본바더 례의지국 백성임을 잊지 말고 유교의 교훈을 직혀 나가야 할 것이다. 부모나 선생이나 아해들을 극단으로 속박해서 그 마음을 펴지 못하고 엄한 법으로 극단에 가는 것은 극히 피하여야 하고 아해들의 원하는 것과 의도를 봐서 부모를 공경하며 선생을 복종하며 윗사람을 경대하는 례절을 모두 배워서 모든 인생 교제상에 자유 평등의 권리를 누리게 하되 지금 어떤 서양 사람들처럼 무제한한 자유로 방임해서 방탕한 자리에 빠지지 말도록 만들 것이니 이것을 하기에는 우리가 유교를 실천해서 예전부터 일컷는 례의지국 백성이라는 그 대우를 밧도록 우리가 해야 될 것이다. (유교의 교훈을 지켜 례의지국 백성이 되라, 대통령이승만박사담화집 2/공보실, 1956)

따라서 부강의 필요성은 절대적 목표로서 설정된 것이 아니라, 국제정치 현실 속에서 생존을 위한 실용적 차원의 목표로 설정된 것이다. 서구든 일본이든 한국보다 부강한 나라들은 삼강오륜 등 도의를 중심으로 이룩한 한국의 문명보다 한 수 아래이지만, 부강한 국가들에 의해 주도되는 냉엄한 국제정치의 현실 속에서 생존하기 위해서는 실용적으로 부강에 힘써야 한다는 것이다. 이런 맥락에서 서구의 사회는 일방적으로 이상적인 사회로 그려지기보다 물질문명의 한계와 문제점을 노정시킨 사회로 소개되는 경우가 왕왕 있다. 이승만은 1957년 12월 30일 다음과 같이 연설한다.

> 지금 와서는 우리가 서양인들의 진보된 것을 날로 배워서 남이 하는 일을 우리도 하며 또 오히려 그보다 더 낫게 할 수 있도록 장려하는 중인데 우리가 가장 긴절하게 알고 배워서 시행해 오는 것은 정치상 민주제도를 배워서 모든 민중이 다 동등으로 복리를 누리고 살자는 그 목적 하에서 군주제도를 버리고 백성은 다 동등이라는 헌법에 따라서 민주제도의 법률을 만들어 가지고 살게 되는 것이다. ……
>
> 그러나 그런 중에서도 우리가 버릴 수 없는 몇 가지가 있는 것을 알아야 되는 것이니 예전부터 우리가 배워서 행해 오던 삼강오륜은 고칠 수 없는 것이다. 이것을 버리고 다 같이 한 계급으로 알아서 어른도 없고 아이도 없고 또 윗사람도 없고 아랫사람도 없이 만들어 놓는다면 4천여 년 이전의 야만으로 다시 돌아가게 되는 것이니 이것에 대해서는 불가불 가르쳐야 되며 또 배워서 지켜나가야만 되는 것이다. (국민은 삼강오륜을 지켜라, 대통령이승만박사담화집 3/공보실,

1959)

종합하면, 이승만 정부가 추구한 국가이념은 한편으로 한국을 정신문명에 기초한 문명국으로 규정하고, 다른 한편으로 서구를 물질문명에 기초한 문명국으로 규정하면서, 서구가 이룩한 부강을 따라잡을 필요성을 인정하는 동시에 정신적 차원에서는 서구를 비판할 수 있는 국가적, 민족적 자긍심을 가졌다고 할 수 있다. 당시 팽배했던 서구중심주의 속에서도 이와 같은 한국적 국가이념을 유지할 수 있었던 것은 문명국가 담론을 지배적인 국가 담론으로 설정했기 때문에 가능한 것이라고 할 수 있다. 이런 맥락에서 이승만 정부의 국가이념은, 19세기 말 20세기 초 전 세계적으로 팽배했던 서구중심주의가 추구한 문명국가 담론을 한 축으로 하여, 독자적인 한국적 국가이념의 구축을 시도한 것이라고 할 수 있다.

이승만 정부 국가이념의 또 다른 축은 반공국가 담론이라고 할 수 있다(김정훈·조희연, 2003; 조희연 1998, 김종태 2012). 민주주의와 공산주의의 대립구도 속에서 한국과 서구는 민주주의 또는 자유국으로 표현된다. 흥미로운 사실은 김종태(2012)의 지적대로 반공주의와 문명 담론의 본질적 차이에도 불구하고 전자가 후자의 틀 속에서 표현되고 있다는 것이다.

우리가 지키려고 하는 동등 지위라고 하는 것은 위에 앉은 사람을 끌어 내려서 아랫사람 노릇을 시키거나 또는 얕은 사람의 자리에다 앉혀서 동등이 되게 하자는 것이 아니고 위에 앉은 사람이 아랫자리에 앉은 사람을 끌어 올려 주어서 자기들과 동등하게 하자는 것이다. 이것은 공산당의 혁명주의와 반대가 되는 것이며 공산당이 하는 방식은 위에 앉은 사람을 다 끌어 내려서 아랫사람과 다 동등이 되게 하자는 것이므로 이렇게 하는 것은 혁명주의로 파괴시켜 가는 것이며 이것이 그 사람들이 주장하는 것인데 이렇게 해서 동등하게 만든다는 주의는 세계 질서를 파괴하는 것이며 이것은 결코 민주사회에서 해나가는 동등이라고는 우리가 인정하지 않는 것이다. (국민은 삼강오륜을 잘 지켜라. 1957. 12. 30)

즉 자유국, 민주주의 나라는 곧잘 문명한 나라와 동일시되며, 공산주의는 삼강오륜 등 전통의 문명을 모르는 사상으로 인식되고 있다. 이런 맥락에서 이승만 정부의 반공 국가이념은 문명국가 담론이라는 지배적인 담론과의 관계 속에서 더욱 적절히 이해될 수 있을 것이다.

3. 이승만 정부의 국가이념 2 – 발전형 국가이념의 맹아

이승만 정부는 기본적으로 문명국가 담론을 중심으로 국가이념을 확립해 나가고 있었으나 이 시기는 전 세계적으로는 서서히 문명 담론에서 소위 발전 담론으로의 전환이 이행되고 있었던 시점이라고 할 수 있다. 새롭게 패권 국가로 부상하기 시작한 미국이 이러한 발전 담론을 주도했다. 트루먼 대통령의 1949년 1월 20일 취임식 연설에서 나타나듯이 미국은 과거 비문명(非文明)으로 취급되던 지역들을 이제 경제적 차원의 저발전국으로 간주하고 이들 국가의 발전에 주목한다(Sachs 1992). 이승만 정부의 말기는 이러한 발전 담론이 자연스럽게 국내에 유입되기 시작한 시기라고 할 수 있다. 미국 혹은 선진국의 관점에서 이러한 발전 담론의 초점은 저개발국의 경제발전에 맞춰져 있었다. 한국은 바로 이 저개발국에 해당한다. 따라서 한국이 이 발전담론을 받아들인다는 것은 경제발전에 맞춰서 경제적 후진국으로서의 국가이념을 가질 필요성을 인정하는 것이다.

사실 후진국으로서의 국가이념을 가진다는 것은 매우 불편한 국가담론에 참여하는 상황이라고 하지 않을 수 없다. 그러나 이 시기 후진국으로서의 국가이념은 적어도 획일적이고 고정적인 것만은 아니었다. 경제적 측면에서 한국은 자신보다 훨씬 앞선 선진국의 수준에 미치지 못하는 것을 부인할 수 없으나, 무엇을 과연 후진국으로 볼 수 있는가에 대해서는 다면적 이해를 갖고 있었기에 한국의 상황을 반드시 비관적으로 내다보지 않았다.

당시 "후진국이란 무엇인가"라는 제목의 조선일보 특집기사(1959. 6. 12)는 후진국의 개념을 당시 지식인들이 다양한 관점에서 규정하고 있음을 소개하고 있다. 좀 더 구체적으로 말하자면, "경제적 관점에서 일인당 국민소득 100달러 미만의 저소득 국가를 후진국으로 지칭할 수도 있고", 혹은 "국가의 빈부격차가 큰 나라를 후진국으로 규정될 수도 있다"고 한다. 또 정치적으로는 당시 서울대학교 정치학과에 있었던 민병태 교수의 말을 빌어, "특히 후진국에서 일어나는 정치현상이 그 기초가 되는 사회적 세력의 조화가 깨뜨려지기 때문에 정치적 후진성을 면치 못한다고 지적하고 있다"고 소개한다. 그러나 기사는 당시의 지식인들이 후진국을 반드시 부정적인 개념으로만 이해하는 것이 아님을 강조한다. 경제적으로는 한 학자의 말을 빌어 "경제구조와 관련해 얼마나 일차산업에 치중해 있느냐, 혹은 자본주의 발전에 기초해 있는가도 관건이 될 수 있다"고 한 것을 소개하고, 정치적으로는 당시 서울대학교 외교학과에 있었던 이용희 교수가 "후진국이란 말은 서구인의 견지에서 경제적 개발이 정상적 수준에 미치지 못한 상태를 말한 것이며 구체적으로 그 수준을 정하기란 막연한 것이므로 우리들 스스로 후진국이라 받아들일 것이 못 된다"라고 한 것을 소개한다. 또 기사는 또 다른 교수가 "선진국 후진국이라는 분류는 구미자본주의 발달에 기인하는 것으로 해외진출 해외시장획득에는 이러한 계획이 심히 갈구될 것이고, 역사의 세계에서는 후진은 언제나 후진, 선진은 언제나 선진이라는 법은 없다" 강조한 것을 소개한다.

이 특집기사의 중간에는 전체 내용을 아우르는 것으로 보이는 중간제목이 있는데, 거기에는 "국민소득 적은 것, 선진, 후진 구별 부정론도 있고"라고 되어 있다. 이 중간 제목은 당시 지식인들이 한국을 후진국으로 규정한 것에 대해 이중적인 평가를 내리고 있음을 잘 대변하는 것이라고 할 수 있다. 김종태(2012)는 이와 같이 후진국에 대한 평가를 다양하게 내리고 있는 것은, 한국을 일률적으로 후진국으로 규정하는 것을 지양하고, 어느 정도 민족적 자존감을 찾으려는 시도로 보여 진다고 해석한다.

김종태(2012)의 지적처럼 당시 한국에서 후진국의 개념은 기본적으로 경제적 관점의 국가정체성을 반영하는 것이긴 하지만, 단순한 양적 성장에 의해서만 규정되는 것이 아니라, 그 밖의 다양하고 복합적인 가치를 반영하는 것이라고 할 수 있다. 이런 맥락에서 후진국 개념으로부터 나온 국가이념, 즉 후진국 상태를 벗어나야 한다는, 새롭게 등장한 국가이념은 경제적 가치에만 매몰되지 않고, 이승만 정부 초기부터 존재해 온 문명국으로서의 국가이념과 양립할 수 있었다. 이러한 국민인식은 이승만 정부로 하여금 새롭게 등장한 발전담론의 부상을 인식하면서도, 문명국가 담론을 유지하는 국가이념을 존속시킬 수 있는 여지를 만들었다.

요컨대 이 시기 한국에서는 선진국-후진국 개념을 중심으로 경제발전 담론을 어느 정도 수용하고 있었으나, 여전히 문명국가 담론이 지배적인 것으로 파악된다. 그럼에도 불구하고 후진국, 선진국, 경제개발 등과 같은 개념들이 국가적 과제로 새롭게 부상하면서 기왕의 문명국가 담론에서는 찾아 볼 수 없는 새로운 국가이념의 가능성이 나타나기 시작했다고 할 수 있다.

III. 한국형 발전의 성립기(1961년–1987년)와 박정희 정부의 국가이념

1. 발전국가론의 배경

김일영(2001)은 역사사회학자 틸리(Tilly 1990)의 논의를 빌어 근대성의 제도적 차원을 자본주의, 산업주의 그리고 국민국가라는 셋으로 정리한다. 이어서 김일영(2001)은 "국민국가는 시기와 장소에 따라 그 발현 형태를 달리하면서" 나타나는데, "자유방임국가, 복지국가(welfare state), 신자유주의국가, 명령(경제)국가(command state), 그리고 발전국가(developmental state) 등의 형태를 취한다"고 한다. 그에 따르면 후발 내지 후후발(後後發, late late) 산업화 사회에서 나타나는 국민국가는 바로 발전국가의 형태로 발현된다고 한다. 한편 후발산업과 과정에서 국가의 주도적 역할을 강조한 정치경제학자들은 새로운 발전국가론을 제시한다. 일찍이 존슨(1982)은 일본의 발전 경험에 비추어 발전국가 모델을 보다 명료하게 제시한 바 있다. 존슨(1982)은 자본주의의 시장합리성(market rationality)와 구별되는 계획합리성(plan rationality)이라는 개념을 제시하고 이 계획합리성을 목표로 한 국가를 발전국가(developmental state)로 규정한 바 있다. 그 후 여러 학자들이 발전국가 개념을 보다 정교화 하려고 애써 왔는데, 그들이 제시한 특징을 간추려보면, 국가목표로서의 경제발전을 달성하기 위해서, 사적 소유와 시장의 원칙을 무너뜨리지 않는 범위에서의 경제에 대한 국가의 전략적 개입 정책을 형성하는 것, 관료의 중요성을 강조하는 것, 관료와 기업 사이의 관계는 조직적, 제도적으로 밀접하면서도 적절한 격리성이 보장되는 것 등을 열거할 수 있다(김일영 2001). 요컨대, 이러한 발전국가의 공통점은 "사회 내부의 경제적 또는 계급적 구조로부터 자율성을 갖는 강력한 정부가 권위주의적이고 임의적인 사회에 대한 개입을 통해 정부가 설정한 목표에 국가의 자원을 집중적으로 동원함으로써 경제성장을 빠르고 효율적으로 달성한다"는 데 있다(박태균 2009).

발전국가론은 국가에 대한 가정에서부터 신고전주의 주류경제학자들과 구별된다. 주류경제학자들에게 국가는 기본 속성상 지대추구(rent-seeking)적이다. 따라서 국가가 시장에 개입하거나 규제를 시도하는 것은 바람직하지 않다고 본다. 당연히 고전경제학자들은 자유방임주의적 최소국가를 주문한다(양재진 2005). 반면 발전국가론자들은 국가의 지대추구적 속성을 완전히 부정하진 않지만, 압축성장 과정에서 일어나는 집합행동의 문제(collective action problem)를 해결하고, 거래비용을 줄여주는 해결사로 국가를 간주한다. 그러나 모든 국가가 이런 자격을 갖춘 것은 아니다. 사회의 유력한 주도계급이 제기하는 분배 요구를 적절히 제어할 수 있는 국가자율성을 확보하고, 장기적인 관점에서 합리적 자원배분과 시장형성을 위한 제도를 만들고 이를 실행할 수 있는 국가능력을 갖춘 국가만이 발전국가로서의 역할을 담당할 수 있다(양재진 2005).[3]

발전국가론자들은 동아시아의 경우, 다른 지역에서 볼 수 없는 역사적 상황적 조건이 이러한 국가자율성과 국가능력을 갖출 수 있게 해주는 토양을 마련했다고 주장한다. 양재진(2005)은 특히 한국의 경우 "배태된 자율성"이라는 충분조건을 쌓아 구축했다고 주장한다. 즉 한국의 국가 자율성은 일제 강점기에 과대 성장한 국가 관료제에 견줄만한 사회세력이 존재하지 않는 역사적 특수성에 상당정도 기인한다는 것이다. 즉 산업화 시기 이전에 지배계급이었던 지주계급은 한국전쟁과 뒤이은 토지개혁으로 인해 몰락했고, 반체제 노동세력은 한국전쟁 이후 첨예한 이념대립 속에서 사실상 위력을 발휘하지 못했으며, 자본 세력마저 산업의 미발달로 아직 미성숙의 단계에 있었으므로 국가만이 상대적인 위력을 발휘할 수 있었다는 것이다. 아울러 사회문화적으로 오랜 중앙집권적 관료제 전통에 대한 높은 사회적 인지도로 인하여 유능한 인재가 충원될 수 있었다는 점 역시 한국이 발전국가로서의 특징을 보유할 수 있는 원동력이 되었다(김일영 2001).

3 혹자는 이런 국가능력은 우연히 역사적으로 주어지는 것이 아니라 발전지향적인 정치리더십과 결합되어야 한다는 점을 지적한다(Haggard and Moon 1995).

1950년대 한국은 낮은 산업화 단계에 있었고 자체적 산업기반이 약한 상태였으므로 유일한 희망은 외부원조에 의존하는 것이었다. 이른바 '3백 산업'을 중심으로 한 독점자본과 여타 중소자본 간의 양극화구조로 인해 과대하게 성장한 국가는 권력 유지를 위해 시민사회를 억압하고 다양한 경제적 가치들을 착취하는 이른바 "약탈국가"로서의 성격을 드러내기도 했다(김윤태 1999). 이 시기 경제발전의 필요성은 실용적 차원에서 인식됐지만 경제발전 자체를 국가 정책의 목표로 삼을 만한 동기를 갖지는 못했다. 앞 장에서 살펴 본 바와 같이 이런 상태에서 이승만 정부는 문명국가 담론을 지배적인 국가론으로 채택했다(김종태 2012).

반면, 박정희 정부에 이르러서는 경제발전이 본격적으로 국가적 목표로 설정되기 시작했다. 이러한 현상은 일차적으로 정치경제 엘리트가 자신들의 권력을 유지하기 위한 수단으로 경제성장을 선택했기 때문이다(김종태 2013). 김윤태가 지적하는 바와 같이 기본적으로 1961년 군사쿠데타로 집권한 박정희는 태생적으로 취약한 정치적 정당성을 획득하기 위해 경제발전 산업에 사활을 걸었다(김윤태 1999). 그리고 이러한 목표는 발전계획이라는 시나리오로 가시화되었다. 1962년에는 강력한 경제기구인 경제기획원을 정부부서로 설립하고 경제발전을 위한 첫 가시적인 사업으로 '경제개발5개년계획'을 시작했다. 1964년부터 한국은 '수출입국'이라는 구호를 내세우며 수출기업에 갖가지 특혜를 제공하는 등 강력한 수출 지향적 산업화를 추진했다(류상영 1996). 이 시기부터 비로소 자본의 축적이 원조나 불하가 아닌 생산 활동을 통해 이뤄지기 시작했으며, 이에 따라 재벌과 같은 산업자본가 계급이 급부상했다고 볼 수 있다. 김종태(2013)는 이 시기에 경제발전 전략에 따른 정부의 보호와 지원 아래 재벌의 성장은 두드러졌으며, 이런 맥락에서 국가와 재벌기업 간의 정치경제 연합은 한국의 발전 레짐 형성에 토대를 이뤘다고 주장한다.

이러한 독특한 발전 레짐의 부상은 발전담론 특히 국가의 정당성과 정체성을 결정하는 발전국가 담론을 수반한다. 박정희 시대 발전담론과 함께 형성된 국가이념은 독특한 의미의 민주주의론, 그리고 이승만 정부로부터 계승한 반공주의라고 할 수 있다. 박정희 정부가 동원한 독특한 의미의 민주주의론이 어떻게 국가이념으로 승화했는가는 본장의 3절에서 자세히 논하기로 하고, 여기서는 우선 박정희 정부의 반공주의가 매우 독특한 방식으로 경제성장 담론과 연계되어 있었다는 점을 지적해 두고자 한다. 특히 1960년대 후반 이후 베트남 파병, 1968년 청와대 기습사건, 미푸에블로호 나포사건 등을 겪으면서 발전주의는 보다 적극적으로 반공주의와 결합했으며, "일면 국방, 일면 건설 식"의 국방, 경제 병존 정책이 새로운 국가이념으로 부상하게 되었다(김종태 2013; 김정훈·조희연 2003).

일반적으로 박정희 정부 시기 국가이념은 '발전'과 연관된 가치로 일관되게 구성되어 있다. 김종태(2013)는 '증산', '건설', '수출', '생산', '발전' 등 이승만 정부의 국가 담론에서 잘 발견되지 않았던 경제발전 관련 용어들이 박정희의 연설문 속에는 빠짐없이 등장하고 있음을 지적한다. 이제 급속한 경제성장, 소득증대와 같은 경제 문제들이 가장 중요한 국가적 목표 나아가 민족의 역사적 사명으로 받아들여졌다. 이승만 정부가 지향했던 문명국가는 이제 잘사는 나라, 번영한 나라로 교체된다. 다음 연설문에서 보이는 바와 같이 문명의 가치는 사라지고 철저하게 가난의 극복, 이를 바탕으로 한 국가정체성의 모색이 두드러지게 나타난다.

> 오늘날 한국이 직면한 모든 불안과 혼돈은 궁극적으로 그 태반이 '가난'에 연유하고 있음은 다시 말할 필요조차 없을 것입니다. 가난에서 벗어나 민생을 향상시키는 일이 무엇보다도 앞서 해결되어야 할 시급한 문제입니다.… 불과 5년에서 10년에 이르는 앞으로의 과도기 동안 우리들의 결심과 용기와 노력 여하에 따라 근대화의 진전과 민족중흥의 성패는 뚜렷이 판가름될 것으로 믿어 마지않습니다. 오늘의 시점에서 우리는 우리의 모든 힘을 생산과 건설에 집결시켜야 하겠읍니다. 정쟁이나 부질없는 질시, 반목으로 빚어지는 무위와 도로의 비생산적 병폐를 기어이 뿌리 뽑아 협조와 융화의 새로운 기풍을 바로 세워야 하겠읍니다. 국민의 모든 관심과 노력을 「생산과 건설」이라는 집약된 목표에 전향시키고 또 역량과 지혜와 창의를 여기에 동원하여야 하겠읍니다. (8.15 제19주년 경축사, 1964. 8. 15)

박정희는 여기서 발전주의 틀 안에서 빈곤과 나약함을 벗어나 부강한 나라로 거듭날 필요성을 역설하고 있는데, 이러한 과정을 박정희는 종종 '근대화'라는 용어로 응축하여 표현한다(김종태 2013). 근대화 산업의 일차적인 목표는 빈곤과의 대결이다. 이를 위해 경제발전이 주축이 되는 공업화와 산업화를 원동력으로 삼았다. 그러나 박정희 정부는 이 모든 것이 효과를 거두기 위해서는 국민들이 '일하는 국민'이 되어야 함을 강조한다. 박정희는 이런 맥락에서 조국 근대화 사업에 적극적으로 참여하는 사람들이야말로 진정한 애국자라고 정의한다. 김종태(2013)의 지적처럼, 박정희 정부는 조국 근대화 사업의 일차적인 목표가 가시적인 경제발전이라는 사실을 잘 알고 있었지만, 이러한 경제발전 목표를 성취하기 위해서는 사회 전 분야에 걸쳐 밑바탕에서부터 공감대가 형성되어 있어야 한다는 사실은 잘 인지하고 있었다고 할 수 있다.

2. 발전국가 국가이념의 성립

1960년대에는 문명국가 담론이 쇠퇴하고 발전국가 담론 혹은 선진국 담론이 부상하면서 국가정체성에도 변화가 일어난다. 문명국가 담론에서는 정신적으로 도덕적으로 우리가 문명국이라는 점이 강조되었다면, 발전국가 담론에서는 우리 자신의 처지를 빈곤과 나약함에 휩싸여 있는 후진국으로 격하한다. 실제로 박 대통령의 연설문에서 한국을 문명국으로 인식하는 태도는 거의 존재하지 않는다. 대신 우리의 상황을 비참한 현실로 규정한다. 특히 박 대통령의 취임초기 그의 연설문에는 한국의 국가정체성이 신생국으로서 전근대적 상태에 있는 후진국으로 규정되는 경향이 강했다. 다음은 1964년 서울대학교 졸업식에서 박정희가 한 치사다.

> 한국(韓國)의 후진적(後進的) 현실(現實)을 선조(先祖)의 안일(安逸)과 나태(懶怠)와 과오(過誤)에 돌리고, 젊은 오늘의 세대(世代)야말로 영예

> (榮譽)로운 조상(祖上)이 되겠다는 결의(決意)를 여러분은 일찍이 학원(學園)에서 사회(社會)를 향(向)하여 굳게 가다듬은 일이 있을 것입니다……격동(激動)을 거듭하는 20세기(二十世紀)의 후반(後半) 오늘의 국제정세(國際情勢)는 동서(東西)의 긴장완화(緊張緩和)라는 새로운 기운(氣運)을 조성(造成)시키면서 후진국(後進國) 경제개발(經濟開發)을 위(爲)한 「남북(南北)」의 새로운 문제(問題)를 제기(提起)하고 있는 것입니다. 자주(自主)와 자립(自立)을 이룩하려는 우리들 자조(自助)의 노력(努力) 앞에 미국(美國)을 위시(爲始)한 우방제국(友邦諸國)은 정성(精誠)어린 협조(協調)와 부단(不斷)한 격려(激勵)를 아끼지 않을 것을 나는 확신(確信)하는 바입니다. (1964년 서울대학교 졸업식 치사)

1960년대의 박정희 정부는 '가난'의 극복을 국가적 최우선 과제로 설정하면서 경제발전을 정당화하고 아울러 경제발전에 대한 사회적 공감대를 확대할 수 있었다(Escobar 1995). 1950년대 역시 빈곤의 시대로 규정될 수 있지만, 이승만 정부가 당시의 한국을 도덕적 정신적 문명국으로 규정하면서 빈곤을 최우선 과제로 삼지 않은 것과는 대조적이다(김종태 2012). 1960년대 박정희 정부는 지난날의 한국을 자부심을 가질만한 문명국으로서 간주했다기보다 가난과 빈곤에 찌들고 나태와 안일의 타성에 젖어 있는 무기력한 상황으로 인식했다. 박 대통령에게 한국의 역사는 '퇴영'의 역사였으며, 자랑스러운 민속문화는 민족사의 극히 예외적인 부분에 불과했다. 따라서 그는 민족의 과거에 대한 철저한 반성을 통해 민족사회를 재건할 필요성을 역설했다. 따라서 최연식은 "박정희의 근대화를 향한 열망과 집착은 우리 역사에 대한 뿌리 깊은 혐오감에서 비롯된” 것이라고 평가 한다(최연식 2007). 아래 연설에서 보이는 바와 같이 박정희는 당시 정치적으로 뜨거운 논란 거리였던 한일회담을 정당화하는 과정에서도 우리 역사를 폄하하는 태도를 드러낸다.

> 한일회담을 야당에서는 나라를 팔아먹은 매국외교로까지 극언을 했읍니다마는, 나는 아직 이 순간에도 한일회담이라는 것은 결과적으로 잘 되었다, 이렇게 생각을 합니다. 옛날처럼 우리가 쇄국주의를 하고, 고립주의를 하고, 우물안의 개구리처럼 집안에 들어앉아서 이웃과는 담을 쌓고, 동방의 고요한 아침의 나라가 어떠니, 동방예의지국이 어떠니 하고 우리가 서로 모두 다 자기도취해서 우물안의 개구리처럼 그렇게 살아 나간다면 모르되, 적어도 우리가 우리 한국민족이 오늘날 동남아시아로, 전세계로 뻗어나가고 약진하는 새로운 한국을 건설하기 위해서는, 우리는 과거의 일본사람들하고 여러가지 원한도 많고, 물론 그 원한이 오늘 당장 일조일석에 해소될 수는 없는 문제지마는, 우리는 이 이웃사람들 하고는 우선 손을 잡아야 되겠읍니다. 이것이 우리가 전세계로 뻗어나가는 하나의 디딤돌이 되고 발판이 된다, 이것입니다. (대전유세 연설, 1967. 4. 17)

박정희의 관점에서 한국의 역사는 문명국으로서의 자질을 보여줬다기보다 빈곤과 가난의 굴레에 빠져 있는 후진성의 연속이었다. 이런 상황에서 벗어날 수 있는 길은 힘을 기르고 근대화, 공업화, 산업화를 수반하는 경제발전을 달성하는 것이다(김종태 2013). 이런 맥락에서 박 대통령은 국제정치가 힘의 질서에 입각해 있다는 사실을 인정하고 과거 국제질서에서 살아남지 못했던 민족의 지난날을 후회하고, 힘을 바탕으로 한 국제질서에서 도태됐던 것에 대해 자책감을 감추지 못한다. 박정희의 다음 연설에서 우리는 지난 역사에 대한 박정희의 자책과 경각심을 감지할 수 있다.

> 근세한국역사는 밖으로 약육강식의 열강이 각축하는 분쟁의 희생이 되기도 하고 안으로는 분파와 상잔으로 혼란이 계속되는 가운데 개화의 과정을 밟지 못한 채, 마침내는 제국주의 식민지로 병탄되어 반세기를 수난 속에 살아 온 치욕의 연쇄였읍니다. (개천절 경축식 경축사 1964. 10. 03)
>
> 지난 1세기동안 우리 한국역사를 더듬어 볼 때, 왜 한국사람들이 여러 가지 굴욕적인 그런 역사의 흔적을 남겼나, 이러한데 대해서도 우리는 항시 그런 경쟁에 있어서 언제든지 뒤떨어졌습니다. 근대화를 하는네 있어서도 그랬고, 무슨 생산산업혁명을 하는데도 그랬고, 교육을 우리가 보급하는 면에서도 그랬고, 여러 가지 문화면에 있어서나 모든 면에 있어서 국제사회가 나날이 발전을 하고 진전을 하는데, 한국의 과거 우리의 사회는 언제든지 한걸음 두걸음 때로는 열걸음 이렇게 뒤떨어져 왔던 것입니다. 과거에는 우리가 또 그런데로 지나왔지만, 이제부터의 국제사회란 것은 우리가 하루동안 우물쭈물하면 1년 뒤떨어집니다. 1년동안 우리가 우물쭈물하면 10년내지 20년 남에게 뒤떨어지는 것입니다. 따라서 우리가 지금 이러한 국제사회 이러한 역사적인 시점에 우리가 살고 있다는 것을 모든 국민들이 잘 자각을 하고, 특히 우리나라의 수출산업의 육성과 국제경쟁력강화를 위해

서, 전국민들이 일대분발을 해야 될 시기에 왔다고 생각합니다. (제4회 수출의 날 기념식 치사, 1967. 11. 30)

박정희는 약육강식의 현실을 인정하는 동시에 우리 민족의 과거를 그러한 환경에 제대로 적응하지 못했다고 평가하는 자기부정적인 역사관을 거듭 강조한다. 이러한 자기부정적 역사관은 경제발전이라는 하나의 요인에서만 인류의 진보를 찾는 발전담론을 받아들일 때에만 가능하다. 이를 위해 박 대통령은 선진국의 속성을 다름 아닌 경제발전의 정도로만 인식하도록 설득시키는 데 주력한다. 박정희에게 선진국이란 국민소득이 높고, 공업이 발달한 나라를 의미한다.

반면 소득은 낮은 국가는 후진국으로 표현된다. 반면 선진국으로 분류되는 서구 국가들은 그 역사적 경험과 사회현상들을 한국 사회 변화의 준거점으로 삼았는데, 이런 태도는 전형적인 서구중심주의적 접근법이라고 할 수 있다. 이런 의미에서 김종태는 박 대통령의 선진국 담론은 "스스로 내면화한 오리엔탈리즘"으로 평가한다(김종태 2013). 동시에 한국을 후진국으로 규정함으로써 후진국 탈피의 절박함에 대한 동기를 부여했다고 할 수 있다. 이러한 태도는 박정희가 1965년 5월 2일 행한 한 비료공장 기공식 치사에서 잘 나타난다.

국민 여러분들에게 특별히 강조하고 싶은 것은 '우리는 확실히 못하는 국민이다. 뒤떨어져 있는 국민이다. 후진국 사람이다. 그러나 우리는 멀지 않은 장래에 다른 선진 국가에 못지않게끔 우리도 자력으로써 자립해서 남과 같이 떳떳하게 잘 살 수 있는 그런 국민의 되겠다는

> 그러한 꿈과 우리 사지가 그러한 용기가 있어야 된다는 것입니다우리는 언제까지 가든지 남한테 원조를 받아야 되고 남한테 동냥을 해야 되고 남한테 얻어 먹어야 산다는 그런 『거지 정신』을 가진 국민이라면, 우리는 또 해봐도 안된다 하는 이러한 용기와 자신이 없는 국민이라면, 영원히 우리는 자립할 수 없는 것입니다. (진해 제4비료공장 기공식 치사, 1965. 5. 2, 박정희대통령연설문집 제2집 5월편/대통령비서실)

박정희가 이렇게 후진국 탈피를 중심으로 한 발전국가 담론을 전개할 수 있었던 것은 국제적으로도 발전 담론이 팽배했기 때문이기도 하다. 1950년 이래 미소 냉전은 제3세계에 대한 국제원조 경쟁을 유발하는 상황을 맞았다. 미소 양진영의 '저개발국'에 대한 군사적 경제적 원조가 전 세계적인 주목을 받으면서 자연스럽게 한국에서도 개발 담론이 지배적으로 나타나게 됐고, 이런 환경에서 박정희는 보다 용이하게 그의 발전국가 담론을 확산시킬 수 있었다.

발전국가 담론이 국민들 사이에서 확산될 수 있었던 또 다른 요소는 경제성장의 가시적인 성과에 있었다. 쿠데타로 집권한 박 정권은 취약한 정치적 정당성을 경제성장으로 대체할 필요가 있었으며, 이런 상황에서 경제성장이 가시적으로 드러나는 것은 매우 중요한 요소였다. 1960년대 급속한 경제성장 그리고 물질적 생활수준의 향상을 경험한 한국인들은 선진국으로의 이행을 직접 체험이라도 한 듯 근대화와 산업화에 자신감을 갖게 됐다. 이러한 발전국가 담론, 보다 구체적으로는 선진국 진입을 목표로 하는 발전국가 담론은 1970년대 '개발독재'에 대해 일정정도 정당성을 부여했고, 아울러 민주주의 실현을 목표로 하는 저항담론을 무마하는 효과를 거뒀다(조희연 2003). 박정희는 또한 이와 같은 경제발전을 위해 문화적 차원의 변화를 모색한다. 국민 모두에게 지난날의 습관을 개조할 사상적 변화를, '인간개조' 수준을 요구한 것이다. "우리 자신의 새로운 '인간개조' 없이는 지금 우리 민족이 지닌 조국 근대화와 민족중흥이라는 새로운 역사 창조를 성공적으로 이룩하기는 어렵다"고 주장한다(제2경제운동 실천국민 궐기대회 치사, 1968. 9. 28).

경제발전의 성과가 가시적으로 드러나면서 다시 국가이념에도 변화가 나타났다. 1960년대 중후반부터 경제성장에 대한 자신감을 반영해 후진국보다 개발도상국 혹은 중진국이라는 정체성이 새롭게 부상한다. 박 대통령은 2차 경제개발 5개년 계획을 바탕으로 한국이 중진국으로 도약했고, 3차 경제개발 5개년 계획을 통해 상위 중진국으로 도약한다는 청사진을 제시했다. 박정희가 1970년 2월 9일 행한 유시는 이를 잘 대변한다.

> 완전 자립 경제를 꼭 성취하고, 일인당 국민 소득은 500불, 수출은 적어도 50억불선을 돌파하여 상위 중진국으로 성장해야 하겠으며, 모든 분야에서 북괴에 비해 절대 우위의 힘을 증강 비축하여, 어떠한 종일 방안에 대해서도 즉각 대처하고 대응할 수 있도록 하고, 특히 북괴 단독의 남침에 대해서는 우리 단독의 힘만으로 써도 능히 이를 격멸할 수 있는 자주 국방력을 항상 확보하고 있어야 합니다. 그리하여, 이 70년대에는 우리의 숙원인 국토 통일에 주도적으로 접근할 수 있는 반석 같은 기반을 구축해 놓아야 하겠읍니다. (지역별 해외 공관 수출 진흥 회의 유시, 1970. 02. 09, 박정희대통령연설문집 제7집 2월편/

대통령비서실)

1967년 대선과 총선에서 박정희 정부가 승리를 거둔 것을 보면, 선진국을 지향했던 박정희 정부의 발전 국가 담론은 비교적 성공적이었다고 평가할 수 있다. 그러나 급속한 경제성장 정책에 따른 모순이 드러나기 시작하면서 경제성장을 목표로 한 국가이념의 국민적 동의가 약화된다(조희연 2004). 이런 상황에서 박정희 정부는 중화학공업화로 전략적 변화를 모색했다. 1970년대 들어 박 대통령은 선진국 대열 진입이라는 목표를 더욱 적극적으로 얘기하면서 70년대 말이나 80년대에 선진국 대열에 합류할 수 있다는 자신감을 피력한다. 1976년 연설에서 박정희는 이제 한국이 상위 중진국의 정체성을 가질 수 있다고 평가한다.

> 60년대 초만 하더라도 우리의 국력과 기술은 보잘 것이 없어서 우리들 힘만으로는 나라 살림을 꾸려가기 어려운 형편이었고, 조그만 공장 하나 짓는 데에도 외국 기술자의 도움을 받아야 했던 기억이 지금도 새롭습니다.또한 불과 12년 전, 처음 1억불 수출을 달성하고 다 같이 기뻐했던 것이 바로 엊그제 같은데, 지금은 대망의 백억 불 수출을 눈앞에 바라보게 되었으니 실로 금석지감을 금할 수 없읍니다....우리는 제4차 경제 개발 5개년 계획이 끝나는 1981년을 백억불 수출 목표 연도로 설정했던 것입니다.…… 백억불 수출은 물량의 크기로 보아서도 그러하거니와 앞으로 더욱 산업 고도화를 촉진하고 수출 증대를 가속화하는 새로운 계기가 되며, 명실상부한 경제 자립의 전망과 시기를 판가름하는 결정적 고비가 된다는 점에서 그 의의는 참으로 큰

것입니다. (제13차 수출의 날 치사, 1976.11.30., 박정희대통령연설문집 제13집 11월편/대통령비서실)

김종태(2013)는 박정희 정부의 선진국 국가이념은 대통령 연설문에서뿐 아니라 언론에도 나타나는 것으로 파악한다. 선진국 국가이념이 이제 지배담론으로서의 역할뿐 아니라 대중적인 관심의 대상이 됐다는 얘기다. 이런 맥락에서 김종태(2013)는 "선진국의 한국적 의미"라는 제하의 특집 기사(조선일보 1972.3.9.)를 주목한다. 이 기사는 당시 한국정책개발원장이었던 이영호가 설문조사를 통해 한국이 바라보는 선진국이란 의미 속에 한국인이 어떤 가치를 중시하는지, 또 한국인이 어떤 국가적 미래를 추구하는지 분석한 것이다. 기사에 따르면 "선진국이란 한국인의 의식 속에서는 '경제적으로 부유하고 예술문화 과학기술 면에서 그리고 사고와 행태에 있어서 앞선 미국이나 서구 제국과 같은 나라'로 나타났다고 요약할 수 있"다고 한다(김종태 2013). 이 기사는 또한 한국인들이 선진국과 관련해 스칸디나비아 지역 나라들을 떠올리지 않는 게 유감이라고 평가하고, 아울러 한국인들이 소련과 중국 등과 같이 선진국의 범주에 포함시키기 어려운 국가들을 선진국으로 인식하는 것을 보면 아직 한국에서 선진국 개념이 제대로 확립되지 못했다는 점을 지적한다. 기사는 결론적으로 한국인이 선진국을 봄에 있어서 지나치게 "일률적이고 몰비판적"라는 문제를 지적한다. 기사는 또한 선진국의 문화를 단순히 "퇴폐적"인 것으로 몰아붙이는 것도 경계한다. 퇴폐적으로 보이는 것 속에서 가운데에는 "인간화와 사회정의와 순박한 새 윤리관을 위한 열망과 노력이 깃들어 있다는 사실을 인식"해야 한다는 것이다.

마지막으로 기사는 당시의 선진국관으로는 "선진화 또는 근대화를 잘못 추진함으로써 산업화와 도시화가 가져올 수 있는 (선진국에서는 이미 도래된) 생활환경의 저질화 문제, 그리고 분배정의에 소홀함으로써 생기는 계층간의 알력을 미리 예방할 가능성"이 저조하다고 경고한다. 기사에서 결론내리고 있는 바와 같이 박정희의 선진국 담론은 국민을 동원하는 국가이념으로서 성공한 측면이 있지만, 한국이 추구할 미래의 지향점 대한 국민적 합의를 만들어 내는 데에는 역부족이었다고 할 수 있다.

3. 발전국가의 국가이념으로서의 민주주의론

박정희의 민주주의론을 연구한 대표 학자로 꼽히는 강정인은 박정희의 민주주의론을 기본적으로 '이중적 정치질서의 중첩적 병존'과 '민주주의로 분식(粉飾)된 권위주의'로 이해한다(강정인 2011; 2012). 그러나 강정인(2011)은 박정희의 민주주의론에는 적어도 시기를 달리한, '민주주의의 한국화'에 대한 고민이 담겨 있다고 주장한다. 강정인(2011)에 따르면, 박정희의 민주주의관은, 군정단계에는 '행정적 민주주의'로, 제3공화국 시기에는 '민족적 민주주의'로, 마지막으로 유신 시절에는 '한국적 민주주의'로 나뉜다.[4]

4 강정인(2011)의 지적처럼 강준만(2004)은 "'행정적 민주주의'는 '민주주의의 한국화', '한국적 민주주의'와 교체 가능한 용어라고 지적한다. 넓은 의미에서 이 용어들

박정희가 본질적으로는 내용을 달리하면서도 민주주의 담론에 매달려 있었던 것은 쿠데타로 정권을 잡은 태생적인 한계에 기인한다. 박정희는 경제발전을 추진하고 반공주의를 유지하기 위해서 사실상 권위주의의 불가피성을 역설할 필요가 있었지만, 권위주의를 명시적으로 정당화할 수 없었던 한계를 가졌다는 것이다. 따라서 다양한 방법으로 민주적 정당성을 확보하고 이를 위해 끊임없이 독특한 의미의 민주주의 담론을 생산해 내야 했던 것이다. 강정인(2011)은 박정희가 적어도 "권위주의 체제가 그 자체로 정당성을 획득할 수 없으며" 기본적으로 "과도기적, 매개적, 묵시적" 정당성에 그친다는 것을 잘 알고 있었다고 한다. 따라서 박정희의 권위주의 체제는 민주주의의 한국화라는 발상을 활용하여 '수식어를 단 민주주의'를 제시했다는 것이다. 이러한 민주주의관은 이론적, 개념적 요소를 유지한다는 측면에서 민주주의의 외형만을 가진 것이라고 할 수 있다. 외형적 민주주의는 박정희에게 어느 정도의 정당성을 선사했다. 하지만, 이 외형적 민주주의는 내용상으로는 권위주의에 알맞게 재해석되고 변용됨으로써 권위주의 목적을 달성하는 수단에 불과했다.

그러나 강정인(2011)은 이러한 외형적 민주주의가 박정희에게 일방적으로 유리한 결과만을 낳은 것은 아니라는 점을 지적한다. 즉 한편으로 박정희의 외형적 민주주의론은 민주화 세력에게 민주주의 담론을 완전

은 모두 경제발전과 조국근대화의 관점에서 민주주의의 한국화에 대한 박정희의 고민을 담았으므로 대체가능하다고 말할 수 있다. 그러나 각 시기별 박정희의 민주주의관이 독특한 전략을 적용하고 있다는 점을 부각하기 위해서는 구분하여 사용하는 것이 적절하다.

히 빼앗기지 않는 효과를 누렸다고 자신의 권위주의 체제를 민주주의라고 규정함으로써 어느 정도는 정당성을 획득하는 효과를 얻을 수 있었지만 외형적 민주주의론은 그것이 아무리 외형적이라고 하더라도 민주주의론이 갖는 내재적 속성으로 인해 박정희를 결박하는 결과를 초래했다는 것이다. 이런 맥락에서 강정인(2011)은 박정희 정부가 제시한 외형적 민주주의론은 "이중적 질서의 병존"을 낳았고, 이는 박정희 국가이념의 모순적 상황을 연출하는 계기가 되었다고 지적한다. 이제 강정인(2011)의 논의를 중심으로 박정희의 이러한 외형적 민주주의론을 차례로 살펴보고, 그것이 어떤 국가이념을 형성했는가를 검토하고자 한다.

1) '행정적 민주주의'론

혁명기의 박정희의 민주주의관은 '행정적 민주주의'로 대표된다. 강정인(2011)은 박정희가 주창하는 행정적 민주주의의 내용을 파악하기 위해 박정희가 5·16혁명 이듬해 펴낸 『우리 민족이 나아갈 길』(1962)을 주목한다. 그에 따르면, 박정희는 이 저서에서 자유민주당 시절에 만연한 정치적 부패의 책임을 타락하고 부패한 정치인들에게 돌렸다. 이들의 과오는 무엇보다 헌법이 보전하고자 한 민주적 기본질서를 유린한 것이다. 따라서 박정희가 행한 혁명의 명분은 이들의 부패를 척결하고 궁극적으로는 헌법이 보장한 민주적 기본질서를 회복하는 것이다. 흥미로운 것은 강정인(2011)의 지적대로, 박정희는 한국이 회복해야 할 민주적 기본질서로 민주주의 본연의 의미를 담고 있는 서구적 민주주의가 아니라

"혁명기에 있어서의 민주주의" 즉 사회적 정치적 현실에 알맞은 민주주의 곧 "행정적 민주주의"를 천명했다는 점이다.

> 우리들이 기왕의 무패를 일소하고 국민들의 자치능력을 강화하여 사회정의를 구현하는 것이 당면의 목표라면 그 방법으로서는 민주주의를 정치적으로 당장 달성할 것이 아니라 어디까지나 과도기적인 단계에 있어서는 행정적으로 구현해야 될 것이요, 그 방법으로 민주주의를 〈위에서〉 내리 닥치는 민주주의가 아니라 어디까지나 〈아래서〉 올라오는 민주주의, 아래서 깨달은 민주주의, 국민 스스로가 자기의 과거의 타성을 바로잡고 새로이 출발하며 발전하는 민주주의가 되어야 하기 때문이다(박정희 1962, 231, 강정인 2011에서 재인용).

여기서 행정적 민주주의는 다소 모호하게 제시된 측면이 있다. 그러나 혁명과도기에 일시적으로 완전한 정치적 자유민주주의를 누릴 수 없게 하는 것은 국민들이 아직 '자율'의 능력을 갖추지 못했기 때문이라고 강조한다. 『우리민족이 나아갈 길』에서 박정희는 행정적 민주주의의 의의를 다시 한번 강조한다.

> 우리 사회와 처지 형평에 알맞은 민주주의를 해나가야 된다고 생각한다. 즉 그러한 민주주의란 다름 아닌 바로 '행정적 민주주의'라고 말할 수 있다 … 국민들로 하여금 스스로 다스려 나가는 힘을 길러, 올바른 사회를 이룩하자는 것이 당면한 목표이고, 그러기에는 임시적인 정책으로 행정적인 방법을 취하지 않을 수 없기 때문이며, 국민 스스

로가 자기들의 지난날의 그릇된 버릇을 바로잡고 새로이 출발하여 발전한느 민주주의로 만들어야 하기 때문이다(박정희 2006, 453, 강정인 2011에서 재인용).

조갑제(1999)는 이러한 행정적 민주주의가 정권의 정당성이나 정권 담당자에 대한 비판은 제약하면서, 정책에 대한 비판은 허용하고 여론을 수렴하겠다는 것으로서 최소한의 행정적 수준에서라도 민주주의를 유지하겠다는 취지라고 이해한다. 그러나 행정적 민주주의의 보장은 정치적 민주주의를 거부하는 것과 맥을 같이 한다. 강정인(2011)의 지적처럼 박정희는 한국 정치의 타락과 부패는 비단 특정 정치인의 문제가 아니라 기본적으로 정치적 민주주의를 실천할만한 경제적 문화적 여건의 미비에 기인한다고 주장한다. 그럼에도 불구하고 강정인(2011)은 이 시기의 박정희가 적어도 원론적인 차원에서 정당정치의 불가피성을 인정하고, 여건이 구비된다면 그것을 실시할 것을 다짐하고 있다는 점을 어느 정도 긍정적으로 평가한다.

박정희는 결국 민정이양과 함께 민주공화당을 창당하여 정치에 참여한다. 그는 과거의 경험으로 인해 정당정치를 회의적이고 부정적인 시각으로 바라 봤다. 그러나 원론적인 차원에서 정당정치를 완전히 부정할 수는 없는 노릇이었다. 이에 따라 박정희는 공화당을 창당하고, 정당정치의 틀 안에서 자신이 생각하는 정치적 쇄신을 시도했다고 볼 수 있다

2) ‘민족적 민주주의’론

박정희가 공화당을 창당하고 제3공화국을 연 시기의 민주주의론은 ‘민족적 민주주의’론으로 요약될 수 있다. 박정희는 1964년 「시국 수습에 관한 대통령 교서」에서 다음과 같이 민족적 민주주의를 소개한다.

> 우리나라는 반공민주국가인 것입니다. 어떠한 이론 어떠한 형식으로도 공산주의는 물론 그 중간세력과도 타협할 수는 없는 것입니다. 국민전체가 이러한 확고한 신념으로 매진해야만 승공의 날이 올 것입니다. 여러분의 자제들이 오늘 이 시간에도 휴전선을 방어하고 있지 않습니까? 우리는 자유민주우방과 더불어 반공보루의 선두에 서 있는 것입니다. 그 때문에 나는 몇 번이나 사선을 넘어온 사람입니다. 그렇다 할지라도 우리는 자립하는 날을 맞이하여야 하겠읍니다. 우방의 원조도 한정이 있는 것 아니겠읍니까? 영원토록 우리는 외원에 의존할 수는 없읍니다. 자립이 없다면 진정한 독립이 있을 수 없읍니다. 이것은 결코 배타주의도 아니요 고립주의도 아닙니다. 우방들도 우리의 자립을 위하여 원조하는 것이 아니겠읍니까? 이것이 바로 민족적 민주주의라는 것입니다. 혹자는 이것을 고의로 곡해하여 민족정신의 혼란을 획책하고 반공태세를 문란케 하고 있으니 탄식하지 않을 수 없읍니다. (박정희대통령 연설문 제1집 정치외교/대통령비서실)

1967년 4월 15일 「자립에의 의지」라는 제하의 방송연설에서 박정희는 다음과 같이 민족적 민주주의의 의의를 설명한다.

우리는 식량을 크게 증산하여 식량의 자급자족을 거의 가능케 했으며, 공장을 많이 세워 우리가 필요로 하는 물건들을 우리 손으로 만들어 외제품을 쓰지 않게 했으며, 수출을 크게 증대시켜 외화를 많이 벌어들임으로써 남에게 구걸하던 원조를 줄이고, 우리가 필요로 하는 외국산원료를 우리가 번 외화로써 사들여 올 수 있게 했으며, 월남에 우리 군대를 보내서 공산세력을 구축하는데 큼 전공을 세움으로써, 우리의 국력과 국위를 세계만방에 떨치게 했으며, 인접 자유국가들과의 관계를 정상화 또는 강화함으로써, 안전보상의 자원을 달리할 수 있게 했으며, 국제사회에 능동적으로 참여하여 아시아·태평양지역의 공동안전과 공동번영을 이룩함에 있어, 주동적 위치에 올라설 수 있게 되었습니다. 이것이 바로 내가 주장한 민족적 민주주의가 지향해온 길이며, 그 이념의 발현이었던 것입니다.

……

민족적 민주주의의 제1차적 목표는 자립에 있읍니다. 자립이야말로 민족주체성이 세워질 기반이며, 민주주의가 기착 영생할 안주지인 것입니다. 민족자립이 없이 거기에 자주나, 무슨 주의나가 있을 수 없으며, 자립에 기반을 두지 않은 민족주체성이나 민주주의는 한갖 가시에 불과하다는 것이 나의 변함없는 신조입니다. (박정희대통령연설문집 제4집 4월편/대통령비서실)

김지형(2013)은 박정희가 처음 치른 대통령 선거를 "민족적 이념을 망각한 가식의 민주주의 사상과 강력한 민족적 이념을 바탕으로 한 자유민주주의 사상과의 대결"이라고 표현한 것을 주목하며, 박정희의 민족적 민주주의가 일찍이 1963년 5월대선 직전 무렵부터 나타났고 주장한다. 비슷한 맥락에서 강정인(2011)도 박정희가 특히 1963년 9월 23일에 행한 정견발표에서 "민족의식이 없는 사람들에게 자유민주주의는 항상 잘못 해석되고 또 잘 소화되지 않는 법"이고 지적하며, 오직 "자주와 자립의 민족의식을 가진 연후에야 올바른 민주주의를 가질 수 있다"고 역설한 것을 지적하며 이 시기에 박정희의 민족적 민주주의가 출현했음을 확인한다.

사실상 박정희의 민족적 민주주의론은 제3공화국에서 지속적이고 반복적으로 나타난다. 그러나 민족적 민주주의 개념이 처음부터 국민적 호응을 얻었던 것은 아니다. 박정희 정부 내부에서조차 어느 정도 혼란과 거부감이 존재했다. 혹자는 "후진지역에서 권력에 맛을 들여 도취삼매에 빠진 자들에게 허울 좋은 구실을 주어 멋대로 놀아나게 하는 민족주의"라고 하고, 또 "민족적 민주주의가 순정한 민주주의일 수 없을 뿐더러 그것은 또한 전체주의로 직통하는 통로를 가졌고 따라서 아주 손쉽게 독재주의와 결탁할 수 있는 필연적인 조건을 갖추었다"고 하는 이도 있었다(김동명, "민족주의와 민주주의(하)," 《동아일보》 1963. 12. 27.(3면); 김지형 2013에서 재인용). 특히 한일회담 과정에서 민족적 민주주의는 사회적으로 극심한 대립을 낳는 한 축이 되었다. 박정희 정부는 자립경제와 근대화를 '민족적 민주주의' 근간으로 삼았다. 자립경제나 근대화는 박정희 정권에 비판적이었던 학생들의 슬로건과도 일치한다. 그러나 경제적 자립이나 근대화의 내용이 무엇인가에 대해서는 첨예하게 의견이 대립됐다. 한일회담에 반대하는 학생들은 박정희의 '민족적 민주주의'는 사실 '사이비 민족주의' 혹은 '굴욕적 민족주의'라고 인식했다("한일문제

종합토론 시리즈"(1), 《동아일보》, 1964. 4. 16. 3면, 김지형 2013에서 재인용).

박정희는 서구 민주주의를 국력 소모의 원인으로 간주하는 반서구주의자라고 할 수 있다. 박명림(2006)은 이런 맥락에서 박정희에게 저항하는 민주 진영을 박정희의 시각대로 친서구주의자로 볼 수 있다면 그는 '반서구적 민족주의자'라고 할 수 있다고 지적한다. 이러한 태도는 유신체제의 마지막 해인 1979년에 이르기까지 그대로 이어진다. 1979년 1월 19일에 행한 연두기자회견에서 박정희는 이승만, 장면 정권기에 서구 민주주의를 모방, 복사한 결과 비생산적, 비능률적, 혼란, 무질서를 가져왔다고 비판하며 다음과 같이 지적한다.

> 서구 민주주의도 그제도가 대단히 훌륭하고 좋은 것은 틀림없지만 이것을 받아들이는 나라가 그 나라의 소위 역사적인 배경과 사회적인 환경, 다시 말하면 기후 풍토를 고려하지 않고 거기에 알맞은 재배 방법을 실시하지 않을 것 같으면 결국 성공하지 못하고 탱자가 되어 버립니다. 따라서 이 제도는 좋은 제도이기 때문에 우리가 받아는 들이되, 그것을 우리 나라에 빨리 토착화되도록 여러 가지 노력을 해야 합니다. 한국의 여러 가지 기후 풍토에 알맞게, 우리 나라 역사적인 배경과 사회환경에 적응하게끔 이 제도를 한국화시켜야 됩니다. 토착화시켜야 됩니다. 이것이 우리가 말하는 한국적 민주주의입니다.
>
> ……
>
> 우리가 아무리 좋은 보약이라 할지라도 이것을 먹어서 그 체질에 맞는 사람은 대단히 건강에 좋지만 체질에 맞지 않는 사람은 보약을 먹

고도 오히려 부작용이 나고 몸에 해가 되는 것과 마찬가지로, 이러한 좋은 제도도 우리가 받아들이되, 우리의 실정에 알맞게 우리 사회의 기후 풍토에 맞게끔 잘 배려해서 재배하고 관리해 나가야 됩니다. (1979년 연두 기자회견, 박정희대통령연설문집 제16집(추도판) 1월편/대통령비서실)

기본적으로 서구민주주의를 전면적으로 부인할 수는 없지만, 그것을 토착화, 또는 한국화시킴으로써 '한국적 민주주의'로 바뀌어야 하며 그 취지와 정신을 가미한 제도와 체제가 '유신체제'여야 한다는 것이다.

반(反)서구주의적 태도가 박정희의 '민족적 민주주의'의 배경이었다면, 그것의 실천적 내용은 경제적 자립이라고 할 수 있다. 박정희는 1967년 4월 17일 행한 대전유세 연설에서 다음과 같이 "민족자립"과 "조국근대화"론을 내세운다.

사람이 하는 일이라 때로는 실수도 있었고, 또 어떤 때에는 잘 해보려고 했던 것이 결과적으로는 잘못된 그런 경우도 있었읍니다. 그러나 지금 우리가 민족자립과 조국근대화라는 이 거창한 역사적인 과업을 밀고 나가는데 있어서……국가의 장래를 위해서 기어코 해야 되겠다고...강력히 밀어 오기도 했습니다. (박정희대통령연설문집 제4집 4월편/대통령비서실)

또 박정희는 1967년 4월 18일 행한 전주유세 연설에서 다음과 같이 자립의 의미를 제시한다.

우리나라는 옛날부터 지금 농업국가라고 하지마는, 우리나라에서 만든 농산물을 가지고 우리가 식량에 자급자족을 못합니다. 지금도 지난 5년동안 우리가 거의 배에 가까운 식량을 증산했지마는, 인구가 자꾸 늘어나기 때문에 아직까지 자급자족을 못합니다. 그래서 지금 외국에서 원조로 잉여농산물을 우리가 얻어 먹고 있는 겁니다. 그러나 우리가 완전히 독립된 자립국가가 되자면 식량만은 자급자족을 해야 됩니다. 그래서 제2차 5개년계획의 큰 목표의 하나가 식량의 사급자족을 하자 이겁니다. (박정희대통령연설문집 제4집 4월편/대통령비서실)

강정인(2011)은 박정희가 두 차례의 대선 과정에서 제시한 '민족적 민주주의'를 비교하며 다음과 같은 분석을 내놓는다. 첫째, 제3공화국에서는 자유민주주의가 적어도 헌정제도상으로 유지되고 있었다고 할 수 있으므로, 박정희가 제안한 민족적 민주주의는 민주주의의 한국화에 대한 박정희의 기본입장을 대변하지만, 헌정제도로서는 어떤 구체적인 내용을 담고 있지 않다는 것이다. 둘째, 1963년과 67년 대선에서 주장된 민족적 민주주의는 다같이 '자주'와 '자립'을 강조하지만 강조점의 변화가 있다는 것이다. 1963년에는 '서구식 민주주의를 있는 그대로 수용해야 한다.'는 주장에 맞서 이를 '사대주의적 민주주의'라고 비난하면서도 서구식 민주주의의 원리와 원칙은 존중해야 한다는 태도를 보였으나 1967년에는 그간의 경제적 성과에 힘입어 민족적 민주주의를 경제적 자립이라는 물질적 조건의 확보와 직접적으로 연결시킨다는 것이다.

강정인(2011)은 특히 당시 박정희의 '민족적 민주주의'가 여론의 추이를 반영하고 있음을 주목한다. 그에 따르면, 1961년 고려대 학생들에게 '서구식 민주주의에 대해서 어떻게 생각하느냐'를 묻는 여론조사에서 무려 83%의 학생들이 '부적합하다'고 대답했다고 한다. 강정인(2011)은 이러한 현상에 대해서 기본적으로 '민족적 민주주의'는 자주와 자립에 기초하여 조국근대화와 민족중흥의 과업을 성취함으로서 궁극적으로는 민족의 자유와 번영을 추구한다는 의미에서 국민적 호응을 얻을 수 있었던 것으로 해석한다. 그러나 박정희의 민족적 민주주의는 민족중흥의 필요성으로 인한 정치적 민주주의 일시적 유보라는 허용 범위를 차츰 넘어서고 있었다. 민정이양과 함께 출범한 제3공화국은 헌정운영에 있어서 비민주적 요소가 없지 않았지만, 1971년 12월 국가비상사태가 선포되기 전까지는 적어도 헌정제도 그 자체에 있어서 자유민주주의의 기본틀을 유지하고 있었다. 민족적 민주주의는 후기로 갈수록 정당정치와 의회정치 중심의 정치적 민주주의를 부정적으로 간주하는 태도를 강화시켜 나갔다. 박정희는 야당의 정치행태에 대한 비판의 수위를 높여갔고, 특히 정당정치의 파행을 강하게 비판했다. 정치적 민주주의를 비판하는 박정희의 태도는 급기야 유신체제를 선포하는 단계에 이르렀고, 이 단계에서 이른바 "외형적" "수식적" "단서달린" 민주주의의 결정판이라고 할 수 있는 '한국적 민주주의'가 제안된다.[5]

5 박정희 시대의 민주주의를 가장된 권위주의로 파악하는 학자들은 다양한 방식으로 박정희 시대의 민주주의를 명명한다. 강정인의 '분식된 민주주의'(강정인 2011), 전인권의 '도구적 민주주의'(전인권 2002), 김지형의 '단서적 민주주의'(김지형 2013) 등이 박정희의 민주주의론에 대한 대표적인 표현들이다.

3) 유신체제에서의 '한국적 민주주의'론

1969년 3선 개헌을 거쳐 1971년 4월 대통령 선거에서 당선된 후, 박정희는 같은 해 12월6일 중국의 유엔가입, 주한미국 추구 감군 논의 및 북한의 무력도발 등으로 인해 초래된 국가 안보상의 위기를 명분으로 〈국가비상사태〉를 선포하고 언론의 자유 등 국민의 자유를 일부 유보할 것을 선언한다. 결국 1972년 10월 17일 박정희는 국회해산 등 헌법의 효력을 정지시키는 〈특별선언〉을 발표하면서, 당시의 의회정치를 정면으로 공격한다. 박정희는 1972년 10월 유신을 단행하고 11월 21일 유신헌법을 국민투표에 부쳐 12월 27일 유신헌법 하에서 대통령에 취임한다. 이 과정에서 10월 27일 발표한 〈헌법 개정안 공고에 즈음한 특별담화문〉에는 이른바 '한국적 민주주의'가 등장한다.

> 나는 이 헌법개정안(憲法改正案)의 공고(公告)에 즈음하여 이 땅 위에 한시 바삐 우리의 실정(實情)에 가장 알맞은 한국적(韓國籍) 민주주의(民主主義)가 뿌리를 내려 올바른 헌정(憲政) 질서(秩序)를 확립(確立)하게 되기를 진심(眞心)으로 기원(祈願)하면서 우리 국민(國民) 모두의 줄기찬 헌신(獻身)을 촉구(促求)하는 바입니다.
>
> ……
>
> 지금까지 우리가 걸어 온 길은 도리어 안정(安定)을 저해(沮害)하고 비능률(非能率)과 낭비(浪費)만을 일삼아 왔으며 파쟁(派爭)과 정략(政略)의 갈등(葛藤)에서 벗어나지를 못했읍니다. 그 이유(理由)는 명백(明白)합니다. 그것은 남의 민주주의(民主主義)를 미숙(未熟)하게 그대로 모

방(模倣)만 하려 했기 때문입니다. 우리는 더 이상(以上) 남의 민주주의(民主主義)를 모방(模倣)만 하기 위해 귀중(貴重)한 우리의 국력(國力)을 부질없이 소모(消耗)하고만 있을 수 없읍니다.

……

우리는 모든 면(面)에서 한시 바삐 안정(安定)을 이룩하고 능률(能率)을 극대화(極大化)하여 번영(繁榮)과 통일(統一)의 영광(榮光)을 차지해야 하겠읍니다. 그러기 위해서는 몸에 알맞게 옷을 맞추어서 입는 것과 마찬가지로 우리의 역사(歷史)와 문화적(文化的) 전통(傳統), 그리고 우리의 현실(現實)에 가장 알맞은 국적(國籍) 있는 민주주의적(民主主義的) 정치제도(政治制度)를 창조적(創造的)으로 발전(發展)시켜서 이것을 신념(信念)을 갖고 운영(運營)해 나가야 할 것이라고 믿습니다. (헌법개정안 공고에 즈음한 특별담화문, 1972. 10. 27. 박정희대통령연설문집 제9집 10월편/대통령비서실)

서구 민주주의에 대한 박정희의 비판은 능률의 극대화를 추구한다는 명분과 결부되어 한국적 민주주의를 정당화한다. 유신헌법은 박정희에게 효율과 능률의 극대화를 보장하는 한국적 민주주의를 가능하게 하는 장치로 인식되었다. 특별담화문에서 드러난 바와 같이 박정희는 민주주의와 자유를 있는 그대로 주장하는 이들은 남의 민주주의만을 모방하여 자율, 책임, 실질, 능률이 결여된 자들로 이해한다. 국회의 비능률적 운영이 유신체제 선포를 위한 국회 해산의 주요 논거였음을 상기할만하다. 이제 그의 민주주의관을 비판하는 자들은 비능률을 숭상하는 이들이 된다. 1972년 10월 27일 제8대 대통령 취임사에서 박정희는

'생산적 민주주의'라는 표현을 사용한다.

> 우리도 오늘의 현실에 대처하고 시대적 사명을 완수할 수 있는, 우리 자신의 생산적인 이념과 제도를 마땅히 가져야만 합니다.…… 또한, 우리의 역사와 전통, 그리고, 현실에 가장 알맞은 정치 제도를 육성 발전시켜서, 생산적인 민주주의의 기틀을 마련하고, 정치의 진실과 능률을 극대화해 나갈 것입니다. 농공 병진에 의하여 균형있게 배양되는 국력이, 국민 개개인의 행복과 직결될 수 있도록, 모든 국민에게 일터가 보장되는 탄력성 있는 정책을 집중적으로 펴나갈 것입니다. (제8대 대통령 취임식 취임사, 박정희대통령연설문집 제9집 12월편/대통령비서실)

김지형(2013)이 지적하는 바와 같이 '소비적 민주주의'의 반어를 연상케 하는 '생산적'이라는 표현은 박정희의 반대 세력이 줄기차게 주장해 온 민주주의가 소모적이고 소비적이라는 것을 암시한다. 능률을 내세운 유신체제는 적어도 표면적으로 정치적 안정과 국민총화를 수반할 수 있었다. 이런 구조는 국가주의적 경제발전을 추진하는 데 유리했다. 이 때문에 1970년대 한국경제는 매년 11%라는 놀라운 성장률을 과시했고, 1974년–1975년에도 8%를 지속할 수 있었다. 이런 경제 성장의 뒷받침으로 외형만의 민주주의가 유지될 수 있었다. 박정희는 유신 신인문에서 유신체제의 선택이 불가피하다는 표현을 반복한다. 이렇게 불가피성을 강조하는 것은 그것이 '비정상적인 방법'이라는 것을 반증하는 것이기도 하다. 이에 대해 김지형(2013)은 유신체제의 강행은 비정상적이지만 어쩔 수 없었다는 자기변명의 논리라고 지적한다(김지형 2013). 박정희는 5·16쿠데타와 유신체제가 모두 비정상적인 것임을 인정하면서도 불가피성의 논리에 입각해서 합리화한다. 이러한 인식은 민주주의가 '과정'을 중요시 한다는 사실을 외면한 것이다. 민주주의의 보편적 원리로서 과정은 묵살될 수 있다는 박정희의 독특한 관점에 따르면 유신체제도 민주주의의 범주 안에 들어 올 수 있다.

박명림(2011)이 지적하는 바와 같이, 박정희는 한국적 민주주의의 실천의 장으로서 새마을운동을 강조한다. 이런 맥락에서 박정희는 1973년 연두 기자회견에서 10월 유신과 새마을 운동을 동일시한다.

> 10월 유신이라고 하는 것은 곧 새마을 운동이다, 새마을 운동이라고 하는 것은 곧 10월 유신이다, 이렇게 해도 틀림이 없는 것입니다. 우리가 과거에 새마을 운동에 있어서도 이것은 범국민적인 운동이 되어야 되겠고, 한 사람도 방관자나 낙오자가 있어서는 안 되겠다고 했읍니다. 10월 유신 과업을 수행하는 데 있어서도 우리 모든 국민들이 범국민적으로 한 사람도 방관자나 낙오자가 있어서는 안 되겠으며, 모든 국민들이 자발적으로 적극적으로 참여해야 하겠으며, 또한 참여해 주실 것을 특별히 당부하는 바입니다. (1973년 연두 기자회견, 1973. 01. 12. 박정희대통령연설문집 제10집 1월편/대통령비서실)

박정희는 1976년 12월 10일 전국 새마을 지도자 대회 유시에서 새마을 운동을 통해 "지도자를 굳게 단결"할 것과 "부락공동사업"을 "주민의 총의를 모아서 결정"할 것을 당부하고, 새마을 운동이 그야말로 한국적 민주주의의 실천도장임을 거듭 강조한다. 박정희는 한국적 민주주라는 이름으로 치장된 국가주의를 역사적 전통으로 강변함으로써 민주주의의 보편적 가치인 개인적인 자유나 민권 등을 차단하는 국가이념을 지속하고자 하였다. 특히 박정희는 극단적인 이기주의와 자유를 경계하면서 자유민주주의의 의미를 왜곡한다. 또한 1973년 1월 12일 행한 연두 기자회견에서 박정희는 다음과 같이 극단적 이기주의와 자유민주주의의 관계를 규정한다.

> 나라와 민족과 우리 사회는 어떻게 되든 나만 잘 살면 그만이다 하는 극단적인 이기주의적인 사고 방식에서 아직까지 탈피를 못하고 있기 때문에 이러한 현상이 일어나고 있다고 봅니다. 자유민주주의 사회는 개인의 자유를 최대한으로 보장한다는 것이 근본 이념입니다. 그러나, 자유민주주의 사회가 개인의 이기주의를 얼마든지 허용하고 그것을 조정하는 정치 제도라고 착각을 하는 사람이 있다면 이것은 큰 잘못입니다. 남이야 어떻게 되든 나만 잘 먹고 잘 살면 된다. 그것도 자유다 이러한 것은 극단적인 이기주의입니다. 이것은 진정한 자유도 아니고 민주주의도 아닙니다. (박정희대통령연설문집 제 10집 1월편/대통령비서실)

박명림(2011)이 지적하듯이 이 시점에 박정희는 자유민주주의를 탄압하고 배제하는 국가보안법이나 긴급조치가 민주주의의 수호라고 믿는 자기기만에 빠져 있었을지 모른다.

4. 발전국가의 국가이념으로서의 국력배양론과 자주국방론

1) 국력배양의 국가이념: 성장, 개발, 근대화

국력배양론은 5·16쿠데타 당시부터 일관되게 유지해 온 박정희 정부의 국가이념이다. 북한과의 체제경쟁을 진행하는 과정에서 국력배양을 주장하는 것은 자연스런 일이었다. 김지형(2013)은 박정희에게 국력을 배양하는 길은 다름 아닌 경제성장과 개발이며 근대화를 의미했다고 지적한다. 반공주의와 경제개발, 산업화 전략은 강하게 서로 연계되어 있어서 개발주의와 반공주의는 자전거의 두 바퀴와 같았다.

1968년 '1·21 청와대 습격사건'과 '울진 삼척 무장공비 침투사건'등은 박정희의 반공주의가 공고화되고 국력배양론이 힘을 얻는 계기가 됐다. 월남전 양상과 미국의 아시아정책의 변화 기류 등도 박정희로 하여금 안보문제를 우선적으로 다루게 했고, 자립적으로 반공주의를 달성할 수 있는 국력배양의 필요성을 강화했다. 박정희는 1975년 6월 25일 행한 「6·25동란 제25주년에 즈음한 특별담화문」에서 국력배양의 필요성을 다음과 같이 호소한다.

> 나는 우리 모두가 제2(第二)의 『6.25(六.二五)』와 같은 비극(悲劇)을 다시는 겪지 않기 위해 국력배양(國力培養)을 계속 가속화(加速化)하고 국민총화(國民總和)를 굳게 유지(維持)함으로써 철통(鐵桶) 같은 총력안보태세(總力安保態勢)를 갖추어 나가도록 강조(强調)하는 바입니다.

국력(國力)의 알찬 배양(培養)은 북으로부터의 침략(侵略)을 저지(沮止)하는 가장 효과적(效果的)인 방법(方法)이며, 궁극적(窮極的)으로는 그들로 하여금 적화통일(赤化統一)의 망상(妄想)을 포기(拋棄)케 하고 단념(斷念)케 하는 관건(關鍵)이 될 것입니다. 따라서 국력배양(國力培養)을 위한 우리들의 꾸준한 노력(努力)은 곧 우리들의 생존(生存)을 보장(保障)하고 평화(平和)와 번영(繁榮)과 자유(自由)를 보장(保障)해 주는 가장 확실(確實)하고도 믿을 수 있는 방법(方法)이 될 것입니다. 따라서 우리가 인간(人間)다운 생활(生活)과 평화(平和)·자유(自由)·번영(繁榮)을 희구(希求)하는 마음이 간절(懇切)하면 간절(懇切)할수록 국력(國力)을 배양(培養)하기 위(爲)한 우리들의 피와 땀을 더 많이 요구(要求)하게 된다는 것은 당연(當然)한 이치(理致)라 하지 않을 수 없습니다.
(박정희대통령연설문집 제12집 6월편)

박정희는 여기서 국력배양을 생존과 번영, 자유와 평화, 나아가 인간다운 생활을 할 권리까지도 이어주는 필수 요건으로 여기고 있음을 알 수 있다. 김지형(2013)이 지적하는 바와 같이 국력배양론을 받쳐준 또 다른 요소는 민족주의이다. 박정희는 1972년도 2월 26일 행한 서울대학교 졸업식 치사에서 다음과 같이 민족주의와 반공주의를 국력배양과 연결시킨다.

우리의 생존과 안전을 위해서 열강의 공동 보장을 받아야 한다는 비굴한 자세가 과거에 어떠한 우환을 자초하고 말았는가를 생각할 때 정신사적으로 아직 말끔히 가시지 못한 이 끈질긴 사대주의와 환상적 대응책은 70년대의 한국 민족주의가 경계해야 할 가장 위험한 병폐가 아닐 수 없읍니다.

……

동서의 대립이나 다원화된 국가 간의 관계가 실리 추구로 흐른다고 해서 마치 한반도의 남북 대결이 아무런 선행 조건의 충족없이 단순한 감상적 대화란 성급한 교류로 긴장 완화나 통일이 가능한 것처럼 생각한다면, 이것은 북괴의 정체를 망각한 안일한 사고방식이며, 자유 민주 이념을 혼탁케 하고 사회적 혼란을 자초함으로써 북괴의 적화 통일 야욕을 더욱더 부채질해 주는 결과를 가져오게 되는 것입니다. 따라서, 한국의 민족주의는 밖으로 자주적인 주체 의식을 앞세우면서 안으로 우리의 자유 민주주의 이념과 제도를 더욱 신장하고 토착화하는 방향으로 전개되어 나가야 하며, 평화를 빙자한 사대주의나 통일을 앞세운 유화 정책에 대해서는 부단한 경계를 게을리해서는 안 되겠다고 나는 생각합니다. 한국의 민족주의가 안으로 당면한 70년대 전반기의 과제는 구체적으로 『힘』을 배양하는 데 요청되는 『국민적 단합』입니다. (1972년도 서울대학교 졸업식 치사, 1972. 02. 26, 박정희대통령연설문집 제9집 2월편/대통령비서실)

박정희에게 국력배양이란 곧 경제적 생산성의 증대를 의미했다. 이런 맥락에서 박정희는 '10월 유신 질서'의 기본 방향을 "우리의 모든 행동을 생산과 직결시키는 것"으로 나타냈다. 기본적으로 박정희는 경제성장과 개발에 기초한 '근대화'를 제일 목표로 삼았다. 그러나 그가 추구한 '근대화'는 서구적 의미의 개인주의적이고 자유주의에 기초한 근대화가 아닌 한국적 근대화였다. 그가 목표로 둔 이상사회는 "자유롭고 평등한 서민사회", "평화와 번영에 찬 복지사회", "자주적이며 행복스러운 문화사회"였다. 김지형(2013)이 지적한 바와 같이, 이런 사회를 지향하는 과정에서 박정희는 광범위한 권위의 이양을 요구했고, 국력배양과 근대화의 명분으로 권위 이양에 대한 요구는 어느 정도 대중적 호응을 얻을 수 있었다고 할 수 있다.

국력배양론은 다른 한편 정치적 민주주의의 제약이라는 방향으로 전개됐다. 국력을 배양하기 위해서는 국력소모를 막아야 하는데 이 국력소모는 주로 정치적 활동에 의해 이뤄지기 때문이다. 이런 이해를 바탕으로 박정희의 국력배양론은 정치적 민주주의를 제약하는 방향으로 전개됐고, 그 연장선상에서 박정희는 10월 유신을 정당화하고자 하였다.

2) 자주국방의 국가이념: 총력안보론

자주국방 개념이 본격적으로 등장한 것은 1970년 1월 9일 연두기자회견 석상에서부터이다. 박정희는 1970년의 국제 정세 속에서 북한의 "광증"이 예측 불가함을 지적하며, 다음과 같이 자주 국방의 필요성을 역설한다.

> 우리가 전쟁을 원하지 않는다고 해서 전쟁이 일어나지 않는다는 보장은 전혀 없읍 니다.…… 그렇다면, 전쟁이 일어나지 않도록 막는 방법은 무엇이겠는가, 결국, 북괴가 어떤 오산에 의해서 무모한 전쟁을 고

발하지 않도록 해야 되겠는데, 그것은 단 하나 우리가 충분한 힘을 갖추고 있어야 되겠다 하는 데에 귀착된다고 생각합니다.…… 그러기 때문에, 우리는 적어도 북괴가 단독으로 무력 침공을 해왔을 때에는 우리 대한 민국 국군의 단독의 힘으로도 충분히 이것을 제지하고 분쇄할 수 있는 정도의 강한 힘을 빨리 갖추어야 되겠다 하는 것입니다. 이것이 바로 내가 주장하는 자주 국방에 대한 개념입니다....국방면에 있어서는, 우선 장 비 현대화를 서둘러야 하겠고, 전군의 장병들에 대한 실전적인 훈련을 강화해야 되겠고, 우리가 가지고 있는 2백여만의 향토 예비군은 빨리 동원 체제를 확립해서 일조 유사시에는 정규군으로 전환할 수 있는 태세를 갖추어야 하며, 또한 군수 산업을 점차 육성해 나가야 되겠읍니다. (연초 기자회견 1970. 01. 09, 박정희대통령 여널문집 제7집 1월편/대통령비서실)

김지형(2008)이 지적하는 바와 같이, 이처럼 자주국방론이 제기되 배경에는 데탕트 국면에서 행해진 주한미군 철수로 인한 '안보 공백' 논리가 있었다. 주한미군 감축 논의는 1969년 1월 닉슨 행정부 출범으로부터 본격화되었으며, 한 해에 걸쳐 한미 간의 꾸준한 협의가 진행되었다. 그 결과 1973년 3월 닉슨은 주한미군 2개 사단 중 1개 사단을 철수하라고 지시했고, 이듬해 3월 2만여 명의 병력이 철수했다. 김지형(2013)은 이런 현실 속에서 박정희가 그 대응책으로 자주국방 노선을 내놓은 것이라고 해석한다. 박정희는 전통적인 우방국과의 동맹관계를 안정적으로 유지해야 하지만 동시에 국력을 배양하여 자주국방력을 강화해야 한다고 믿었다는 것이다. 김지형(2013)에 따르면 박정희에게 한미관계는 안전보장의 장치에 불과하고, 자주국방은 별개의 지향점을 가졌다는 것이다.

자주국방론은 결국 '국가비상사태' 선언으로 이어진다. 박정희는 1971년 12월 6일 「국가 비상사태 선언에 즈음한 특별 담화문」(박정희대통령 연설문집 제8집 12월편)에서 중공의 유엔가입과 북한이 남침준비에 광분하고 있는 상황 하에서 "우리가 안전 보장 상 중대한 차원의 시점에 처해 있다"고 단정함으로써 "우리가 향유하고 있는 자유의 일부도 유보할 결의를 가져야 한다"고 역설한다. 특히 당시 1971년 4·27대선 당시 김대중 대통령 후보가 제기한 바 있는, 향토예비군 해체, 학생 군사훈련 중단, 4대국 안전보장론 등에 대해 "무책임한 안보론"이라고 힐책하고, 이와 같은 주장은 국가 안보에 유해한 결과를 가져올 뿐이라고 결론 내린다.

총력안보체제라는 용어는 1972년 1월 11일에 행한 연두기자회견에서 처음 사용됐다. 박정희는 "전쟁도발을 억지할 수 있는 힘을 길러야 하며, 총력안보체제를 갖추는 것이 평화통일을 앞당기는 길"이라고 역설한다(박정희대통령 연설문집 제9집 1월편). 북한의 위협에 대비하여 총력을 기울여야 한다는 말이 곧잘 사용되었지만, 총력안보를 체제의 중심과제로 설정한 것은 유신체제와 긴밀히 연관된다. 이를 위해서 박정희 정부는 북한의 위협을 상시화된 위협으로 간주했다. 북한 위협의 상시성이라는 카드를 얼마나 노골적으로 활용했는가는 정도의 차이가 있을 수 있으나, 박정희 정부 내내 정권의 정당성 유지를 줄곧 활용됐다고 해도 과언이 아니다. 5·16쿠데타, 계엄령, 3선 개헌, 국가비상사태선언, 유신체제 긴급조치에 이르기까지 북한 위협의 상시성은 끊임없이 활용되었다. 이런 맥락에서 북한의 상시적인 위협 상황은 전인권(2006)이 지적하는 '영원한 긴급 상황' 혹은 김지형(2013)이 지적하는 '상시화된 예외상태'를 박정희에게 제공했다고 할 수 있다.

상시화된 위협을 전제로 박정희는 총력안보를 주창한다. 총력안보 혹은 총력전의 '총력'은 군대만이 아니라 전 국민의 역량의 총합으로서 군, 민, 관이 혼연일체가 되는 체제를 의미한다. 총력안보체제는 군대의 외연을 온 사회로 확장함으로써 사회 자체를 병영화 하는 것을 지향하는 것이다. 유신체제가 총화체제로 규정할 수 있었던 것은 이와 같이 국가와 국민을 군대와 같은 층위에 놓고 동일시했으므로 가능한 것이었다. 강정인(2012)의 지적처럼, 유신체제에서 총진군, 총동원, 총궐기 등의 군사적 용어가 남발되었으며, 총력안보, 총화유신, 국민총화, 총화호국, 민본총화, 총화단결, 총화전진, 총력체제, 총화의 대행진과 같은 용어들이 빈번하게 사용된 것은 유신체제가 사회 전체를 군대화 했음을 보여주는 단서이다.

마지막으로 주목할 것은 유신체제 전 기간에 걸쳐 나타난 자주국방론과 총력안보론은 주한미군 철수라는 단속적인 안보 불안 요소에 의해서 지탱될 수 있었다는 점이다. 김지형(2013)은 1977년 초부터 시작된 주한미군철수계획안에 따라 '안보문제'는 시국 현안으로 집요하게 부각될 수밖에 없었으며, 이 과정에서 안보강화 논리에 입각한 총력체제에 대한 강조는 상당한 설득력을 얻게 되었다고 지적한다. 결론적으로 유신체제 기간 북한의 위협을 전제로 한 자주국방론과 총력안보론은 주한미군 철수라는 국제적 요인과 결부되어 있었으며 박정희는 이를 바탕으로 유신체제를 강화할 수 있었다고 할 수 있다.

박정희는 일관되게 서구의 민주주의를 그대로 이식하는 데 반대하고,

한국의 역사적 배경과 문화적 전통 그리고 한국의 사회 경제 정치적 실정에 부합하는 민주주의를 수립하고자 하였다. 이런 맥락에서 박정희는 민주주의를 보편적인 이념으로서가 아니라 특수한 민족의 이념으로 변형시켜야 한다고 믿었다. 그러나 박정희는 민주주의 자체를 부정할 수는 없었다. 다만 민주주의에 여러 단서적 조건을 달아 민주주의를 수식함으로써 일차적으로는 자신의 정치적 목표를 달성하고, 아울러 국가의 정책과제로 설정한 것들을 달성하기 위한 수단으로 삼았다. 정치적으로 박정희는 단서적 민주주의 개념을 통해서 선거, 정당 의회를 중심으로 하는 정치적 민주주의를 평가절하 할 수 있었다. 그러나 민주주의의 가장 본질적 요소인 정치적 민주주의의 가치를 매도함으로써 외형적 민주주의, 분식된 민주주의라는 비판을 면하기는 어렵다(강정인 2011; 황정화 2012; 김지형 2013).

그러나 박정희는 이러한 외형적 민주주의를 대중적으로 수용하게끔 하기 위해 끊임없이 경제발전과 조국 근대화의 필요성을 역설했다. 박정희는 경제발전을 위해 정치적 민주주의를 유보해야 한다고 주장하면서 자연스럽게 민주주의를 생산의 관점에서 접근하도록 만들었다. 따라서 조국근대화라는 과제를 수행함에 있어서 걸림돌이 되는 민주주의는 언제든지 유보되어야 한다는 주장을 뒷받침할 수 있었다. 이런 맥락에서 '민주주의의 한국화'는 정치적 민주주의를 실질적으로 정지시키고 유신체제가 이를 공고화 하도록 하는 역할을 담당했다.

IV. 민주화와 국가이념의 진화: 정의 담론과 헌법개정논의

1. 한국형 발전국가론에 대한 도전: 민주화와 세계화

일반적으로 발전국가론자들은 한국을 포함한 동아시아 국가들이 장기적인 발전목표를 세우고 이를 효과적으로 집행해 나갈 수 있는 국가능력과 국가자율성을 보유했다고 평가 한다(Haggard and Moon 1993; Amsden 1989; 김일영 2001). 그러나 발전목표의 성공적인 수행을 위해서 국가능력을 갖춘 국가자율성 그리고 관료능력만으로는 미흡하다. 국가가 합리적으로 발전목표를 설정하고 이를 효과적으로 수행하기 위해서는 국가와 협력하여 경제발전을 도모할 수 있는 사회세력과의 관계에서 배태된 자율성(embedded autonomy)을 필요로 한다(오재록·공동성 2011).

이런 맥락에서 민주화의 도전은 한국의 발전국가 모델에서 중요한 한 축을 구성해 왔다. 더욱이 수출지향산업을 선택한 박정희 정부의 경제 발전 정책은 국내 사회세력으로부터의 지지를 절실히 필요로 했다. 국가이념이나 발전담론을 통해 어느 정도의 통제와 안정이 유지될 수 있었지만, 끊임없이 제기되는 민주화의 요구를 국가가 완전히 통제할 수는 없었다. 따라서 민주화 이후의 국가이념은 사회세력의 민주화 요구를 수용하면서 적절한 타협안을 모색해야 했다. 결과적으로 민주화의 도전은 한국형 발전모델을 구성하는 필수요소로 작용했으며, 한국형 국가이념의 진화에 있어서도 결정적인 역할을 했다고 할 수 있다.

민주화는 기왕에 국가의 권위에 눌려 있었던 분배적 요구를 분출시켰다. 발전국가가 누렸던 국가자율성은 권위주의를 정치적 기반으로 삼았는데, 민주화는 더 이상 이러한 권위주의를 용인하기 않았기 때문이다. 그러나 권위주의의 부재는 곧바로 사적이익을 추구하는 개인의 이익분출과 집합행동의 문제를 적나라하게 드러냈다. 문제는 권위주의가 물러난 빈자리를 대신하여 이러한 사회적 갈등을 풀어낼만한 민주적 정치제도가 아직 마련되지 못했다는 것이다.

먼저 국가-노동관계를 보면, 민주화 이후 상당기간 동안 노동에 대한 억압기조는 본질적으로 크게 바뀌지 않았음을 알 수 있다. 양재진(2005)는 민주화 이후에도 국가는 단위조조는 인정하면서도 중앙노조의 출현은 억제하는 방향을 유시했음을 시적한다. 1987년 노동법 개정으로 노조결성의 자유확대, 유니온샵 제도의 도입, 행정관청의 개입 차단, 파업권 신장 등의 조치들이 취해졌지만, 소위 "3금법"(노조의 정치활동금지, 제3자개입금지, 복수노조금지)는 1998년 노사정 대타협이 이뤄지기

전까지는 그대로 유지됐기 때문이다(박동 2001; 구해근 2002, 양재진 2005에서 재인용). 그러나 양재진(2005)은 민주화가 진행되면서, 노동에 대한 국가 통제력의 한계가 드러나기 시작했다고 지적한다. 즉 민주화는 노동권의 확대와 강화를 촉진시켰고, 노동계는 사회세력으로서 힘을 발휘하게 됐다. 이러한 현상은 더 이상 발전국가 이념이 통용되지 못하게 되는 결과를 낳았다. 노동운동의 활성화는 바로 급격한 임금상승으로 이어지고 수출상품의 국제경쟁력 저하로 나타났기 때문이다. 과거 국가의 억압적 노동배제정책으로 유지되어 온 산업 평화가 무너지면서 국가와 노동 그리고 자본과 노동의 대립이 거래비용의 증가로 이어졌다(Mo 1999). 이제 전형적인 발전국가 시기의 팽배해 있던 국가자율성이 민주화 이후 침식되기 시작한 것이다.

양재진(2005)은 이러한 현상이 국가-자본의 관계에서도 나타난다고 지적한다. 민주화 이전에 발전국가로서 한국은 자본을 조직, 지원, 통제할 수 있었다. 그러나 경제성장을 계기로 자본의 규모는 거대해졌고, 민주화 이후 거대 자본은 민간주도경제 혹은 시장경제의 논리를 내세워 각종 경제자유화 및 금융자유화를 국가에 요구하고 사실상 이를 관철시켰다. 한국의 재벌은 또한 해외차입과 제2금융권을 통해 자체적인 자금 조달망을 완비할 수 있게 됐고, 통제받지 않는 대규모 진압으로 외환위기를 불러오는 주요 원인을 제공하기 했다는 것이다(양재진 2005; Kang 2002; Moon and Mo 2000).

한국형 발전국가에 대한 또 다른 도전은 1980년대 말부터 전개된 세계화에서 나타난다. 한국을 위시한 동아시아 발전국가는 모두 수출지향 산업화 전략을 채택하여 급격한 경제성장과 산업구조의 고도화를 달성했다. 이런 발전국가 모델이 성공할 수 있었던 것은 2차 대전 이후 GATT에 의한 세계무역시장의 개방이라는 우호적인 국제적 환경에 힘입은 바 크다. 한편, 한국은 공산세력에 대항하는 자본주의의 최전선이라는 지정학적 이점을 활용하여 방어적 보호주의 내지 경제민족주의를 적용해 상당한 이득을 얻었다. 즉 유치산업의 한시적 보호, 정부의 전략적 개입과 지원 그리고 관세, 비관세장벽을 통한 무역체제의 국가관리 등 후발산업국의 고전적 대응전략이 효과를 거뒀다(양재진 2005).

1989년 동구가 무너지고 중국이 개방되자 공산주의에 대항하는 최전선이라는 지정학적 이점은 사라지고 미국을 비롯한 서구 선진국들은 이제 경제선진국의 일원이 된 만큼 개발도상국의 지위를 내려놓으라고 신흥공업국에 대한 경제개방 압력을 가중시켰다. 문정인(1995)이 지적하는 바와 같이, 세계화는 한국에 다중적 위협 구조를 초래했다. 문정인(1995)는 특히 경제부문에서의 위협을 강조하는데 무엇보다 한국은 세계자본주의 분업질서에 통합되는 과정에서 통제불가능한 외부적 충격에 취약할 수 있다는 것이다. 문정인(1995)은 또한 다국적기업들이 저임금 노동인력, 새로운 시장, 유리한 기업환경을 모색하는 과정에서 투자대상국가에 가하는 경제주권의 침해 가능성을 지적한다. 다국적 기업의 침투는 기본적으로 자본축적을 목표로 하므로 투자대상국의 경제적 평등과 복지를 해칠 수도 있다는 것이다. 문정인(1995)이 지적하는 바와 같이, 세계화는 국가경제에 있어서 판도라의 상자를 여는 것과 같은 위협이 될 소지가 다분했다.

이러한 우려에도 불구하고 김영삼 정부는 1994년 소위 '시드니 선언'으로 세계화를 선언하고, 기존 발전국가의 방어적 보호주의의 탈피를 시도했다. 세계경제로의 편입을 전제로 한 세계화가 선택의 여지가 있었는가에 대해서는 평가가 나뉠 수 있다. 그러나 적어도 김영삼 정부는 시장자유화와 경제개방을 양 축으로 하는 세계화를 적극적으로 선택했고, 이를 원칙으로 기존의 발전주의 모델을 대체하고자 했다. 김영삼 정부의 세계화 정책은 국가주도가 아닌 민간주도의 시장원리를 경제발전의 동력으로 삼겠다고 선언한 것이나 다름없다. 이런 맥락에서 국가발전의 선도적 제도로서 자리 잡았던 경제기획원을 없애고 장기경제개발계획도 폐지한다. 그리고 선진국클럽인 경제협력개발기구(OECD)에 가입하여 경제개방을 가속화한다. 양재진(2005)이 지적한대로 이러한 현상은 국내외적으로 팽배한 세계화의 강력한 흐름 속에서 국가자율성이 상당정도 침식당하고 과거 발전국가의 이념과 제도적 기반이 약화된 것을 의미한다.

이러한 상황에서 국가는 더 이상 국가이념을 주도적으로 생성하기 어려워졌다. 정부나 지도자가 국가이념을 선도할 수 없게 됐다는 얘기다. 민주화 이후 시장과 시민사회는 각각 독자적인 가치를 지향하면서 국가와 제도적 경쟁을 벌이는 상황이 벌어졌고, 국가이념은 국가와 시장, 시민사회가 함께 만들어가는 대상이 되었다. 민주화 과정과 그 이후, 국가이념과 관련하여 가장 크게 논란이 됐던 것은 국가가 얼마나 사회정의를 실현하고 있는가의 문제였다. 정의로운 사회를 만드는 데 국가가 어떤 기여를 하고 있느냐가 국가이념의 결정적인 요소로 부상하게 된 것이다. 민주화 이후 나타나는 두 번째 특징은 국가이념을 최종적으로 결정하는 요인으로 헌법개정논의를 활용하게 됐다는 점이다. 1987년 헌법 개정 이후 많은 헌법개정논의가 있었지만 지금까지 단 한 차례의 개정도 이뤄지지 않았다. 그러나 정치, 경제, 사회의 다양한 영역에서 전개되고 있는 헌법개정논의는 이제 국가이념을 아래로부터 수렴하는 하나의 경로로 자리 잡게 됐다. 이제 다음 두 절에서는 민주화 이후 독특한 방식으로 전개되고 있는 국가이념의 진화 양상을 파악하기 위해 사회정의 문제와 헌법개정논의를 차례로 살펴 볼 것이다.

2. 국가이념의 진화로서의 정의 담론

2011년 정부가 조사한 여론조사에 의하면 국민의 70% 이상이 우리 사회가 공정하지 않다고 대답했다.[6] 비슷한 시기 마이클 샌델의 『정의란 무엇인가』는 미국의 학부생들을 대상으로 하는 비교적 교과서적인 내용인에도 불구하고 가히 폭발적인 판매부수를 기록한 바 있다. 우리 사회에 팽배해 있는 정의에 대한 갈증, 정의의 결핍 현상을 반증하는 것이다. 1980년대를 전후로 시작된 민주화 운동 그리고 이후 사반세기를 이어온 민주주의의 공고화 과정을 거치면서, 우리는 민주화의 결실이 공정하고 정의로운 사회로 이어지기를 기대했었다. 과거 권위주의 시대에 비해 오늘

6 이 여론조사는 2011년 9월 11일 전국 16개 시도에 거주하는 19세 이상 성인 남녀 1000명을 대상으로 실시한 것이다. '별로 공정하지 않다'는 응답이 57.6%, '전혀 공정하지 않다'는 응답이 14.9%로 조사됐다. 20~30대는 75% 이상이 '공정하지 않다'는 대답을 해 젊은 층일수록 우리 사회의 공정성에 대해 부정적이다. (http://www.yonhapnews.co.kr/bulletin/2011/10/12/0200000000AKR201110 12145400001.HTML)(검색일: 2012. 9. 21))

날 우리 사회는 어느 정도 공정하고 정의로운 사회로 전환되었다고 할 수 있다. 그러나 사회적 정의에 대한 국민적 체감은 여전히 낮은 수준이다.

사실 사회적 정의에 대한 국민적 체감도는 공동체 구성원 간의 신뢰와 공동체의 연대감을 유지하는 데 필수적인 요소이다. 자신이 속한 사회, 자신이 속한 국가가 얼마나 정의롭다고 생각하는가에 따라서 국가이념을 대하는 국민의 태도도 달라질 수 있다. 안타깝게도 현재까지 사회적 정의에 대한 국민적 체감도는 대체로 낮은 상태이다. 정의에 대한 낮은 체감도는 사회적 불신과 분열을 초래하는 요인으로 기능하기 일쑤다. 예컨대, 한국의 사법부는 사적 관계나 공적 영역에서 발생되는 부정의를 일차적으로 해소해야 하는 주체임에도 불구하고, 한국 사회의 부정의의 배양지로 비난받거나[7] 사회적 갈등의 원천지로 지목되는 경향이 있다. 정의를 실현하는 주체로서 국가 기관이 마땅히 가져야 할 신뢰를 상실한 것은 사법부의 경우만이 아니다. 사법부가 부정의를 교정하는 주체라면, 입법부와 행정부는 사회적으로 공유되고 있는 정의를 입법하고 집행하는 주체이다. 작금의 한국 사회는 정의를 입안하고 집행하고 교정하는 주체로서 국가 권위에 대한 심각한 의문을 제기하고 있다. 우리 사회는 국가가 정의를 명분으로 행사하는 공권력(그것이 행정부의 경찰력이든, 사법부에 판단에 의한 사법적 처벌이든, 입법부에 의한 세금의 부과이든)

---

7 유전무죄, 사법부의 개혁, 정치검찰, 법무비리, 검찰비리 등의 문제는 과거 권위주의 시대나 민주화 시대를 막론하고 여전히 존속된다. 민주화 이후에도 권력 비리에 대한 부정적 체감은 여전히 높은 수준이며, 권력조직에 대한 신뢰도는 꾸준히 감소하고 있는 실정이다. 예컨대 TI(Transparency International)의 부패인식지수(CPI)와 EAI의 파워기관 신뢰영향력조사 등을 참조.

에 대한 전반적인 저항과 불신에 직면해 있다고 해도 과언이 아니다.

한국 사회에 만연해 있는 정의에 대한 빈곤감은 국가권력의 행사가 부당하게 이뤄진다는 사회적 인식과 결부되어 있다. 이러한 인식은 종종 국가권력에 대한 불신과 저항으로까지 이어진다. 정의를 실현하기 위한 국가권력의 행사가 부당하다고 여기고 이를 불신한다는 것은 국가가 제시하는 정의론 혹은 국가이념과 구별되는 별도의 가치관을 갖고 있음을 의미한다. 어째서 한국에서는 정의에 대한 호소가 사회 통합의 기능보다 오히려 사회적 갈등과 분열시키는 신원지가 되었는가? 이에 답하기 위해서는 정의론을 둘러싼 한국정치사를 되돌아 볼 필요가 있다. 즉 권위주의에서 민주주의로 전환되는 한국정치사의 과정 속에서 공교롭게도 정의 담론은 권위주의적 지배세력과 민주적 저항 세력 간의 대립의 수단으로 활용되었다. 서로 전혀 다른 정치적 입장이 정의 담론에 의해 각각 정당화되었다는 것이다. 이 과정에서 정의의 구성요소가 특정한 세력에 의해 취사선택 될 수 있다는 사회적 인식이 자리 잡게 되었다. 이런 인식은 민주화가 성취된 이후에도 한국정치사의 유산으로 남게 되었으며, 이것이 결국 국가가 책임지고 있는 사회정의와 국가이념에 대해서도 부정적인 인식을 낳게 했다는 것이다. 이제 이런 주장을 뒷받침하기 위해, 국가이념 안에서 한국사회의 정의론은, 권위주의 시대와 민주화 시대를 거치면서 어떻게 전개되어 왔는가를 살펴보고자 한다.

권위주의 시대의 정의론은 정권의 국가이념 속에서 핵심적인 역할을 차지했다. 기본적으로 과거 권위주의 정권들은 악습의 폐지, 그리고 사회적 질서 유지를 명분으로 통제와 규율을 강조하는 국가이념을 내세웠다. 권위주의 시대의 막을 연 5·16 군사 쿠데타를 성공한 박정희 정권은 이른바 “부정부패 일소”를 혁명과업의 초기 목표로 내세웠다. 반부패를 정의와 일치시키는 이러한 태도는 박정희 정부에 전반적으로 나타난다. 또 다른 권위주의 시대를 탄생시킨 전두환 정권은 보다 노골적으로 ‘정의사회 구현’을 국정목표로 설정하였다. 1980년대를 연 전두환 정권은 권위주의 정권이면서 뒤이은 민주화 시대를 촉발한 정권이라는 점에서 이 정권의 공식적인 정의론과 이에 대항하는 정의론을 살펴보는 것은 민주화 시대의 정의론을 이해하는 데 필수적이다. 문지영(2007)은 보다 넓은 맥락에서 한국 정부 수립 이후부터 민주화 시대까지의 지배담론과 저항담론의 관점에서 한국의 정의 담론을 그려내고 있는데, 이러한 구도는 민주화 시대의 정의론을 이해하는 데 매우 유효하다. 이제 문지영(2007)의 논의에 기대어 민주화 시대의 정의론의 특징을 살펴보고자 한다.

우선 전두환이 1980년 9월 1일 행한 제11대 대통령 취임사를 보면, 그가 국가이념 속에 실현하고자 한 정의론이 무엇이었는가를 엿볼 수 있다. 그는 취임사에서 “구시대의 그릇된 기풍을 과감하게 청산하고 깨끗하고 서로 믿는 정의로운 새 사회와 부강한 복지국가를 건설하는 것이 오늘을 사는 우리의 시대적 사명”이라고 천명한다. 전두환에게 정의로운 사회란 “서로 믿고 살 수 있는 사회”를 의미한다. 특히 그는 “국민간의 불신도 문제이지만 국민이 정부를 분신하는 것도 더욱 큰 문제”라고 지적하며, 정부에 대한 불신이 생기게 된 요인을 분석한다. 그는 우선 정부의 부패를 지적한다. “사회개혁 주도세력이 처음에는 대단한 열의와 정의감을 갖고 출발하지만, 시간이 흐름에 따라 부패하고 사명감을 상실”하여 “국민으로부터 불신”을 받게 된다는 것이다. 그러나 전두환은 여기서 정부의 부패를 방지할 대책을 말하지 않는다. 놀랍게도 정부에 대한 불신이 없어지기 위해서는 "국민 개개인의 의식구조가 바뀌어야 하고 가치관이 정립되어야" 한다는 점을 강조한다. 이어 국민이 정립해야 하는 가치관에 대해서 다음과 같이 말한다.

> 새 가치관이라고 결코 고답적인 개념이나 거창한 내용이 아닙니다. 규칙을 지키지 않고, 약속을 어기고, 남을 헐뜯고, 거짓말을 하고, 불로소득을 꾀하고, 사치와 낭비를 일삼고, 돈으로 매사를 해결하려 하고, 압력으로 이권을 청탁하는 등의 폐습을 우리 일상생활 주변에서부터 하나씩 고쳐 가려는 마음가짐, 이것이 바로 새 가치관인 것입니다. 정부는 이러한 새 가치관이 우리 국민의식 속에 뿌리를 내려 정의로운 사회가 구현될 수 있도록 새마을운동과 연계시켜 범국민적 사회정화운동을 지속적으로 전개해 나가겠습니다. …… 이 운동이 성공하려면 가정과 학교교육을 통해 어릴 때부터 정직, 질서, 창조의 정신을 생활화하는 것이 무엇보다도 중요한 것입니다. 이상과 같은 민주, 복지, 정의사회는 획기적인 교육혁신과 민족문화의 창달을 통해서만 이룩할 수 있다고 확신합니다. (제11대 대통령 취임사, 1980. 09. 01. 전두환대통령연설문집 제오공화국출범전/대통령비서실)

즉 정부에 대한 불신은 부패한 정부 때문만이 아니라, 국민의 가치관이 붕괴됐기 때문이라는 해석이다. 이런 맥락에서 문지영(2007)은 전두환 정권에서 특별히 '정의사회 구현'이 곧바로 '준법'과 등치되고 있는 현상에 주목한다. 전두환은 1982년 7월 17일 행한 제34주년 제헌절 기념식 경축사에서 5공화국 헌법이 개인의 장기집권을 가능케 하는 부분을 폐지했고, 따라서 국민이 "애정과 자신감"을 갖고 존중할만한 헌법이라는 것을 강조한다. 그러면서 새삼 준법정신의 의의를 지적한다.

> 지금 우리가 지향하고 있는 보다 개방적이고 자율적인 사회는 구성원 각자가 책임감과 준법정신에 투철할 때에만 비로소 이룩될 수 있는 것입니다. 법치질서를 외면한 채 개인이나 특정집단의 주장만이 옳다고 내세우는 것은 성숙한 민주시민의 자세가 아니며, 자유의 참뜻을 모르는 태도라고 하겠읍니다. 독선적 사고에 집착하여 법을 알면서도 무시하는 것은 사리사욕을 위해 법을 어기는 일보다 국가 사회에 더 많은 위해를 끼치는 것입니다. 자기 일신이나 파당의 이해에 얽혀 법과 질서를 외면하고 모처럼 이루어 놓은 안정과 국가발전의 기회를 해치는 일이 있다면 많은 국민들은 이를 결코 용납하지 않을 것입니다.

준법은 일찍이 소크라테스나 아리스토텔레스와 같은 현자들에게서 국가이념과 정의의 핵심적인 요소로 일컬어진 바 있다. 이러한 언급이 전두환에 의해서가 아니라 어느 철학자의 입에서 나온 말이었다면 얼마나 지당한 말이겠는가. 여기서 주목할 점은 바로 준법이 이와 같이 전통적으로 가장 중요한 국가이념의 하나임에도 불구하고, 그것이 권위주의의 지배세력에 의해 주장될 때 그 의미가 완전히 퇴색된다는 사실이다.

문지영(2007)은 권위주의 시대의 한 국면이었던 전두환 정권 시절에 정의의 요소 가운데 특히 준법을 강조하게 된 것은 당시의 시대적 상황을 반영한 것이라고 지적한다. 문지영(2007)은 또한 1980년 광주민주화항쟁 이후 민주화 운동이 전 사회적으로 확산되는 과정에서, 이제까지

지배세력이 강조해온 부패청산, 건전하고 깨끗한 사회기풍, 근면하고 자주적인 국민정서 등의 국가이념이 호소력을 잃게 되었고, 대신 정부 저항 세력에 대한 통제를 위해 준법이라는 정의의 또 다른 요소를 국가이념으로 강조할 수밖에 없었다고 지적한다. 권위주의 시대 준법의 강조는 형식적 의미의 법질서를 뛰어 넘어 민주화를 요구했던 사회세력에 대한 탄압을 정당화하는 국가이념이 되었다. 그러나 처음부터 권위주의 정권의 정당성을 인정하지 않는 민주 세력의 입장에서 이런 명분은 수용되지 않았다. 따라서 이들은 권위주의 지배 세력이 내세우는 "준법=정의"의 등식을 거부했다. 권위주의 정권 하에서 민주 세력에게는 준법이 오히려 부정의요(준법=부정의), 지배 세력의 수단이 되는 법질서에 저항하는 불복종이야말로 정의라는 주장(불복종 혹은 불법=정의)이 팽배했다. 준법이 정당성을 결여한 지배 세력의 정의 담론으로 강조됨으로써 오히려 정의로서의 생명력을 잃게 되고, 나아가 그 의미가 역전되는 현상이 일어난 것이다.

권위주의 정권이 특히 준법의 요소를 강조한 반면, 이에 저항하는 민주 세력은 정반대로 국가권력에 불복하고 저항하는 것을 정의로 간주한다. 문지영(2007)은 이승만 정권, 박정희 정권, 전두환 정권에서 발견되는 저항 세력의 담론을 차례로 검토하며 이들의 특징을 다음과 같이 지적한다. 우선, 저항 세력에 의한 정의론은 지배 세력이 제시하는 정의론에 대한 반사적 성격이 강하므로, 지배 세력의 담론이 어떤 성격을 띠느냐에 따라서 조금씩 다르게 나타난다는 것이 발견된다. 최초의 저항 담론은 이승만 독재 정권에 항거한 4·19혁명을 전후로 한 정의 담론이다. 4·19혁명을 중심으로 한 저항 세력의 정의론은 "나라를 바로 잡고자 하는” 타당한 요구, 또는 의로운 행위에 초점이 맞춰져 있었다. 이런 맥락에서 정의는 객관적으로 존재하는 제도적 질서나 원리라기보다 포괄적이고 주체적인 윤리적 덕의 일종으로 해석된다. 문지영(2007)의 지적대로 이와 같이 이승만 정권에 대항하는 저항 세력이 4·19혁명을 통해 드러낸 정의론은 어떤 구체적인 현실의 문제라기보다 ‘사필귀정’으로서의 의미 혹은 인간 사회가 당연히 지향해야 할 어떤 당위로서의 정의였다. 이런 맥락에서 이러한 당위로서의 정의는 도덕적 정당성을 제공하고 강한 실천적 동력을 제공할 수는 있지만, 구체적으로 이런 정의의 달성을 위해 어떤 과정과 단계를 거쳐야 하는지에 대한 이해가 결여되어 있다는 그녀의 평가는 적절하다.

저항세력이 저항의 명분을 획득하기 위해서는 지배세력의 정의 담론의 허구성을 지적할 뿐 아니라, 정의의 실질적인 내용을 주장할 필요성이 있었는데, 저항 세력이 채택한 최초의 실질적 요소는 바로 민주주의의 수호였다. 권위주의 정권에 저항하는 저항 세력에게 민주주의의 수호는 곧 정의의 실질적 내용으로 전화되었다. 이러한 경향은 박정희 정권의 반독재 민주화 투쟁을 전개해 온 저항 세력에서 나타났지만, 이후 민주화 과정에서도 민주화 운동이 곧 정의라는 새로운 정의 담론이 본격적으로 나타났다.

민주주의가 곧 정의라는 인식을 강하게 갖고 있었던 저항 세력에게 민주주의는 단지 정치과정으로서의 의미만을 지니지 않았다. 문지영(2007)의 지적대로 예컨대, 박정희 정권 하의 저항세력은 경제개발정책과 근대화 정책으로 인해 야기된 사회구조적 모순을 지적하면서 국민대중의 ‘정당한 몫’을 요구하는 경제민주화를 주목하였다. 1980년대 중반 민주화가 전면에 부상하면서, '경제민주화'는 이제 민주주의 실현의 한 축으로 자리 잡게 됐다는 것이다. 문지영(2007)은 전두환 정권 시절에 경제정의실천연합의 활동, 그리고 1987년 헌법에서 경제민주화 조항이 삽입된 것을 그 근거로 제시한다.

저항 세력의 민주화에 대한 열망은 민주주의의 가치를 정치적 영역에만 한정시키는 것을 극복하고 경제적 영역으로까지 확장시키는 데 성공했다. 뿐만 아니라 저항 세력의 담론은 인권이나 인간성 회복, 그리고 생존권 보장이라는 가치를 민주주의 이념에 포함시키는 성과를 거뒀다. 문지영(2007)이 평가하는 바와 같이, 이러한 저항 세력의 민주주의 담론은 분명 민주주의를 내실화하는데 기여한 바가 있다. 그러나 저항 세력의 담론은 민주주의 이념에 다양한 가치를 포함시킴으로써 민주주의를 마치 거대한 가치의 창고로 만들어 버린 측면이 있다. 민주주의 혹은 민주화에 대한 요구가 곧 정의라는 등식이 성립하면서, 민주주의 개념의 확장은 곧 정의 개념의 확장을 초래하게 됐다. 어느 순간부터 우리 사회의 정의 개념은 사회의 각 분야에서 요구하는 다양한 가치들을 주장하기 위한 구실로 전락한 경향이 있다. 정의가 사회적 분쟁의 명확한 기준을 제시하는 기준으로 기능하기보다 이익 추구를 위한 구실로 전락함으로써 각 분야에서 제기되는 정의에 대한 주장은 오히려 사회적 분쟁을 심화시키는 양상도 보이고 있다.

권위주의 정권 시절, 저항 세력이 민주화를 달성하기 위해서 민주화와 민주화에 대한 요구를 최고의 가치로 설정하고, 민주주의 개념 속에 그들이 추구하고자 했던 다양한 가치를 모두 포함시키고자 했던 것은 어쩌면 자연스런 일이다. 그러나 문제는 민주주의라는 이상 속에 저항

세력이 포함시킨 가치들 중에는 서로 충돌하는 가치들이 있어서, '민주주의가 곧 정의다'라는 원칙을 고수하는 한, 사회의 각 계층이 어떤 정의를 추구하느냐에 따른 혼란이 야기될 수 있다.

민주주의가 곧 정의이자, 최고의 가치가 되면서 나타나게 된 또 다른 현상은, 민주화 과정에서 민주주의 개념 안에 '성공적으로' 포섭되지 못한, 정의의 여타 요소들, 예컨대 준법이나 시민적 덕성과 같은 가치가 상대적으로 정의의 범주에서 멀어지는 결과를 낳았다는 것이다. 이런 경향은 권위주의 시대에서 민주화 시대로 넘어가는 이행기에는 어느 정도 용인될 수도 있다. 그러나 이미 민주 사회로 전환된 이후에도 과거 권위주의 시대의 상황논리에 의해 배제됐던 모든 가치를 정의의 항목에서 배제하는 것은 불합리하다. 정의가 민주적 가치를 포함해야 하는 것은 당연한 일이다. 그러나 민주주의만이 정의 담론을 독점하는 것이 반드시 바람직한 일이라고는 볼 수 없다.

권위주의 시대 혹은 민주화의 이행 과정에서 일어났던 현상이 민주화된 사회에서도 여전히 존속되고 있다고 가정하고 정의의 균형점이 한쪽 방향으로 치우치는 것은 민주주의에 대한 성취감 내지 현실 감각의 지체현상 때문으로 여겨진다. 우리는 이미 우리가 의식하는 것보다 훨씬 민주화된 현실에 살고 있다. 그럼에도 불구하고 우리의 정치적 행위는 여전히 우리 사회가 비민주적이라는 가정 하에서 이루어지고 있다. 민주주의 목표치를 높게 설정하고 끊임없이 좀 더 민주적인 사회를 만들려고 노력하는 것은 바람직하다. 그러나 우리의 성취를 왜곡하는 것은 우리가 지향해야 할 민주주의의 방향성을 왜곡할 우려가 있다. 왜 이런 인식의 지체현상이 일어났는가에 대해서는 실증적 연구가 필요하지만 시론적으로 다음과 같은 점을 고려할 수 있다. 첫째, 민주화가 비교적 빠른 속도로 진행되었기 때문에 현재까지도 이행기의 행태가 유지되고 있을 가능성이 있다. 둘째, 민주주의는 불가피하게 포퓰리즘적 요소를 갖고 있는데 이런 이유 때문에, 일단 민주화 과정에서 부정적 이미지를 갖게 된 가치는 설령 그것이 민주적 가치라고 하더라도 포퓰리즘의 위력으로 종종 사회적으로 배제당하는 경향이 있다. 전술한 바와 같이 이러한 주장은 실증적 논증이 필요하다. 다만, 여기서 지적해 두고자 하는 것은 한국적 정의를 실현하는 과정에서 민주주의의 성취를 둘러싼 현실과 인식의 괴리는 현재 우리 시대에 걸맞은 유연성 있는 정의 담론을 형성해 나가는데 걸림돌이 될 수 있다는 것이다.

과거 민주화 운동을 담당했던 저항 세력은 독재와 그것이 초래한 제반 문제를 대응하는 과정에서 민주주의가 최고의 가치로 전환되어야 할 실천적 필요성을 인식했다. 이에 따라 민주주의만이 정의라는 경직된 정의 담론을 낳았다.[8] 이런 조건 하에서, 정의 담론은 어떤 가치가 민주적 가치 안에 포함될 수 있는가라는 물음으로 환원되기 쉽다. 문제는 이 과정에서 정의의 본연적 속성이 대중적 인기에 영합할 가능성이 있는 민주주의의 잠재적 속성에 의해 가려질 가능성이 있다는 것이다. 문제는 이 과정에서 정의의 본래적 속성이, 민주주의의 이름으로 가장된 포

8 사실 서양 정치이론에서 정의와 민주주의의 관계를 보는 시각은 다양하다. 정의와 민주주의를 동전의 양면과 같은 동일한 가치로 보는 시각이 있는가하면, 정의와 민주주의를 서로 구별되는 경쟁적인 가치로 보는 시각도 있다. 여기서 이러한 시각들의 이론적 타당성을 검토할 수는 없지만, 한국의 경우는 이 중 한 시각에 지나치게 경도되어 있음을 지적할 필요가 있다(cf. Dowing & et. al. 2004).

퓰리즘에 의해서 왜곡될 가능성이 있다는 것이다.

반면 과거 지배 세력의 정의 담론은 어떠한가? 이것은 당시 권위주의 정권의 유지라는 정치적인 목적에 봉사했다는 이유로 낙인이 찍힌 정의 담론이다. 그러나 이들이 내세웠던 정의의 요소 중에는 오늘날 재조명 될 가치가 있는 것들이 있다. 부정과 부패의 청산, 자주적이고 창조적인 시민 정신, 준법 등이 그것이다. 당시 지배 세력의 정의 담론이 정권 유지와 연장의 목적에 있었고, 사회의 구조적 모순을 은폐하며, 민주화 운동을 억압하는 역할을 했던 것은 비판받아 마땅한 일이다. 그러나 과거 지배세력의 정의 담론 속에 존재하는 모든 요소들이 폐기해야 할 대상은 아니다. 이미 권위주의를 탈피하고 민주화가 달성된 오늘날에도 과거의 역사에 매몰되어 마땅히 존중해야 할 정의의 요소들을 사장시켜서는 안 될 것이다.

3. 국가이념의 진화로서의 개헌논의[9]

1) 개헌논의의 출발점

우리 헌법은 1948년 건국헌법부터 1987년 현행 헌법에 이르기까지

9 이 절은 졸고, "개헌논의의 정치사회학과 정상화 방안 모색" 강원택(편) 『헌법개정의 정치: 무엇을 어떻게 바꿀 것인가』(고양: 인간사랑) 5장을 일부 수정하여 실은 것이다.

총 아홉 차례 개정되었다. 이때까지의 개헌주기를 산술적으로 계산하면 평균 4년 남짓에 불과하다. 그마저 아홉 차례의 개헌 중 대부분은 발췌개헌, 사사오입개헌, 삼선개헌, 유신헌법 등과 같이 헌법 개정이 집권연장의 수단이 되어 온 수난과 오욕의 역사로 얼룩져 있다.[10] 이와 같은 우리 헌정사에 비추어 볼 때 87년 개정된 현행헌법이 근 사반세기 동안 변함없이 유지되고 있다는 점은 긍정적으로 평가할 만하다. 민주화 이후 네 차례에 걸친 정권교체가 현행헌법의 권한아래 평화적으로 이뤄졌고, 과거와 같이 정권연장을 위한 헌법 개정은 너 이상 허용되지 않는, 적어도 형식적인 의미의 헌법적 안정성이 유지되고 있다. 이 같은 헌법적 안정성은 무엇보다도 헌법 개정을 집권연장이나 새로운 권력창출의 수단으로 악용하려는 어떠한 시도도 용납하지 않는 우리 국민의 성숙한 시민의식에 힘입은 바 크다. 헌법 개정에 대한 비판적 국민의식은 분명 헌법 개정을 정략적 수단으로 사용하려는 일체의 시도를 좌절시키는데 크게 기여했다. 그러나 모든 헌법 개정을 전면적으로 부정하는 것만으로 헌법적 안정성을 이룰 수 있는가? 우리는 노무현 정부에서 나타난 일련의 헌법사태(대통령탄핵사건, 수도이전위헌판결)[11] 등을 통해, 헌법 개정을 무조건 부정하는 것만으로 헌법적 안정성이 보장될 수 없음을 깨달은 바 있다. 원칙적으로 진정한 의미의 헌법적 안정성은 시대에 따라 변

10 발췌개헌으로 일컬어지는 1차 헌법 개정, 사사오입개헌으로 불리는 2차 헌법 개정, 3선 개헌으로 불리는 6차 헌법 개정, 유신헌법으로 불리는 7차 헌법 개정이 모두 집권연장의 수단이 주목적인 헌법 개정이었다.

11 박명림(2005)은 노무현대통령 탄핵사태의 분석을 통해 민주주의와 헌정주의의 갈등이 적나라하게 드러난 소위 헌법사태의 문제점을 지적하고 있다.

모하는 헌법현실과 현존하는 헌법규범과의 괴리를 좁힐 때 가능한 일이다.

심심치 않게 개헌론이 제기되고 있다는 사실은 우리사회의 헌법현실과 헌법규범과의 괴리가 헌법 개정을 요구하는 수준에 이르렀음을 반증하는 것이다. 그러나 현재의 국민의식은 헌법 개정에 대해 비교적 낮은 관심을 보이거나, 대체로 부정적인 견해를 갖고 있는 듯하다. 우리 국민이 헌법 개정에 대해 소극적 태도를 보이는 것은 건국이후 수난의 역사로 점철된 우리 헌정사의 특성과 특히 지난 노무현 정부 때부터 부각되기 시작한 헌법정치의 경험과 깊이 연관되어 있다. 일반적으로 개헌논의가 권력구조 개편에 집중될 때, 헌법 개정을 제안하는 것은 곧바로 정치집단의 정략적 목적을 달성하기 위한 수단으로 비춰지지 쉽다. 87년 헌법 체제 아래 주로 정치권을 중심으로 주기적으로 제기되어 왔던 개헌논의가 어느 정도 정략적 수단이었는지, 또 어느 정도 진정성이 있었는지를 하나하나 가려낼 수는 없다. 그러나 일반 국민에게 비교적 널리 알려져 있는 굵직한 사건들(예컨대, 1990년의 3당 합당, 1997년의 DJP연합, 그리고 2002년 노무현· 정몽준 후보연합, 노무현 정부 초기의 개헌론, 그리고 2007년 노무현 대통령의 원 포인트 개헌론 등)만 보더라도 정치권의 개헌논의에 진정성이 있다고 받아들이기 어려운 측면이 있었다. 여기서 지적하고자 하는 것은 정치권의 개헌논의가 사실상 한국정치와 민주주의 발전을 위해 얼마나 진정성을 갖고 있었는가를 따지자는 것이 아니다. 헌법 개정에 대한 제안, 혹은 개헌논의 자체를 부정적으로 보는 시각이 국민의식 속에 깊숙이 자리 잡고 있다는 점을 지적하는 것이다.

이런 분위기를 잘 파악하고 있는 정치권도 대체로 개헌논의에 대해 비교적 신중한 태도를 보인다. 현상타파를 위해 정치적 모험을 시도해야 할 정치세력을 제외하면 대부분의 정치세력은 개헌논의에 대해 대체로 소극적인 반응을 보인다. 특히 정치권의 개헌론은 정권초반에는 무리한 개헌논의로 쓸데없이 국정을 혼란에 빠뜨리지 말아야 한다는 명분론과, 정권말기에는 차기의 유력한 대권후보가 개헌이라는 예측 불가능한 카드를 선뜻 받아들이지 않으려는 현실적인 어려움으로 인해 실효성을 거두기 어려운 실정이다. 시민사회에서도 87년 헌법의 한계와 미비점을 지적하며, 끊임없이 개헌논의를 축적해 왔으나 시민사회의 개헌논의는 궁극적으로 개헌을 성공적으로 이끈다는 생각보다 개헌논의를 통해 자신들의 가치를 재확인하고 자신들의 가치에 입각한 개헌의 기본 방향을 제시하는 데 그치고 있다. 즉 어느 정도 타협과 협상을 통해서라도 실질적으로 개헌을 성공시키려는 구체적인 전략을 모색하는 데에는 힘을 기울이는 것으로 보이지는 않는다.

우리사회의 헌법규범과 헌법현실 사이에 괴리가 있다고 인정되는 한 앞으로도 개헌논의는 끊임없이 이어질 전망이다. 그러나 개헌에 대한 국민의 전반적 인식이 부정적이고 정치권은 이런 현실을 외면할 수 없는 실정이며 시민사회도 전략적 구상을 하지 않는 상태라면, 앞으로 획기적인 정치적 이변이 일어나지 않는 한(물론 이런 정치적 이변은 일어나지 않는 편이 더 좋을 것이다) 우리의 현행 헌법은 예상과 달리 또 다른 사반세기를 지속할지 모를 일이다.

여기서는 1987년 이후 지금까지의 개헌논의가 정치엘리트 간의 역학관계를 반영하는 정치적 수단의 요소가 있음에도 불구하고, 앞으로의 개헌논의는 개헌의 성사와 관계없이 민주주의의 공고화와 헌법정치의 실현이라는 정치발전에 기여할 수 있는 잠재력을 내다볼 것이다. 이를 위해 개헌논의의 실익을 헌법 개정의 성사여부보다 우리 사회의 전반적인 정치발전과 진정한 헌법정치의 실현이라는 관점에서 접근할 것이다. 특히 우리의 개헌논의는 늘 그 진정성이 의심되어 온 우리 헌정사의 특수한 맥락과, 최근 부각되고 있는 '정치의 사법화'라는 정치사회학적 구조 안에서 자리매김 되어야 한다는 점을 주목하고자 한다. 우리사회의 개헌논의는 그 진정성 문제와 정치의 사법화 문제가 적절히 고려될 때, 국민교육과 사회통합의 기능을 수행할 것이며, 궁극적으로는 헌법규범과 헌법현실의 괴리를 좁히는 진정한 헌법정치의 실현에 기여하게 될 것이다.

2) 개헌논의의 역학: 진정성 논란에서 국가이념의 확립 수단으로

장영수(2005)는 헌법 이론적 관점에서 개헌논의는 정치생활을 규율해야 할 헌법규범이 규범적 효력을 발휘하지 못하고 헌법현실과 유리되는 현상을 보일 때, 헌법 개정을 통해 헌법규범과 헌법현실의 격차를 줄이는 것을 목적으로 한다고 지적한다. 87년 개정된 우리 헌법(이후 87년 헌법으로 약칭)은 오늘날의 헌법현실과 얼마나 유리되어 있는가? 약 23년 전에 개정된 우리 헌법은 그간의 정치적·사회적 현실의 변화를 얼마나 무리 없이 포용하고 있는가? 그간의 우리 헌법현실의 변화가 얼마나 절실히 헌법 개정을 요구하고 있느냐의 문제이다. 이에 대해서는 상반된 평가가 내려지고 있다. 현행헌법은 21세기에 새롭게 직면하고 있는 현실을 충분히 반영하지 못하므로 새로운 헌법규정이 필요하다는 헌법 개정에 대한 적극적인 견해와 헌법현실의 변화를 어느 정도 인정하더라도 적절한 헌법해석과 하위 법률의 입법, 제도의 개선 등으로 문제를 해결할 수 있다는 헌법 개정에 대한 소극적인 견해로 나뉜다.[12]

헌법 개정의 필요성을 논하기 위해서는 우선 87년 헌법에 대한 평가가 선행되어야 할 것이다. 이에 대한 평가 역시 엇갈린다. 87년 헌법은 보수적 연대의 결과물이라는 태생적 한계로 인해 왜곡과 형해화가 심하고 그 당시의 헌법현실조차 제대로 반영되지 못했다는 평가에서부터(박명림 2010; 서경석 2006; 이승우 2007), 이와는 정반대로 87년 헌법은 수차례에 걸친 우리 헌법의 개정의 역사 속에서 이미 사회적으로 전향적인 요소들을 많이 수용한 상태라는 해석도 있다. 또 87년 헌법을 그 당시의 헌법현실의 관점에서는 긍정적으로 평가하더라도 이제 사반세기를 지난 이 헌법은 영토조항, 통일조항, 정보통신, 기본권 주항 등에 대한 신설, 개정을 통해 새롭게 태어나야 한다는 주장도 있다(권영설 2006; 최우정 2007).

헌법 개정에 좀 더 신중해야 한다는 입장도 다양한 근거를 갖고 있다. 우선 87년 헌법 개정 이후 정치적·사회적 현실이 변화한 것을 인정하더라도 헌법규범과 현실의 차이는 생각만큼 심각하지 않다는 것이다. 또 87년 당시 예견하지 못했던 새로운 현실이 내두된 것에 대해서는 해

12 이와 관련하여 이승우(1998)는 헌법제정, 헌법 개정, 헌법변개 등의 개념 구분에 관해서 상세히 논하고 있다.

석을 융통성 있게 하면 될 일이지 섣부르게 헌법 개정을 시도함으로써 법적 안정성을 해칠 일이 아니라는 것이다. 더구나 개헌논의의 실제적인 영향력을 행사하고 있는 정치엘리트들은 새로운 헌법현실의 반영의 측면에서보다 정치적 이해관계를 중심으로 권력구조 개편 논의에만 집중하는 경향이 있으므로 국민전체가 이들의 개헌논의에 무분별하게 편승할 경우 심각한 국론분열을 초래할 것이라는 우려이다. 설령 정치권의 개헌논의를 활용하여 권력구조 이외의 경제조항이나 기본권조항에 대한 헌법개혁을 "끼워 넣기" 식으로 시도할 경우, 향후 헌법 개정의 정당성을 유지하기 어려울 수 있다.

그런데 개법개정의 불가피성을 논하기에 앞서, 우리 사회가 갖고 있는 개헌논의의 독특한 배경을 주목할 필요가 있다. 우리 사회의 개헌논의는 헌법 개정의 필요성 혹은 불가피성의 진위만을 따지는 것이 아니라, 헌법 개정을 주장하는 사람들의 진정성을 보다 심각하게 문제 삼는다는 것이다. 개헌의 필요성에 대한 논리가 아무리 설득력을 갖추고 있더라도, 그 주장을 펴는 주체의 진정성이 의심스러우면 국민적 합의를 도출하기 어렵게 된다. 이는 진정성이 의심되는 한 개헌이 성사되는데 한계가 있음을 의미한다. 역설적이게도 개헌논의의 실질적인 주체가 되어야 할 정치권의 개헌논의가 진정성 면에서 가장 큰 의심을 받아왔고, 이런 경향은 우리의 개헌논의의 성격을 규정하는 데 주요한 변수로 작용해 왔다.[13]

---

13 이런 면에서 국회의장 자문기구인 "헌법연구 자문위원회"가 2009년 8월 31일 보고한 개헌논의는 정치권에서 시작된 개헌논의면서도 비교적 합리적 성과를 낸 예외적

정치권의 개헌논의가 진정성 측면에서 의심받는 것은 우리 헌정사를 반추해 볼 때 그리 놀라운 일이 아니다. 87년 이전의 헌정사에서 헌법 개정은 권력연장을 획책하거나 권위주의 통치를 강화하기 위한 시도였음은 주지의 사실이다(장영수 2005). 87년 현행헌법의 효력이 발생한 이후에도, 정치권의 개헌논의는 정치세력 간에 집권가능성을 전제로 정부형태를 결정하는 것에 집중되어 있었다. 현행 헌법이 규정하고 있는 방식대로 선거를 치룰 때 집권가능성이 높다고 판단되면 새로운 정부형태로의 전환을 모색하는 개헌논의에 소극적인가 하면, 집권가능성이 멀어지는 정치세력은 의원내각제 내지 이원집정부제로의 개헌론을 제기하곤 하였다.[14] 이런 분위기에서 정치권의 개헌논의에 진정성을 인정해 주기란 어려운 일이다.

노무현 정부에서는 어느 때보다 정치권에서 개헌논의가 활발히 전개

인 성과라고 평가할 수 있다.

14 87년 헌법 하에서 처음 치러진 국회의원선거에서 여소야대 국회가 구성되었고, 이에 위기의식을 느낀 노태우 정권은 국정운영의 한계를 느끼고 의원내각제로의 개헌을 약속하며 민정당, 통일민주당, 신민주공화당의 3당 합당을 추진하여 성공시켰다. 우선 여소야대 정국을 전환하여 국정운영을 원활화하고, 임기 중 의원내각제 정부형태로 헌법을 개정함으로써 집권을 유지하자는 전략이었다. 그러나 당시 김영삼 민자당 대표가 삼당합당 시의 밀약을 깨고 대선후보가 되었으며, 이후 의원내각제로의 개헌 주장은 새롭게 집결한 자민련을 중심으로 이뤄지게 되었다(김용철 2007). 또 다른 사례는 1997년 대선을 앞두고 김대중과 김종필이 후보단일화와 내각제 개헌을 조건으로 선거연합을 꾀했던 이른바 'DJP 연합' 사건이다. "국민회의, 자민련 대통령후보 단일화와 공동정부 수립 및 내각제 추진에 관한 공동협약"이라는 긴 제목의 이른 'DJP 합의문'의 골자는 15대 대통령 후보 단일화와 다가오는 통일시대를 대비하기 위해 독일식 내각제를 구현하는 개헌을 추진한다는 것이다. 그러나 김대중 후보가 대통령이 된 이후 정치적 경제적 난관을 구실로 DJP의 내각제 개헌논의는 수포로 돌아갔다.

되었다고 할 수 있으나 개헌논의의 진정성 측면에서는 여전히 부정적인 효과만을 낳았다. 이 시기는 헌법규범과 헌법현실의 격차가 가장 컸던 때이면서 진정한 헌법정치의 실현이 이뤄지지 못한 때라고 할 수 있다. 당시 노무현대통령은 2002년 선거 직후 "개헌논의는 2006년부터 시작하는 것이 바람직하며(중략) 순수대통령제, 내각제, 분권형 대통령제 중 어느 것을 택할지는 국민의 뜻에 따르면 되지만, 대통령제를 하려면 2006년 말까지 개헌을 마무리해야 2007년 말에 대선을 치룰 수 있다"고 언급함으로써(《한국일보》 2002년 12월 27일), 2002년 대선기간 동안 구체화되었던 정몽준과의 분권형 대통령제 개헌약속을 완전히 파기했다. 적어도 2005년 말까지 개헌논의를 하지 않겠다는 의사를 밝힌 것이다. 이후 17대 총선 직후 정치권 일부에서 권력구조를 중심으로 개헌론이 제기된 바 있으나 '민생론'과 '시기상조론' 등에 밀려 주목받지 못했다.

이 중 2005년 여름 노무현 대통령의 연정제의는 정치권뿐 아니라 언론과 학계에 이르기까지 사회 전체의 반향을 불러 일으켰다.[15] 그러나 이마저도 시간이 흐를수록 개헌논의의 진정성은 퇴색되고 정략적인 공방으로 이어졌으며, 결국 대통령의 연정제의는 임기 말을 내다본 고단수의 "정치적 술수"라는 평가를 받기에 이르렀다.[16] 이 시점에 이르면 그

15 2005년 대연정제 제안의 긍정적 결과: 그러나 이 대연정 제의로 불거진 개헌논의는 권력구조뿐 아니라, 헌법의 영토조항 및 경제조항, 헌법재판소의 존치여부, 국민기본권 확장 등에 관한 언론 및 학계의 논의를 유발하였다. 예컨대, 2005년 7월15일 '창작과 비평사'와 '시민행동'이 공동주최한 "87년 체제의 극복을 위하여: 헌법과 사회구조의 비판적 성찰"이라는 주제의 심포지엄. 《한겨레》(2005/7/18) 『신동아(2005/8) 등에서의 다양한 여론조사가 있다.

16 노무현대통령의 연정제의에 대해 열린우리당 의원들을 제외하면 대부분의 정치권은

동안 반복적으로 개헌론이 제기되고 폐기되어 온 경험으로 인해 정치권의 모든 개헌논의의 진정성이 의심받는 단계에 도달한 듯싶다. 이런 상황에서 2007년 1월 노무현대통령은 4년 중임 대통령제의 이른바 '원 포인트' 개헌안을 제시했으나 정치권의 반응은 냉랭했다. 이와 같이 노무현 정부에서 가장 많은 개헌론이 제기된 바 있지만, 그 때마다 그 진정성이 의심되어 폐기되기가 일쑤였다(김용철 2007).[17] 이명박 정부에서도 현행 5년 단임 대통령제의 미비점을 보완하기 위해 4년 중임제를 제안하는 목소리가 높아졌었지만, 역시 정치권 내부에서조차 그 진정성을 신뢰받지 못하는 형편은 과거와 다를 바 없다.

이와 같이 우리 헌정사에서 끊임없이 제기되고 있는 개헌론이 대부분 진정성에 대한 의심으로 어떤 결론에도 이르지 못하고 늘 불발로 끝이 난 경향이 있다. 이러한 경험은 또 다른 미래의 개헌논의에 어떤 영향을 미치게 될까? 무엇보다 가장 우려는 정치권에 의해 제기되는 개헌론이 그 개헌의 필요성에 대한 실질적인 논의에 이르기도 전에 진정성 검증에서 왜곡되고 고사될 위험에 노출되어 있다는 것이다. 개헌의 현실적인 추진력을 갖고 있는 주체가 정치권, 특히 국회임에도 불구하고 바로 그 정치권의 개헌론이 가장 큰 의심을 받고 있는 실정이다. 따라서 개헌논의가 실질적인 진전을 이루기 위해서는 우리 사회의 개헌논의가

정치전략으로 받아들였다. 이런 반응은 박근혜 대표를 비롯한 한나라당 의원들뿐 아니라 민주노동당 의원들에 의해서도 공유되고 있었다(김용철 2007).

17 4당 체제와 개헌논의, 재신임정국, 탄핵정국, 2004년 17대 총선 직후 정치권에서 "대통령 4년 중임제" 대통령 결선투표제, 정부통령제 등 권력구조를 중심으로 한 개헌론이 제기되었으나, 민생과 정치개혁 등의 국정과제가 희생될 우려가 있다는 이유에서 거부되었다.

개헌의 불가피성과 이에 대한 진정성에 대한 의심이 복잡하게 얽혀 있는 정치사회학적 특성을 갖고 있다는 점을 이해해야 한다.

이와 같은 정치사회학적 현실은 정치권으로 하여금 개헌논의에 독특한 태도를 갖게 하였다. 개헌논의의 시작은 현실적으로 정치권의 이해관계가 어느 정도 일치할 때 정치적 타협에 의해 가능하다. 그러나 개헌논의에 진정성에 대한 기본적인 신뢰가 국민으로부터 확보되지 않는 상태에서 무리하게 개헌을 주장하는 것은 정치적 모험을 시도하는 것이나 다름없다. 이 때문에 정치 엘리트들은 대부분 개헌의 필요성에 대해서는 인정하면서도 구체적인 개헌주장에 대해서는 조심스러운 입장을 가질 수밖에 없다.[18] 헌법 개정의 필요성에 대해서 이론적으로 동의하더라도 현실적으로는 그 진정성에 대해 의심을 품는 한 개헌논의 자체가 국민적 호응을 얻은데 한계가 있을 수 있다. 개헌의 필요성이 증대되고 불가피한 상황에 이르렀다는 인식에도 불구하고 번번이 개헌논의가 진전되지 못하는 현상은 우리 사회에 어떤 영향을 미칠까?

우선 우리 정치의 발전과 민주주의의 공고화를 위해서는 여전히 권력구조와 관련된 헌법조항 개정이 가장 큰 의의를 갖고 있음에도 불구

---

18 이명박 정부 당시 개헌논의의 가장 큰 성과는 2009년 8월 발표된 국회의 헌법연구자문위원회의 결과보고서이다. 이 보고서는 87년 헌법의 미비점을 전문부터 총강, 기본권, 국회, 정부형태, 사법기관, 지방자치, 경제조항 등에 이르기까지 포괄적이고 세부적인 항목에서 논하고 있다. 개헌의 필요성과 불가피성을 가장 체계적으로 제시한 것으로 평가받고 있다. 그럼에도 불구하고 이 보고서는 이후 국민적인 관심을 끌지 못했다. 이 역시 이 위원회의 발족이 국회의장의 정치적 입장을 반영하기 위함이 아닌가라는, 우리 사회에 팽배해 있는 개헌논의의 진정성에 대한 전반적인 의구심과 무관하지 않다.

하고, 정작 권력구조와 관련된 개헌논의가 결실을 맺기 대단히 어렵다는 문제를 야기한다고 볼 수 있다. 보다 일반적으로 말하자면, 우리의 헌법규범과 헌법현실의 격차를 개헌을 통해 해소하기 어렵다는 것이다. 이로 인해 사회갈등이 심화될 가능성은 자명하다. 이러한 양상은 지난 노무현 정부 때 소위 헌법사태란 이름으로 전개되었던 민주주의와 헌정주의의 갈등상황에서 경험한 바 있다. 만약 우리 사회의 민주적 요구와 헌정주의 원칙이 권력구조와 관련된 헌법조항에 조화롭게 투영되어 있었다면, 우리 사회는 당시에 지불한 바 있는 엄청난 사회적 비용을 아낄 수 있었을 것이다. 개헌의 필요성이 논의의 진정성 문제에 가로막혀 그 본질에 이르지 못하게 되면, 앞으로 얼마나 많은 사회적 비용을 더 지불해야 할지 모른다. 따라서 무엇보다 시급한 것은 개헌논의의 진정성 굴레에서 벗어나 실질적으로 개헌논의를 시작하는 것이다.

우리 헌정사와 그간에 축적되어 온 정치적 경험에 비추어 볼 때, 정치권에서의 개헌논의를 진지하게 받아들이기 어려운 측면이 있다. 그러나 우리 사회는 정치권의 개헌논의에 대해 의구심을 보이면서도, 학계와 시민사회를 중심으로 87년 헌법 개정의 불가피성에 논의를 진전시켜 온 경험을 갖고 있다. 개헌의 불가피성을 주장하는 이들의 논의가 각 항목별로 얼마나 타당한가를 단정하기는 어렵다. 다만 개헌논의에 포함되어 있는, 권력구조 및 정부형태 조항, 기본권 조항, 경제 조항 등의 타당성을 논함에 있어 이것들을 주장하는 주체의 정치적 입장에 따라 이들을 평가하지 말고, 보다 순수하고 객관적인 관점에서 각각의 개헌논의를 평가할 필요가 있음을 강조하는 바이다. 개헌을 주장하는 이들의 의도에 진정성이 일부 결여되어 있다고 하더라도 이들의 논의를 객관적으로 검토하는 것이 선행되어야 한다는 얘기다. 나아가 이러한 객관적인 검토가 전문가 수준에서 머무는 것이 아니라 국민전체의 논의로 확산될 필요가 있다. 이런 방식으로 개헌논의가 진행되기 위해서는 개헌의 시간표를 미리 정해 놓고, 개헌의 가능성을 점치며, 현실적으로 가능한 범위에서 개헌을 시도하자는 태도는 반드시 지양되어야 한다. 정치권의 이런 태도야말로 그 의도가 순수하더라도 진정성을 의심하게 되는 행태이다. 비록 개헌이 지연되더라도 혹은 개헌이 성사되지 않더라도 우리 사회의 변화된 현실을 규정할 헌법규범이 어떠해야 하는지에 대해 국민전체가 납득하고 합의해야 한다. 이런 전제하에서 우리의 개헌논의는 그 본연의 의의를 회복할 수 있을 것이다.

3) 정치의 사법화 문제와 국가이념

김종철(2005)에 따르면 정치의 사법화란 전통적으로 정치문제로 간주되어 오던 국정현안을 사법 권력이 법의 논리체계에 의존하여 해결하려는 경향을 의미한다. 정치의 사법화는 비단 한국 사회에서만 일어나는 특수한 문제는 아니다. 오늘날 전 세계적으로 정치과정의 사법화가 광범위하게 진행 중이라는 것이 많은 학자들의 공통된 관찰이다.[19] 정치의

19 유럽의 정부와 의회는 전례 없이 사법화가 진행 중이다. 헌법재판소가 입법과정에 참여하는 것이 상례화 되었고, 법률의 제정행위에 한계를 설정하고, 정책결정 구조를 재설정해 주며, 심지어 법률안 초안 작업에까지 영향을 행사한다(Sweet 2000). 또 사법심사의 광범위한 영향력 증대로 정치적 논쟁을 일으킨 사건들이 다수의 시

사법화 현상이 전 세계적 추세인 것은 사실이나, 우리 사회에 나타나는 보다 독특한 현상에 주목하지 않을 수 없다. 즉 우리 사회에서 발견되는 정치의 사법화는 사법부의 위상 확립이나, 법제도의 정착, 법치주의의 강화 등과 같은 긍정적 측면보다는, 법치주의의 근간을 흔들고, 정치 과정에 대한 불신만 가중시키는 정치의 사법화의 부정적 측면이 부각되고 있다는 점이다.[20]

노무현 대통령탄핵 사건과 행정수도 이전소송을 정점으로 우리 사회는 사회적 갈등을 헌법 해석으로 해결하려는 경향을 보인 바 있다. 헌법 문제가 사회갈등의 중심에 자리 잡게 된 것이다. 그 결과는 사회적 갈등의 완화라기보다는 갈등의 표면화, 심화로 이어졌다. 헌법재판소의 위상이 높아지고 헌법문제에 대한 국민적 관심이 높아진 것은 긍정적으로 평가할 수 있으나, 그 보다 우리 사회는 마땅히 정치과정으로 해결해야 할 문제들을 사법부와 헌법재판소에 떠넘기는 정치의 사법화, 특히 그 부정적 효과에 의해 엄청나 사회적 비용을 지불하고 있다고 할 수 있다고 할 수 있다. 이런 맥락에서 개헌논의를 현실화하기 위해서는 정치의 사법화라는 우리사회의 독특한 현상을 이해하고 이런 현상이 개헌논의에는 어떤 영향을 미치고 있는가를 고려해야 한다.

한국 사회에서 정치의 사법화의 핵심적인 주체는 헌법재판소이다. 헌

민에 의해 선출된 의원들에 의해서보다 판사들의 설정에 의해 종결되는 경향을 보이고 있다(Guarneri & Pederoli, 2002). 미국의 사법심사의 역할과 기능에 대해서는 여전히 논쟁적이지만, 연방대법원이 정치과정이 담당해야 할 의제설정기능을 담당하고 있다고 보는 베어드의 주장이 참고할 만하다(Baird 2004).

20 양건(2007)은 정치의 사법화 이러한 추세는 한국 사회에만 국한된 것이 아니라 전 세계적으로 사법통치(juristocracy)의 경향마저 보이고 있음을 지적하고 있다.

재는 1988년 9월 활동을 개시한 이래 대체로 사법 적극주의적 태도를 보이면서 사회변동을 반영 및 주도해 왔다고 할 수 있다.[21] 그러나 논란이 되는 사회적 이슈에 헌법재판소가 처음부터 적극주의적 태도를 보인 것과 달리 소위 '정치적으로 민감한 사건'에 대해서 헌법재판소는 소극주의적 태도, 즉 사법적 자제(legal restraint)를 채택한 경향이 있었다.[22] 그러나 2004년 10월 21일 신행정수도건설특별조치법 위헌결정(헌재 2004.10.2.2004헌마554 등)이 나오면서 정치적으로 민감한 사안에서도 적극주의적 태도를 보이는 사법통치(juristocracy)의 현상을 보이는 데까지 이르렀다(양건 2007). 이런 일련의 과정은 우리 헌법재판소가 소극적, 적극적으로 정치의 사법화를 지속적으로 강화해 왔음을 의미한다. 물론 제도의 존립근거를 보존하기 위한 노력으로 헌법재판소가 적극주의적 태도를 보이는 것은 어찌 보면 당연한 일이다. 그러나 우리의 정치의 사법화 현상은 헌법재판소만의 단독 작품이라고 할 수 없다.

우선 우리 사회에서 전개되고 있는 정치의 사법화, 나아가 사법통치의 강화는 분점정부라는 정치적 맥락에서 진전되어 왔음을 주목할 필요가 있다. 사실 분점정부 현상은 87년 헌법이 시행된 이래 우리 정치의

---

21 특히 영화 검열위헌결정(헌재1996.10.4.93헌가13)이나 공무원시험에서의 제대군인 가산점 특혜 위헌결정(1999.12.23.98헌마363) 등은 비슷한 사안에서 미국 연방대법원의 판결보다 앞서 나가는 판례들을 낸 바 있으며(양건2007:5), 동성동본 결혼금지 위헌결정(헌재1997.7.16.95헌가6), 과외금지위헌결정(헌재2000.4.27.98헌가16) 등으로 오랫동안 사회적인 논란이 되어온 쟁점들에 종지부를 찍는 역할도 한 바 있다.

22 대표적으로 1996년 5.18특별법사건(헌재1996.2.16.96헌가2등), 2004년대통령탄핵사건(헌재2004.5.14.헌나1), 1990년의 국가보안법사건(헌재19904.2.89헌가113) 등이 있다.

양태를 결정하는 주요한 조건 중의 하나가 되었다(강원택 2005).[23] 2004년 우리 헌정사상 초유의 대통령 탄핵사태는 분점정부라는 정치적 구조의 큰 틀 속에서, 어떻게 정치의 사법화가 우리 사회의 갈등을 심화시켰는가를 보여준 전형적인 예이다. 2004년 3월 12일 국회에서 노무현대통령에 대한 탄핵안이 가결되고, 헌법재판소에서 탄핵심판절차가 진행되는 동안 정치권은 물론 시민사회에서도 탄핵의 당위성 여부에 대한 논의가 첨예하게 대립되었다. 이런 상황에서 2004년 5월 14일 헌법재판소는 국회가 제출한 대통령 탄핵소추안에 대해 "대통령의 법위반이 헌법질서에 미치는 효과를 종합해 보면 대통령의 구체적인 법위반 행위에 있어서 헌법질서에 역행하고자 하는 적극적인 의사를 인정할 수 없고 대통령의 법위반 행위가 헌법수호의 관점에서 중대한 의미를 가진다고 볼 수 없으므로 대통령에 대한 파면 결정을 정당화하는 사유가 존재하지 않는다."고 사유를 밝히며, 기각 결정을 내렸다. 기각 결정을 공식 선포한 이날 오전부터 대통령은 비로소 직무정지 상태에서 벗어나 대통령의 권한을 회복했다.

이 당시 헌법재판소는 변론과 평의 과정에서 기왕의 사법 적극주의적 태도와 달리, 지나치게 소극적 태도를 보였다는 지적이 있었다. 최종 판결을 위한 결정문도 지나치게 정치적이라는 지적도 있다(박재형 2009).

---

23 1987년 이래의 헌정체제에서 1988년 총선부터 네 번의 선거에서 대통령소속정당이 과반수의석 확보에 실패하는 이른바 여소야대 정국이 양산되었다. 예외적으로 2004년 4월 총선에서 집권당이 의회의 다수의석을 차지했지만 이는 직전에 있었던 탄핵정국의 여파로 인한 특수 상황의 소산이라고 할 수 있다. 이듬해 있었던 2005년 4.30재보선에서 다시 분점정부로 돌아갔다.

그러나 헌법재판소는 이 사건을 맡은 지 두 달여 만에 우리 헌정사에 길이 남을 역사적 결정을 내렸고, 사회적으로는 헌법재판소라는 기관이 대통령의 운명도 결정할 수 있는 중대한 헌법기관이라는 사실을 국민에게 각인시키는 계기가 되었다. 반면, 신행정수도의건설을위한특별조치법위헌확인(2004.10.21.2004헌마554·556)에서 헌재는 신행정수도의 건설 문제가 고도의 정치적 문제임에도 불구하고 국민의 기본권 침해와 관련되는 경우에는 사법심사의 대상이 되어야 한다는 입장에서 이 사건 관련 특별조치법에 대해서 위헌결정을 내렸다.

탄핵심판 사건이 분점정부라는 특수한 한국정치의 구조 속에서 일어난 정치의 사법화의 부정적 영향력으로 초래된 일이라면, 신행정수도이전에 관한 위헌판결은 정치의 사법화의 부정적 영향력과 이에 더해 헌법재판소가 정치적으로 해결해야 할 문제를 적극적으로 개입하여 사법적 판단을 내린 사법통치의 면모까지 보인 사례라고 할 수 있다. 이 두 사건으로 우리 사회가 안고 있는 정치의 사법화의 문제점을 모든 짚어낼 수는 없다. 그러나 이 두 사건은 최근 우리 사회가 고민하고 있는 정치의 사법화가 어떤 특성과 문제점을 갖고 있는가를 잘 보여주는 사례라고 할 수 있다.

우리 사회의 정치의 사법화의 가장 큰 특징은 법치주의와 헌정주의가 강화되는 방향으로 전개되지 못했다는 것이다. 노무현대통령 탄핵소추가 국회에서 의결된 국회 본회의장에 소란에서부터 이후 헌재의 심판과정에서 대통령탄핵을 충격으로 받아들인 국민여론은 헌법과 법치에 대한 존중보다는 헌법이라는 '골칫거리'를 떠안고 살아간다는 생각을 품게 했다. 헌법에 대한 관심이 높아지고, 헌법재판소의 결정에 국민적 관심이 모아지긴 하지만, 그 결정으로 우리 사회의 갈등이 완화되기 보다는 헌법재판소의 결정을 일부 정파의 승리나 정치적 구속으로 받아들이는 경향이 생겼다. 이는 정치의 사법화가 삼권분립의 내실화, 국민의 기본권 강화라는 취지에서 자연스럽게 이뤄진 것이 아니라, 분점정부라는 우리 정치 구조의 특수한 상황에 기인한 것이기 때문이기도 하다. 분점정부 하에서 의회와 대통령의 갈등은 어느 쪽도 정치적 리더십을 발휘하기 어렵게 만들고, 이런 상황에서 의회권력이나 대통령 권력은 자연스럽게 사법부의 지위를 자신의 영향력을 강화하기 위한 수단으로 이용하려 든다. 정치의 사법화가 사법부의 권위와 독립성에 대한 국민적 신뢰를 전제로 이뤄진 것이 아니라, 우리 정치 구조의 독특한 특성으로 인해 생성되었다는 것이다.

아울러 우리 사회는 사법부(특히 헌재의 경우)가 상당부분 정치화되어 있다고 상정하고 있어서 그 결정에 있어서 정당성을 인정받지 못한다는 문세 또한 안고 있다.[24] 즉 사법의 정치화를 겪고 있다는 것이다. 결국 정치권은 정치적으로 해결해야 할 문제를 사법부에 떠넘기고, 사법부는 기대와 달리 사법적 결정에서 정치적 해석 나아가 정파적 해석에 의존하는 행태를 보임으로써, "정치의 사법화"와 "사법의 정치화" 간의 악순환이 전개되고 있는 셈이다.

헌법심판은 소수의 사법엘리트가 인민다수에 의해 선출된 대표의 의

24 좀 더 자세한 논증이 필요하지만, 현행 헌법의 헌법재판소 재판관들의 구성방식에 따르면, 재판관들은 불가피하게 정치적 당파성을 가질 수밖에 없다고 보는 것이 지배적이다. 구체적인 논증에 대해서는 박재형(2009)을 참고.

사를 거슬러 심판을 내릴 수 있는가라는 헌정주의와 민주주의 간의 근원적인 갈등이 잠재적으로 내재해 있다(Homles 1988).[25] 다수의 지배를 원리로 하는 민주주의와 정해진 규칙에 따라 권리를 행사하려는 법의 지배의 원리는 근본적으로 다른 원리를 갖고 있다. 민주주의의 원리를 충실히 따르자면 나라 안팎의 변화에 따라 분출되는 시민의 다양한 요구를 다수의 원리에 따라 수용해야 한다. 반면, 법의 지배의 원칙이 엄격히 실현되기 위해서는 오로지 법을 통해 인권을 보장하고, 정부 권력의 정당성을 인정해야 한다. 엄격한 법의 지배는 다수에 의한 민주적 요구가 확인되더라도 헌정 질서의 변화는 용납하지 않는다. 따라서 독자적 기원을 갖고 있는 민주주의와 헌정주의의 갈등은 오히려 자연스런 일이다(Habermas 2001; Maravall & Przeworski 2003; 박성우 2006).[26]

그러나 민주주의와 법의 지배가 애초부터 조화의 가능성이 없는 것은 아니다. 민주 혁명을 거쳐 그 성과물로 민주헌법이 탄생할 때 민주주의와 헌정주의의 완벽한 조화가 탄생한다. 민주헌법은 이전의 헌법이 인민의 의지를 제대로 담아낼 수 없기 때문에 새로운 헌법을 제정하여 인민의 의지를 확인하고 이를 명문화하자는 것이다(박성우 2007). 민주헌법은 또한 언제 반격할지 모르는 반민주세력의 위협으로부터 민주주의를 지켜내기 위한 최후의 보루이기도 하다. 민주헌법의 탄생은 민주주의와 헌정주의의 조화의 상징이다. 한편, 인민주권의 실현이라는 측면에서도

25 특히 미국헌법의 사법심사 제도가 반다수결주의이며 궁극적으로 반민주적인가라는 쟁점은 오랜 동안 논쟁이 되어 왔다(Grey 1975; Ely 1980; Bork 1990; Belz 1998).

26 헌정주의와 민주주의의 관계에 대한 다양한 논의에 관해서는 Elster & Slagstad(1988)을 참고.

민주주의와 헌정주의는 상호 보완적 기능을 갖는다. 인민 전체의 민의를 파악하기 위해서는 다수결의 원칙이 존중되어야 한다. 다수결주의는 민주적 의사결정을 위한 불가피한 수단이다. 다른 한편 인민주권이 실질적으로 실현되기 위해서는 시민 개개인의 기본권 보호와 사적 영역의 보장이 전제되어야 한다. 이를 위해서는 특정 시점의 다수의 의사형성 이전에 헌법적 보장이 이뤄져야 한다. 헌정주의의 존중이 필요하다는 것이다. 이렇게 보면, 민주주의와 헌정주의는 각기 다른 원리로부터 출발하고 있으므로 잠재적으로 긴장관계에 있음에도 불구하고 상호보완적이며 조화로운 관계로 유지될 가능성도 다분히 갖고 있다.

우리 사회의 정치의 사법화의 가장 큰 문제는 민주주의와 헌정주의 잠재적 갈등을 노골적으로 표출시키고, 양자의 조화가능성을 배제케 한다는 데 있다. 그 결과 헌정주의도 민주주의도 진정한 실현을 기대하기 어렵게 만든다는 것이다. 정치의 사법화는 민주주의와 헌정주의의 근원적인 갈등을 의회권력과 대통령권력의 대립 혹은 집권여당과 사법권력의 대립으로 왜곡시키는 경향이 있다. 문제는 이러한 왜곡이 국민들로 하여금 정치 현안을 늘 정파적 이해관계의 대립으로만 파악하게 하고, 민주주의와 헌정주의의 근원적 갈등 관계를 이해하지 못하게 한다는 것이다. 국민 전체가 민주주의와 헌정주주의 원리를 제대로 이해하지 못하고, 양자의 원리가 정파적 구호로 전락할 때 민주주의와 헌정주의는 모두 후퇴한다. 정치의 사법화가 적절히 통제되고, 정치의 장이 다시 그 본령을 회복할 때, 민주주의와 헌정주의 관계의 정상화가 이뤄질 것이다.

정치의 사법화로 인한 또 다른 문제는 국가적으로 중대한 사안이 정치엘리트들 간의 타협으로 적당히 마감될 가능성이 높다는 점이다. 정치적으로 충분히 공론화되지 않은 상태에서 사법부에 정치적 판단을 맡기는 것은 언뜻 보면 극단적인 사회적 분열을 미연에 막는 것으로 보일 수 있지만, 이는 사회적 갈등의 근본적인 해소를 오히려 가로막는 일이다. 더구나 사법의 정치화가 이미 만연되어 있다는 사회적 인식이 팽배할 경우, 사법부의 결정이 첨예한 사회적 갈등을 해소하고 국민적 통합을 이끌 수 있을지는 대단히 의심스런 일이다. 따라서 이 같은 조건에서 정치의 사법화가 심화되는 것은 사회적 통합은커녕, 민주적 의사의 반영이라는 민주적 정당성도 해치고, 법의 지배에 대한 시민적 덕성도 약화시키는 경향을 면하지 못할 것이다.

이제 우리 사회에 만연되어 있는 정치의 사법화와 사법의 정치화의 악순환의 고리를 끊고, 특히 정치의 사법화를 완화하여 정치과정을 정상화할 필요가 있다. 정치의 사법화를 저지하기 위해서는 의회 내 정당의 대립과 갈등을 다소 시간이 걸리더라도 정치과정을 통해 해결해야 한다. 정치적 갈등을 정치와 사법의 갈등으로 전이시켜서는 안 된다. 대통령 권력과 의회 권력의 대립은 대표들 간의 경합이라는 측면에서 정치적으로 해결해야 할 문제이지, 그 갈등을 해결함에 있어 사법부의 선택을 기다릴 문제가 아니다. 이런 상황에서 사법부에 선택이 대립과 갈등의 해결책으로 기능할 수 없다. 아울러 정치의 사법화가 저지되기 위해서는 사법부가 그 본래의 존립가치를 유지하며 독립성을 유지해야 한다. 사법부의 독립은 사법부가 정치적 현안에 개입할 때보다 개인의 기본권 보장과 사적 영역의 존중에 집중할 때 가능하다. 사법부는 설령 다수의 의사와 반한다고 하더라도 법리에 기초한 헌법 해석을 통해 개인의 기본권과 사적 영역을 보호해야 한다. 정치의 사법화는 이러한 사법부 본연의 기능을 왜곡하고 방해할 뿐이다.

일반적으로 정치의 사법화 문제를 해소하기 위한 방안으로 크게 두 가지 방향이 제시된다. 하나는 정치의 본연의 역할과 기능을 부활시키기 위해 정치권, 특히 국민의 대표인 의회 구성원들의 위상을 제고하는 방향이다. 이를 위해 의원은 정당의 계파에 종속되어 있는 계파정치의 부속품이 아니라, 명실상부한 국민의 대표로서 간주되어야 한다. 구체적으로는 의원들은 전 국민적 현안인 중대 사안에 있어서 소속정당의 경계를 넘어 교차투표가 가능할 정도로 소신과 정책으로 정치과정에 참여해야 한다. 이를 위한 제도적인 뒷받침으로 정당개혁 특히 공천제도 개혁이 선행되어야 할 것이다.[27]

정치의 사법화 문제에 접근하는 또 하나의 방향은 사법부 특히 헌법재판소의 정치적 편향을 완화하고 삼권분리의 본래의 취지를 복원하자는 것이다. 이를 위해 특히 헌법재판소 재판관의 구성 방식과 운영을 바꾸는 방법이 제안되고 있다. 현재의 재판관 구성방식은 재판관들의 정치화가 불가피하고, 이를 알고 있는 정치권은 정치의 사법화를 의도적으로 가속화시킬 수 있다는 것이다. 헌법재판소의 구성과 운영 방식의 개선에 대해서는 국내 학계에서 이미 다양하게 논의 된 바 있다.[28] 문제

27 많은 정치학자들의 연구가 이에 대한 논의를 진행시켜 왔으나 현실정치의 벽에 부딪쳐 큰 성과를 보지 못하는 상태이다(ex. 김용호 2003; 김영태 2004; 강원택 2003; 이준한 2003).

28 특히 헌법재판관의 자격 및 임명방식을 변경하는 방안이 논의의 핵심이 되고 있다. 양건(2007)은 헌법재판관 자격을 법관 자격을 가진 자로 한정하는 데에서 오는 문제점을 지적하며, 법관 자격이 없는 법학교수를 헌재 재판관 자격을 인정하는 것을

는 이러한 개선책이 실행되기 위해서는 헌법 개정이 성공되기를 기다려야 하는 한계를 갖고 있다. 따라서 헌법재판소 재판관의 구성방식과 운영방식의 개선으로 정치의 사법화 문제를 해결하려는 시도는 반드시 필요한 제도적 개선 사항임에도 불구하고 사안의 시급성을 반영하지 못한다고 본다.

필자는 개헌의 성사여부와 관계없이 개헌논의의 활성화가 정치의 사법화에 따르는 부정적 결과들을 완화시킬 수 있는 대안이 될 수 있다고 본다. 개헌논의의 진정성 문제에 걸려 헌법개혁이 제때에 이뤄지지 못하고 결국 정치의 사법화와 사법통치를 초래하게 되었으므로 이를 해결하기 위한 방안은 역으로 개헌논의를 활성화하는 방법밖에 없다. 개헌은 궁극적으로 민주적 의사에 맞는 자기입법(self-legislation)을 실현하는 것이다. 현행 헌법 규정이 민주적 의사와 합치하는지 여부를 판단하기 위해서는 우선 각 개인의 자유로운 사고를 평등하게 인정해야 한다. 따라서 개헌논의는 특수목적을 달성하기 위한 전략적 수단이 되어서는 안 되며, 개헌논의의 장은 각 개인이 민주적 의사가 무엇인지를 규명하기 위해 자유롭게 의사를 개진할 수 있는 공간이어야 한다. 개헌논의가 이런 공간으로 활용될 때 각 개인은 공동체의 의사와 자신의 의사 간의 차이와 조화 가능성을 확인하고 사적 이익의 자기교정을 경험할 수 있다. 이와 같이 개헌논의를 일종의 역사적 과정으로 이해하게 되면 개헌

신중하게 고려하고 있다. 또 임명 방식에 있어서도 재판관의 민주적 정당성의 토대가 취약하며, 대법원장에게 3명의 지명권을 줌으로써 헌법재판소가 대법원보다 하위에 있는 듯한 인상을 주는 문제점을 지적하고 있다. (cf. 헌법재판소 1999).

논의는 민주적 의사형성과 헌정주의의 이성적 판단의 조화를 가능하게 하는 적절한 수단으로 기능할 수 있을 것이다.

4) 국가이념의 방향 모색으로서의 개헌논의

앞에서 우리는 개헌논의가 진정성 논란에 가로막혀 개헌의 현실적 필요성이 제대로 평가받지 못하고, 정치의 사법화 내지 사법통치의 현상에까지 이르는데 영향을 미치고 있음을 지적했다. 이런 현상에는 개헌논의가 주로 정치권에 의해 주도되고 있다는 사실도 중요한 원인이 된다. 개헌논의가 정치권에 의해 독점되는 한 진정성에 대한 논란은 지속될 것이고, 이 과정에서 정치의 사법화 현상과 맞물려도 심화될 것이다. 따라서 개헌논의를 정상화하기 위해서는 개헌논의의 주체가 소수 정치 엘리트 집단에 국한되지 않고 범국민직으로 확산될 필요가 있다. 한 때 우리 사회는 개헌논의를 마치 판도라의 상자같이 취급하여 그 논의를 광범위하게 확산하기 보다는 소수의 전문가 집단에만 한정하는 것이 바람직하다고 보는 견해가 지배적이었다. 이는 개헌논의에 대한 정치권의 정략적 개입과 불필요한 국력소모를 우려했기 때문이라고 할 수 있다.

그러나 오늘날 우리 사회는 개헌논의로 인해 국론이 분열될 정도로 국민의 민주적 역량이 미성숙의 단계에 있지도 않고, 개헌논의로 말미암아 불필요한 정쟁을 일삼고 국민적으로 소모전을 지속할 정도로 개헌에 열광적인 상태도 아니다. 무엇보다 개헌논의는 궁극적으로 국민투표에 의해 확정되는 바, 이를 단지 의례적 통과규정으로 여기지 않는다면 처음부터 다수의 시민의 개헌논의에 참여하는 것이 바람직하다. 개헌논의를 민주적 의사를 확인하고 헌정주주의 원칙을 어느 정도 고수할 것인지를 가늠하는 국민적 공감대 형성의 공간으로 활용해야 한다. 개헌논의의 장이 이같이 활용될 때 개헌논의는 시민의 민주적 역량을 강화하고 민주주의와 헌정주의의 관계를 재정립할 수 있는 계기를 마련할 수 있다. 정치사회학적으로 개헌논의 자체가 헌법 개정의 성사여부와 관계없이 헌법규범과 헌법현실의 격차를 줄일 수 있는 수단이자 경로가 될 수 있는 것이다. 개헌논의가 단순히 성공적인 개헌에 이르기 위한 수단이 아니라 그 자체로서 정치사회학적으로 순기능을 담당하기 위해서는 몇 가지 조건들이 필요하다.

첫째, 개헌논의의 주체 뿐 아니라 개헌의 범위와 내용에 있어서도 광범위한 확장이 필요하다. 개헌의 주체가 일부 정치권이나 정파가 아니라 국민 전체가 되어야 할 필요성에 대해서는 앞서 언급한 바 있다. 이제 개헌의 범위와 내용도 보다 개방적일 필요가 있다. 기왕의 개헌논의는 개헌의 가능성을 염두에 두어 개헌의 범위와 영역을 최소화하고 권력구조 개편에 국한된 제한적 개헌논의에 집중하게 되었다. 그러나 개헌논의를 개헌의 가능성에만 묶어 놓지 않고, 개헌 가능성 여부를 초월하여 개헌논의 과정의 정치사회학적 기능에 보다 큰 역할을 부여한다면, 기왕의 개헌논의에서 적용되어 온 '함구의 규칙'을 배제하고 보다 광범위하게 개헌의 의제들을 설정할 수 있을 것이다(김용철 2007). 아울러 개헌의 범위와 내용의 확장은 개헌의 주체가 일부 정치권 엘리트에 국한되지 않고, 국민 전체로 확산될 수 있는 계기를 마련할 것이다. 개헌 여부의 최종적인 판단은 국민투표에 의해 결정된다. 국민투표를 단순히 개헌의 통과 의례로 간주하지 않고, 국민이 개헌의 진정한 주체가 되어야 한다고 생각한다면, 일찍부터 국민전체가 개헌에 관한 실질적 논의 주체가 되어야 하며, 이를 위해서는 개헌논의의 범위가 보다 개방적으로 확대되어야 한다.[29]

두 번째로, 개헌논의에서 개헌의 진정성을 문제 삼아 모든 개헌논의가 폄하되는 것을 경계해야 한다. 재삼 강조하고자 하는 바는 개헌논의를 폄하하는 것은 개헌의 실질적인 성공을 위해서 뿐 아니라, 개헌이 성공하지 않더라도 개헌논의의 정치사회학적 기능을 고려할 때 결코 바람직하지 않다는 것이다. 개헌논의는 국민의 자기입법을 위한 자기 교정적, 국민 교육적 효과를 기대할 수 있다. 따라서 개헌논의를 개헌을 위한 수단으로만 볼 것이 아니라 개헌논의 자체에 정치사회적 기능과 역할을 주목할 필요가 있다.

세 번째로 개헌의 필요성에 대한 보다 정확한 인식을 범국민적으로 확산시킬 필요가 있다. 이는 개헌의 필요성을 맹목적으로 주장하기 위함이 아니라, 우리 사회가 지금까지 진행시켜 온 개헌논의의 현주소를 정확히 파악하고, 점검해 보자는 것이다. 이미 정치권과 학계, 그리고 시민단체에서 이런 진일보한 단계의 개헌논의를 진행시켜 왔다. 예컨대, 국회에서는 헌법연구 자문위원회를 설치하여 2009년 8월 연구결과를

29 헌법제정과정에 대한 주권자로서 시민의 참여가 절대적으로 중요하나, 헌법정치가 갖는 엘리트주의를 넘어 국민, 시민이 참여를 통해 민주주의를 방전시키는 헌법민중주의 또는 헌법시민주의(constitutional populism)가 하나의 대안이 될 수 있다(박명림 2005). 박명림은 공급자 중심의 헌법논의구조가 아닌 수요자 중심의 헌법 논의구조로의 전환이 있어야 하며, 시민사회, 정당, 국회의 논의를 결합하는 3중 헌법 개혁 과정이 필요하다고 주장한다(박명림 2005).

발표한 바 있으며, 한국헌법학회는 2005년 11월부터 '헌법 개정연구위원회'를 구성하여 분야별 연구를 개시하여, 2006년 11월 최종보고서를 발간한 바 있다(『헌법학연구』 12권 4호). 시민사회 일부는 학계의 전문가들과 협조하여 그 연구결과물을 『헌법다시보기』(창비, 2007)로 출간한 바 있다.

사실 1987년 헌법의 개정 필요성에 대해서는 정치권, 학계, 그리고 시민사회 안에서 지속적으로 그리고 광범위하게 논의되어 왔다. 우리 사회는 지난 20여 년간 국내외의 정치, 경제 사회적 환경의 급변으로 인해 기존 사고와 패러다임으로 해결할 수 없는 문제들에 직면해 있다는 것이 개헌의 필요성을 뒷받침하는 주된 견해이다. 이런 문제들은 헌법 개정당시에는 예견할 수 없는 사안들이었으므로 이제 개별 법률의 개정이나 제도의 보완 차원이 아니라 국가시스템 전반의 재정비, 즉 헌법적 차원의 재검토가 불가피하다는 것이다. 개정이나 보완의 대상이 되는 내용을 모두 열거할 순 없지만, 다음에 개헌논의의 활성화를 필요로 하는 헌법현실의 변화에 어떤 것들이 있고, 보다 활성화되어야 할 개헌논의의 쟁점들이 무엇인가 확인하고자 한다.

첫째로 오늘날의 현실은 87년 헌법 개정 당시 예견할 수 없었던 정보통신 과학기술의 급격한 발전을 경험하고 있다는 점을 주목할 필요가 있다. 이에 따라 해당 분야에 기본권의 정비가 필요하다. 정보통신기술의 발달, 그 중에서도 인터넷의 비약적 확산으로 촉발된 정보화는 정치영역에 심대한 영향을 미치고 있을 뿐 아니라 헌법현실에 대한 적응을 요구하고 있다. 인터넷의 발달은 현실공간과는 구분되는 사이버 공간의 출현을 낳았다. 현실공간과 대조적으로 사이버 공간이 갖는 가장 큰 특징은 시간적, 공간적 제한을 받지 않으며 현실적 공간과 달리 대중 상호간의 연결을 통한 다양한 사상의 교환과 자신의 가치관의 표현이 원칙적으로 제한받지 않게 된다. 특히 헌법적 차원에서는 이러한 사이버공간에 대한 정확한 인식을 바탕으로 무엇이 사이버공간에서 핵심적으로 보호되어야 하는 기본권인가를 고찰해야 한다. 다시 말해 사이버공간은 민주주의의 실현을 위한 수단으로서 뿐 아니라, 정보 불균등, 사이버공간에서의 개인정보의 보호, 정보기본권 또는 사이버기본권의 보장 등의 문제를 야기하기 때문에, 현실공간에서 적용해온 기존의 기본권 조항을 어떻게 활용하고 보완할 것인지에 대한 헌법적 고찰이 필요하다(강경근 2002).

두 번째로 세계화의 진행에 따라 자본의 교류와 인적 물적 교류가 어느 때보다 활발해졌고, 이에 따라 우리의 헌법현실이 변화하고 있음을 주목해야 한다. 과거의 근대국민국가가 국경 내의 영토성을 중심으로 헌법질서를 채택했던 반면, 세계화가 진행되고 있는 새로운 세계는 국가의 비영토적 속성이 보다 강하게 드러나면서, 과거에 전혀 고려하지 않았거나 비교적 중요한 사안이 아니었던 이슈들(예컨대, 세계인권, 환경문제와 지구온난화, 여성문제, 남반구의 경제의제)이 헌법질서에 편입되기를 요구하고 있다. 이런 맥락에서 우리가 당장 직면하고 있는 가장 현실적인 문제는 시민권 개념의 변화이다. 근대 국가 형성과정에서부터 시민권 문제를 심각하게 고민해 온 서구 유럽 국가들과는 달리 우리는 상대적으로 시민권을 둘러싼 문제를 사회적 쟁점으로 삼아온 경험이 적다. 또한 선진 서구 국가들에 비해 지구화의 파장을 비교적 늦게 경험하고 있으므로, 인종과 문화, 지역과 종교의 문제를 둘러싼 시민권 문제는 아직 먼이야기인 것처럼 들린다. 하지만, 이미 상당수에 이르는 이주노동자들에 대한 불법체류 관리문제와 인권보장 사이에서의 갈등, 농촌총각의 약 40퍼센트가 외국인 신부와 결혼하고 그들 사이에서 태어난 2세들이 늘어가는 현실을 감안하면 지금까지 문화적으로 동질적인 구성원들에게 당연히 부여되는 상징물로서의 시민권 개념은 시민의 권리와 의무를 규정하는 보다 세계화된 법적 관계로 인식할 필요가 있다.[30]

세 번째는 통일헌법에 대비하기 위한 개헌논의의 활성화가 필요하다. 남북한 간의 긴장완화와 경제협력에 부침이 있음에도 불구하고 장기적으로는 한반도의 통일을 전제할 때 통일헌법에 대한 대비가 불가피하다. 현행 헌법 체제하에서 통일 헌법으로의 전환을 모색한다는 것은 자기부정적 요소가 있다. 우리 헌법은 영구헌법이고 완성헌법이다. 이런 상황에서 현행헌법의 폐기를 예정하는 이른바 통일 헌법이라는 내용과 실체가 미확정된 대체헌법을 제정하겠다는 의지는 반(反)헌법적이며 결과적으로 반국가적이다(권영설 2006). 따라서 현행헌법을 개정하는 것이 아니라 폐기하고 다른 헌법을 제정할 것을 공식적으로 채택하는 정책은 우리 국가의 정체성과 헌법을 부정하는 자기모순의 결과를 초래한다는 것이다. 혹자는 이런 모순을 극복하기 위해서 서독의 〈본〉 기본법과 마

30 물론 현행 국적법도 적법한 절차를 거친 경우에 한국인과 결혼한 외국인과 그 자녀들에 대해서 한국 국적의 취득을 인정하고 있다. 그러나 나와 남의 구별 그리고 "우리"의 조건이 될 수 있는 요소들에 대한 국민적 합의 없이 단순히 적법한 절차를 거치기만 하면 시민권을 부여하는 현행 국적법의 시민권 접근 태도는 잠재적으로 사회적 갈등의 소지를 안고 있다. 시민권의 인정은 곧바로 우리 헌법이 보장하고 있는 국민으로서의 정치적, 경제적, 사회적 권리를 보장하겠다는 것이고 이는 불가피하게 사회적 비용을 수반하는 일이기 때문이다.

찬가지로 헌법 자체를 잠정헌법 내지 임시헌법으로 통일헌법에 대비할 것을 제안하기도 한다. 그러나 이런 태도는 현행헌법과 통일정책 간의 모순은 어느 정도 극복될 수 있을지 몰라도, 우리 헌법에 대한 국민 감정상 가능한 일인지 여전히 의문이다.

통일헌법의 제정 시 가장 큰 문제로 떠오르는 것은 현행 국적법과의 관계에서 북한주민에 대한 법적 지위와 영토조항문제이다(나인균 1994; 도회근 1998; 장명봉 1997). 1948년 7월 17일 제정된 대한민국헌법과 1948년 9월 8일 제정된 조선민주주의인민공화국헌법은 공히 국가분단과 그 극복을 위한 통일의 과제가 전혀 반영되지 않은 헌법이며, 적어도 이 문제에 있어서 우리 헌법의 입장은 수차례의 개정에도 불구하고 변함없이 유지되고 있다. 북한헌법은 제103조에서 "조선민주주의인민공화국의 수부는 서울시이다"라고 규정하여, 헌법현실과 헌법규정의 심각한 괴리를 안고 있다. 한편 우리 헌법은 한반도와 부속도서를 우리 영토로 규정하고 있다. 영토규정이 실실적인 헌법현실과 거리가 있는 것은 사실이나, 영토규정의 개정은 민족해방과 인민민주주의혁명을 최고의 목적으로 삼고 있는 북한 신형법의 개정을 전제로 속도를 맞출 필요가 있다. 아울러 우리의 국민규정 역시 남북한의 통일과정의 속도를 고려해 민주적 합의 도출이 필요하다. 북한 주민들에게 남한의 시민들과 마찬가지로 동등한 기본권을 주어야 한다면, 현재 심각하게 인권이 유린되고 있는 엄연한 북한의 현실에서 이를 묵과하는 것은 국가적 책무의 유기라고 볼 수 있기 때문이다.

네 번째로 최근의 개헌논의에서 가장 많이 주목받아 온 정부형태와 권력구조와 관련된 조항이다. 현행 5년 단임의 대통령제에 대해서는 이미 다양한 문제점이 제기되어 왔다. 현행 대통령제는 한편으론 지나친 권력집중으로 인한 헌정운영상의 폐해를 낳고 있으며, 다른 한편으론 5년 단임제로 인해 조기 레임덕 현상이나 정치적 책임성의 약화라는 고질적인 문제를 양산해 왔다는 것이다. 따라서 이런 문제점들을 보완하기 위해 권력은 분산하되 국가적 합리성과 효율성은 제고될 수 있는 방향으로 권력구조의 개편이 요구된다는 것이다(이승우 2007). 보다 근본적으로 권력구조와 관련된 쟁점은 대통령제 혹은 의원내각제 중 어떤 제도를 우리 정치권력의 근간으로 정할 것이냐의 문제이다(장영수 2005). 아울러 대통령제를 채택한다면, 우리 헌법이 해결해야 할 가장 중요한 현안은 대선과 총선의 선거주기 충돌로 인한 분할(점)정부의 반복에 있다. 이는 결정적으로 대통령의 임기 문제와 맞물려 있어서 4년 중임제 채택여부가 논란의 대상이 되고 있다. 그러나 조기 레임덕 문제는 궁극으로는 정당정치의 발전 문제와 떼어 놓을 수 없다. 정당정치의 발전을 위해서는 공천제도의 개혁이 선행되어야 한다. 이와 같이 권력구조와 관련된 개헌논의는 단지 헌법 개정의 문제로 국한되지 않고, 선거법 등 전반적인 정치 관련법의 정비를 필요로 한다. 권력구조와 관련된 개헌논의의 활성화는 우리 사회에서 필요한 적정한 수준의 정치개혁이 무엇인가를 확인할 수 있는 계기를 마련할 수 있다.[31]

이상과 같은 개헌논의의 쟁점들이 우리 사회가 안고 있는 헌법현실과

31 권력구조와 관련된 개헌논의에서 추가적인 쟁점은 국무총리제 존속여부 혹은 부통령제 부활문제, 입법부의 양원제 채택 여부, 헌법재판소 재판관의 구성문제 등이 있다.

헌법규범의 괴리를 모두 포괄한다고 볼 수는 없다. 그러나 기왕의 권력구조 문제에만 국한되어 왔던 개헌논의를 보다 전 세계적인 조류와 시대적인 방향에 부합하도록 전환할 필요가 있다. 87년 헌법이 반영하지 못했던, 세계화, 정보화, 다문화 사회로의 전환, 그리고 통일에 접근도에 부합하는 헌법적 토대를 마련할 필요가 있다는 것이다. 이와 같은 개헌논의의 활성화는 개헌의 성사여부와 관계없이 국민을 재교육하고 공동체 구성원의 정체성을 확립하는 데 크게 기여할 것이다.

개헌논의는 명목적으로 개헌을 목적으로 한다. 그렇다면 개헌의 궁극적인 목적이 무엇인가? 근본적으로는 헌법규범과 헌법현실의 격차를 줄이고, 우리사회의 민주 역량과 변화된 현실에 맞는 제도와 규범을 정립하는 것이 개헌이 목적일 것이다. 그러나 제도와 규범이 목적한 바대로 실효성을 갖기 위해서는 형식적인 개선만으로는 불충분하다. 아무리 훌륭한 제도적 개선이 있더라도, 제도에 참여하는 주체가 그 취지를 살리지 못하면, 개선의 의의는 사라진다. 개헌 역시 미찬가지이다. 개헌은 그 자체가 목적이 아니라, 우리 사회가 지향하는 바람직한 미래상, 국가의 미래비전에 현실화하기 위한 작업으로 봐야 한다. 그럼에도 불구하고 우리의 개헌논의는 이러한 근본적인 취지를 망각해 온 경향이 있다. 개헌을 정권연장의 수단으로 악용해 온 우리 헌정사의 쓰라린 경험으로 인해, 개헌논의의 진정성만 따지다고 정작 본격적인 논의는 흐지부지되거나, 개헌의 가능성 여부에만 주목하여 그저 가능한 범위의 개헌 소항찾기다가 개헌의 궁극적 목적을 외면하기 일쑤였다.

개헌논의의 정상화는 개헌논의가 궁극적으로 개헌의 성사에만 국한된 것이 아니라는 인식에서 시작될 수 있다. 국민적 합의가 전제되지 않는 개헌이 무의미한 것이듯, 반대로 개헌이 성사되지 않더라도 일정한 수준에 도달한 국민적 합의는 사회통합과 국가이념의 안정화 차원에서 중대한 의의를 갖는다.

이런 맥락에서 개헌논의의 정상화는 국가이념의 안정화와 내실화 차원에서 새롭게 조망될 필요가 있다. 그러기 위해서는 정치권이나 일부 전문가 집단에 의해 독점되었던 개헌논의를 일반 국민에게 확대하고, 궁극적으로 개헌의 주체는 전체 국민임을 재확인할 필요가 있다. 비록 초기의 개헌논의는 전문가에 의해 주도되더라도 논의 과정과 합의 과정에 국민 전체의 목소리가 충분히 반영될 수 있는 경로가 마련되어야 한다. 개헌논의 주체의 확대는 개헌논의의 영역의 확대와 맞물려 있다. 헌법규범과 헌법현실의 괴리를 좁히고자 하는 것이 개헌의 궁극적인 목적이라면 개헌논의는 권력구조개편 논의에만 한정해서는 안 된다. 앞 서 살펴본 바와 같이 민주화 이후 우리 사회 현실의 급격한 변화가 요청하고 있는 국가이념은 비단 권력구조에 관한 것에 국한되지 않는다. 만일 개헌논의 과정에서 다양한 쟁점들에 대한 이해가 보다 많은 사람들에 의해서 공유될 수 있다면, 우리 사회의 개헌논의는 국가이념형성하는 중요한 경로가 될 것이다.

이와 같이 개헌논의의 정치사회학적 의의를 고려할 때, 개헌논의가 단지 헌법 개정의 수단이라는 인식을 교정해야 한다. 사실 헌법규범과 헌법현실의 격차를 줄이는 일은 헌법 개정을 통해서 뿐 아니라 개헌논의 과정에서 성취할 수도 있는 일이다. 헌법 개정이 요원한 일일 때, 헌법이 갖고 있는 추상성의 정도를 고려하면, 개헌논의의 활성화는 곧 어느 정도 헌법 개정의 효력을 발휘할 수 있기 때문이다. 그렇다고 모든 개헌논의에서 개헌가능성을 애초부터 배제하거나, 개헌의 의의를 폄하할 필요는 없다. 다만 개헌논의의 실효성이 궁극적으로 개헌의 성사에만 있는 것이 아니라, 헌법의 규범과 현실의 간극을 좁히고 헌법질서를 공고화하는데 있음을 상기하자는 것이다. 개헌을 맹목적으로 추구할 때, 개헌논의는 정치사회적학 차원의 긍정적 기능을 수행하지 못한다. 즉 개헌논의가 개헌이라는 목적에 지나치게 연연할 때, 개헌논의는 우리 사회에 긍정적으로 기여하기 어려워질 것이다. 개헌논의가 헌법과 정치권뿐 아니라 국민전체를 매개하는 소통의 경로가 된다면, 개헌논의는 민주주의와 헌정주의의 근원적인 마찰을 완화하고 우리 사회의 균형점을 찾아주는 국가이념을 형성하는데 좋은 통로 역할을 할 것이다.

V. 결론

이 글은 지난 70여 년간 한국이 이룩한 발전의 양면성을 올바로 평가하고, 이를 통해 한국형 발전국가 모델이 2.0 버전으로 진화할 수 있는 길을 모색하고자 하였다. 크게 보면, 지난 70년간의 한국형 발전은 국가적 동원과 국민적 참여 간의 조합을 통해 진화하였다. 그러나 동원과 참여가 마찰이나 갈등 없이 진행됐던 것은 아니다. 국가 주도의 동원은 상당한 사회적 갈등을 수반했고, 국민의 참여가 진정한 것이 되기까지는 상당한 희생과 노력 그리고 시간이 필요했다. 그럼에도 불구하고, 이러한 동원과 참여의 과정이 파국으로 이르지 않고, 결과적으로 성공적인 업적을 낼 수 있었던 것은, 사회적 갈등과 마찰의 요소가 조화와 화합으로 전환될 수 있었던 국가이념의 기제가 있었기 때문이라고 할 수 있다. 이런 맥락에서 한국형 발전의 진화에 있어서 국가이념은 결정적인 역할을 했다고 볼 수 있다.

각 시기별로 보면, 국가이념은 각각 독특한 방식으로 형성되고 진화를 경험했다. 언뜻 보면 국가이념은 각 시기의 정부나 지도자에 의해 주도된 것 같지만, 지도자는 정권의 정당성을 유지하기 위해서라도 대외적 환경과 시대적 요구에 부응하는 국가이념을 제시해야 했고 이러한 국가이념이 실효성을 발휘하기 위해서는 국민의 동의와 인정을 받아야 했다. 이렇게 보면, 국가이념의 형성과 진화 과정은 위에서 아래로, 아래에서 위로의 상호작용의 결과라고 할 수 있다.

이승만 정부 시기 지배적인 국가이념은 문명에 우위를 둔 문명과 부강의 국가이념이었다. 이승만은 신생국이 가진 대내외적 한계를 잘 인식하고 있었고, 명실상부하게 근대국가로서의 위상을 정립하기 위해 부강을 국가이념의 한 축으로 제시했다. 국가적으로 부강을 실현하기 위해서는 서구 선진국의 제도와 문물을 적극적으로 수용하는 국가이념을 지향해야 했다. 그러나 이와 동시에 이승만은 국민적 자존감과 자부심을 되살리는 국가이념을 유지하고자 하였다. 이를 위해 이승만은 부강을 강조함과 동시에 예의와 예절을 중시하는 문명의 중요성을 부각시켰다. 이승만 정부가 일관되게 견지한 국가이념은 문명국 담론에 우위를 둔 문명과 부강의 종합이라고 할 수 있다. 이러한 국가이념은 이승만 정부에 의해서 적극적으로 홍보됐고, 국민의 일상적인 수준에까지 영향력을 행사하였으며, 이승만 정부의 또 하나의 기조였던 반공주의도 비문명 혹은 반문명의 관점에서 국민들을 설득했고, 국민들이 이러한 국가이념에 동참했다.

박정희 정부는 본격적으로 경제발전과 근대화, 산업화를 주요한 국가이념으로 내세웠다. 이승만 정부가 근대화나 발전의 필요성을 외면한 것은 아니었으나, 당시의 발전론은 문명국 담론의 틀 속에서 제한받았다. 박정희 정부는 노골적으로 발전 담론을 국가이념의 전면에 내세웠다. 쿠데타에 의한 정부라는 태생적인 한계를 경제발전이라는 가시적인 성과로 보완하려는 의도가 영력했지만, 근대화와 산업화에 기조를 둔 박정희의 국가이념은 가난과 궁핍으로부터 벗어나고자 하는 국민들의 정서와 맞아 떨어져 국가 전체의 확고한 국가이념으로 자리 잡았다. 그러나 이러한 국가이념에 대한 국민적 저항이 없었던 것은 아니다. 끊임없이 민주화에 대한 요구가 분출됐고, 이에 대응하기 위해 박정희 정부는 산업화에 바탕을 둔 국가이념을 중심에 두고, 여기에 독특하게 규정된 민주주의 담론을 끌어들였다. 민주주의 담론을 배척하기보다는 오히려 적극적으로 민주주의의 원리를 수용하여 국가이념을 구성했다는 것이다. 문제는 박정희 정부가 수용한 민주주의 담론은 많은 왜곡과 분식(粉飾)을 수반하고 있다는 점이다. 이러한 왜곡된 민주주의론이 수용될 수 있었던 배경에는, 경제성장과 발전국가를 발표로 한 기왕의 국가이념이 확고하게 자리 잡고 있었고, 국민으로 하여금 북한의 위협을 상시적인 위협으로 인식시킬 수 있었기 때문이다. 박정희 정부의 국가이념이 민주주의에 대한 왜곡과 북한의 위협을 전제로, 매우 기형적인 상태로 유지된 것은 사실이다. 그러나 비교적 안정적인 국가이념을 유지하는 가운데, 경제성장과 자주국방의 근대국가로서의 기본틀을 갖추는 계기가 된 것도 부인할 수 없는 사실이다. 박정희 정부의 국가이념이 기형적인 방식으로 비교적 오랫동안 유지되는 동안에도 분배적 정의에 대한 요구와 민주주의에 대한 열망은 여전히 잠재되어 있었다.

민주화에 대한 요구는 1980년대 민주화 운동을 통해 강렬하게 분출되었고, 이는 87년 헌법을 통해 새로운 공화국을 창출함으로써 절정에 다다랐다. 민주화 이후의 국가이념은 정부가 얼마나 민주적 요구를 수용했는가와 무관하게 민주주의 담론 안에서 형성되는 경향이 짙어졌다. 이 시기의 가장 두드러진 현상은 국가를 정의 수호의 주체로 인식하기 시작했다는 점이다. 따라서 민주화 이후의 국가이념은 불가분 정의 담론과 결부되어 있다. 민주화 이후 국가이념의 또 하나의 특징은 국가이념의 수호가 개헌논의와 밀접히 연계되어 있다는 점이다. 80년대 민주화 운동의 결실로 87년 헌법을 수립한 경험을 바탕으로 진정으로 국민이 원하는 국가, 그리고 그것의 바탕이 되는 국가이념을 실현하는 길은 헌법 개정을 통해야 한다는 국민적인 인식이 확산되었다. 이 때문에 민주화 이후의 국가이념의 형성은 정의 담론을 내용으로 하고, 개헌논의를 형식으로 하는 독특한 양상을 보였다.

이와 같이 각 정부의 국가이념은 각각 나름대로의 논리로 형성되고 진화되어 온 특징을 갖는다. 그러나 이들 국가이념의 공통적인 특징은 한국형 발전 모델이라는 큰 틀 안에서 갈등 속의 화합을 이뤄냈다는 것이다. 돌이켜 보면, 이러한 갈등 속의 화합은 국민의 인내와 고통 그리고 지도자의 혜안과 판단력의 합작품이다. 그러나 이러한 합작이 모든 시대에 동일한 공식을 가질 수 없다. 앞 서 살펴봤듯이 지난 70년간 각 정부는 지도자와 국민은 각지 다른 공식으로 국가이념의 틀 안에서 갈등 속의 화합을 이뤄냈다. 향후 한국형 발전 모델 2.0 버전의 성패는 지난 70년간의 교훈을 바탕으로 어떻게 갈등 속의 화합을 이룰 수 있는 국가이념을 창출할 수 있는가가 관건이 될 것이다.

참고문헌

《조선일보》, 1959. '후진국이란 무엇인가.' 6월 12일.

《조선일보》, 1972. '선진국의 한국적 의미.' 3월 9일.

강경근. 2000. "사이버스페이스에서의 기본권." 『헌법학연구』 제6권 제3호.

강원택. 2003. "바람직한 선거제도의 개혁방안." 『한국정당학회보』 제2권 2호.

강원택. 2005. 『한국의 정치개혁과 민주주의』. 고양: 인간사랑.

강준만. 2004. 『한국 현대사 산책, 2권(1960년대 편)』. 서울: 인물과 사상사.

강정인. 2011. "박정희 대통령의 민주주의 담론 분석: "행정적", "민족적", "한국적" 민주주의를 중심으로." 『철학논집』 27집.

강정인. 2012. "박정희 대통령의 민족주의 담론: 민족과 국가의 강고한 결합에 기초한 반공, 근대화, 민족주의 담론." 『사회과학연구』 20집 2호

권영설. 2006. 『헌법이론과 헌법담론』. 서울: 법문사.

김영태. 2004. "17대 국회의원선거의 공천제도와 공천과정." 『한국정당학회보』 제3권 2호.

김용철. 2007. "개헌논의 체제의 민주화: 민주화 이후 개헌논의를 중심으로." 『정치정보연구』 제10권 2호.

김용호. 2003. "한국정당의 국회의원 공천제도." 『의정연구』 제15호.

김일영. 2001. "한국에서 발전국가의 기원, 형성과 발전 그리고 전망." 『한국정치외교사논총』 제23집 1호.

김정훈·조희연. 2003. "지배담론으로서의 반공주의와 그 변화: 반공규율사회의 변화를 중심으로." 조희연 편. 『한국의 정치사회적 지배담론과 민주주의의 동학: 한국 민주주의와 사회운동의 동학(3)』. 서울: 함께 읽는 책.

김종태. 2012. "이승만 정부 시기 문명 담론과 선진국 담론에 나타난 국가정체성과 서구관: 대통령 연설문과 조선일보를 중심으로." 『한국사회학』 제

46집 2호.
김지형. 2008.『데탕트와 남북관계』. 서울: 선인.
김지형. 2013. "1960~1970년대 박정희 통치이념의 변용과 지속: 민주주의와 반공주의 및 상호관계를 중심으로."『민주주의와 인권』 제13권 2호.
나인균. 1994. "한국헌법의 영토조항과 국적문제."『헌법논총』 제5집, 헌법재판소.
대통령비서실.『박정희대통령연설문집 1권, 최고회의편: 1961.07-1963.12』. 서울: 대통령비서실, 1973.
대통령비서실.『박정희대통령연설문집 2권, 제5대편: 1963.12-1967.06』. 서울: 대통령비서실, 1973.
대통령비서실.『박정희대통령연설문집 3권, 제6대편: 1967.07-1971.06』. 서울: 대통령비서실, 1973.
대통령비서실.『박정희대통령연설문집 4권, 제7대편: 1971.07-1972.12』. 서울: 대통령비서실, 1973.
대통령비서실.『박정희대통령연설문집 5권, 제8대편 상: 1972.12-1975.12』. 서울: 대통령비서실, 1976.
대통령비서실.『박정희대통령연설문집 6권, 제8대편 하: 1976.01-1978.12』. 서울: 대통령비서실, 1979.
대통령비서실.『박정희대통령연설문집 16집, 추도판: 1979.01-1979.10』. 서울: 대통령비서실, 1979.
도회근. 1998. "북한주민의 헌법상 지위에 관한 연구."『헌법학연구』 제4권 제2호.
문정인. 1995. "세계화의 위협구조와 국가전략."『계간사상』 통권24호.
박명림. 2005. "헌법, 헌법주의, 그리고 한국 민주주의: 2004년 노무현 대통령 탄핵사태를 중심으로."『한국정치학회보』 제39집 1호.
박명림. 2009. "대한민국 건국과 한국 민족주의."『한국정치외교사논총』 제31집 1호.

박명림. 2010.『박정희』. 연세대학교 국가관리연구원 편.
박명림. 2011. "박정희 시기의 헌법 정신과 내용의 해석: 절차, 조항, 개념, 의미를 중심으로."『역사비평』가을호 통권96호.
박성우. 2006. "민주주의와 헌정주의의 갈등과 조화: 미국헌법 해석에 있어서 원본주의 논쟁의 의미와 역할."『한국정치학회보』제40집 3호.
박성우. 2007. "민주주의와 헌정주의의 갈등과 조화: 고대 그리스적 맥락에서의 세가지 대안의 검토." 김영민 외 (편).『21세기 헌정주의와 민주주의』. 고양: 인간사랑.
박정희.『우리 민족의 나갈 길』(개정 5판). 서울: 동아출판사, 1962.
박태균. 2009. "박정희 정부 시기를 통해 본 발전국가 담론에 대한 비판적 시론."『역사와 현실』74, 15-43.
서경석. 2006. "헌법 개정의 논의구조."『민주법학』제31호.
서재진. 1991.『한국의 자본과 계급』. 서울: 나남.
양건. 2007. "87년 헌법의 운용상 특징과 헌법 개정 문제: 사법통치 및 분할정부 현상을 중심으로."『법학논총』제24집 2호.
오재록·공동성. 2011. "배태된 자율성?: 한국 발전모델에 대한 이해와 오해."『한국행정학회보』제45권 4호.
이승우. 2007. "헌법 개정의 필요성과 그에 따른 헌법 개정의 방향."『공법학연구』제8권 제1호.
이준한. 2003. "국회의원 후보선출의 방법과 과정에 대한 비교연구."『의정연구』제9권 1호.
장명봉. 1997. "영토조항을 근거로 북한주민도 한국국민으로 본 대법원 판결(96누1221, 이영순사건)에 대한 평가."『헌법학연구』제3집.
장영수. 2005. "헌법 개정의 의미와 방향."『고려법학』제44호.
전인권, 2002. "박정희 민주주의관: 연설문을 중심으로."『한국정치연구』제11집 2호.
조갑제. 1999.『내 무덤에 침을 뱉어라 5권: 김종필의 풍운』. 서울: 조선일보사.

조희연. 2003. "정치사회적 담론의 구조 변화와 민주주의 동학: 한국 현대사 속에서의 지배담론과 저항담론의 상호작용을 중심으로." 조희연 편. 『한국의 정치사회적 지배담론과 민주주의의 동학: 한국 민주주의와 사회운동의 동학(3)』. 서울: 함께 읽는 책.

최우정. 2007. "사이버 민주주의의 실현조건으로서의 사이버 기본권의 모색." 『사이버커뮤니케이션학보』 통권 제23호.

최장집, 『한국민주주의의 조건과 전망』. 서울: 나남출판, 1996.

한승연·신충식. 2011. "해방공간의 '국가' 개념사 연구: 이승만의 국가 개념을 중심으로." 『정치사상연구』 제17권 제2호.

Amsden, Alice H. 1989. *Asia's Next Giant: South Korea and Late Industrialization*. Oxford: Oxford Univ. Press(『아시아의 다음 거인』. 이근달 역. 서울: 시사영어사, 1990).

Belz, Herman. 1998. *A Living Constitution or Fundamental Law?: American Constitutionalism in Historical Perspective*. Lanham: Rowman & Littlefield.

Bork, Robert H. 1990. *The Tempting of America: The Political Seduction of the Law*. New York: Simon & Schuster.

Brohman, John. 1995. 'Universalism, Eurocentrism, and Ideological Bias in Development Studies: from Modernization to Neoliberalism.' *Third World Quarterly* 16(1): 121–40.

Eckert, Carter, "Total War, Industrialization, and Social Change in Late Colonial Korea," Peter Duus edt., The Japanese Wartime Empire 1931–45 (New Jersey; Princeton University Press, 1996) *Development*, vol. 22, no. 9

Elster, J. & R. Slagstad. eds. 1988. *Constitutionalism and Democracy*. Cambridge: Cambridge University Press.

Escobar, Arturo. 1995. *Encountering Development: The Making and Unmaking of the Third World*. Princeton: Princeton University Press.

Esteva, Gustavo. 1992. 'Development.' pp. 6–25 in Wolfgang Sachs ed. *The Development Dictionary: A Guide to Knowledge as Power*. London: Zed Books.

Evans, Peter. 1995. *Embedded Autonomy: States and Industrial Transformation*. Princeton: Princeton University Press.

Grey, Thomas C. 1975. "Do we have an unwritten constitution?" *Stanford Law Review*. Vol. 30.

Guarneir, Carlo and Patrizia Pederzoli. 2002. *From Democracy to Juristocracy? The Power of Judges: A Comparative Study of Courts and Democracy*. Oxford University Press.

Habermas, J. 2001. "Constitutional Democracy: A Paradoxical Union of Contradictory Principles," *Political Theory*. Vol. 29. No. 6.

Holmes, Stephen. 1988. "Precommitment and the Paradox of Democracy," in *Constitutionalism and Democracy*. eds. J. Elster and R. Slagstad, Cambridge: Cambridge University Press.

Holmes, Stephen. 1993. "Gag Rules or the Politics of Omission," in Jon Elster and Rune Slagstad, eds. *Constitutionalism and Democracy : Studies in Rationality and Social Change*. Paris : Cambridge University Press

Johnson, Charmers. 1982. *MITI and the Japanese Miracle The Growth of Industrial*. Stanford: Stanford Univ. Press(『통산성과 일본의 기적』. 김태홍 역, 서울: 우아당, 1983).

Kohil, Atul Kohli. "Where Do High Growth Political Economies Come From? The Japanese Lineage of Korea's "developmental State," *World Development* vol. 22, no. 9

Kun Yang. 1993. "Judicial Review and Social Change in the Korean. Democratizing Process," *American Journal of Comparative Law* 41:1

Linz, Juan J. and Alfred Stepan. 1996. "Toward Consolidated Democracies," *Journal of Democracy* 26:2, 14–33.

Maravall, Jose & Adam Przeworski. ed. 2003. *Democracy and the Rule of Law*. Cambridge: Cambridge University Press.

Mehmet, Ozay. 1999. *Westernizing the Third World: the Eurocentricity of Economic Development Theories*, 2nd ed. London: Routledge.

Millikan and Blackmer. 1961. *The Emerging Nations*. Boston: Litte, Brown and Company(『신생국가론 문명사』. 유익형 역. 1973)

Nederveen Pieterse, Jan. 2001. *Development Theory: Deconstructions/ Reconstructions*. London: Sage.

Patterson, Thomas C. 1997. *Inventing Western Civilization*. New York: Monthly Review Press.

Rostow, W. W. 1960. *The Stages of Economic Growth: A Non-Communist Manifesto*. Cambridge: Cambridge University Press.

Rostow, Walt W. 1957. *A Proposal Key to on Effective Foreign Policy*. New York: Harper & Brothers.

Sachs, Wolfgang. 1992. "Introduction" in Sachs ed. *The Development Dictionary: A Guide to Knowledge as Power*. London: Zed Books.

Schmitter, Philippe C. 1995. "Organized Interests Democratic Consolidation in Southern Europe," in Richard Gunther, P. Nikiforos Diamandouros, and Hans–Jürgen Puhle, eds. *The Politics of Democratic Consolidation: Southern Europe in Comparative Perspective*. Baltimore : Johns Hopkins University Press.

Schmitter, Philippe. 1974. "Still the century of corporatism?" *The Review of Politics*. 36: 85–131. Shin, Jang–Sup and Chang, Ha–Joon.(2003). *Restructuring Korea Inc*. London: Routledge Curzon.

Skocpol, Theda. 1979. *States and social revolutions: a comparative analysis of France, Russia and China*. Cambridge: Cambridge University Press.

Stiglitz, Joseph E. 2001. "From Miracle to Crisis to Recovery: Lessons from Four Decades of East Asian Experience." In Joseph E. Stiglitz and Shahid Yusuf(eds.), *Rethinking the East Asian Miracle*. New York: Oxford University Press.

Sweet, Alec Stone. 2000. *Governing with Judges: Constitutional Politics in Europe*. Oxford University Press.

Tilly, Charles. 1990. *Coercion, Capital, and European States: AD 990-1990*. Oxford: Blackwell.

2부 한국형 발전국가의 정치제도

손병권(중앙대학교)

I. 서론

1. 연구의 목적과 순서

이 글은 제3공화국 박정희 정부의 등장과 함께 한국의 안보확립과 경제발전의 견인차로 등장한 행정주도형 발전국가의 다양한 정치제도적 양상을 설명할 목적으로 작성되었다. 이러한 목적을 염두에 두고 이 글은 발전국가 전개과정 이전의 제1공화국과 제2공화국 정부시기, 그리고 발전국가의 권위주의적 퇴행기에 해당하는 제4공화국 및 제5공화국 정부시기, 그리고 1987년 대통령 직선쟁취의 민주화를 특징으로 하는 다원주의적 포스트 발전국가인 제6공화국 정부시기를 제3공화국의 등장과 함께 시작된 행정주도형 발전국가가 구현한 정치제도의 다양한 현상과 비교하면서 설명하고 서술할 것이다. 전체적으로 이 글의 주요 목적은 안보와 경제발전을 동시에 추구한 행정주도형 발전국가를 지탱하고 있었던 권력구조와 정치제도가 어떠한 특징을 지니고 있었으며, 이러한 권력구조 및 정치제도의 특징은 발전국가 등장 이전의 권력구조 및 정치제도와 민주화 이후 등장한 다원주의적 포스트 발전국가의 권력구조 및 정치제도와 어떻게 차별화되는지 살펴보는 것이다.

이러한 목적에 따라서 이 글은 다음 장인 제II장에서 발전국가 등장 이전인 제1공화국과 제2공화국의 권력구조와 정치제도를 서술할 것이다. 정부수립 이후 일부 내각제적인 요소를 수용하면서 등장한 제1공화국의 대통령제가 이승만 대통령의 권력지향적 리더십에 의해서 어떠한 방식으로 변형되었으며, 이후 수차례의 개헌과정을 거치면서 국민직선의 권위주의적인 대통령 중심제로 변모하게 된 과정을 개괄적으로 검토할 것이다. 이와 함께 선거제도에 있어서 소선거구제 하의 단순다수제도가 언제, 어떠한 방식으로 자유당이라는 헌정사상 최초의 여당을 등장시켰고, 이후 본격적인 정당체제를 형성해 나갔는지를 검토할 것이다. 그리고 제1공화국 당시 선거인 추천제를 통해 이루어졌던 공천방식이 정당정치의 등장 및 발달과 함께 이후 어떻게 사실상의 정당공천제로 변화되었는지를 검토할 것이다. 마지막으로 1960년 4·19혁명 이후 등장하여 1961년 5·16쿠데타로 단명(短命)한 제2공화국의 특징을 개괄적으로 설명할 것이다. 그 기간이 매우 짧았던 탓에 한국정치에서 차지하는 비중은 적었으나, 제2공화국은 한국 헌정사에서 유일무이하게 의회제 권력구조를 표방했다는 점에서 특별한 위상을 차지하고 있다. 특히 이러한 의회제 권력구조의 등장원인이 무엇이었는지를 검토해보고, 또한 의회제 권력구조와 이에 부수된 정치제도가 어떠한 문제점을 노출하였기에 5·16 군사쿠데타를 유도하게 되었는지를 분석하여 제3공화국 이후 등장한 한국 발전국가의 정치제도의 확립의 동기를 간접적으로 분석해 볼 것이다.

이어서 제III장에서는 본격적인 행정주도형 발전국가의 양상이 드러나는 제3공화국의 권력구조와 이를 뒷받침하는 다양한 정치제도를 검토할 것이다. 제3공화국은 제2공화국의 무능과 비효율을 비판하면서 강력한 대통령의 지도력을 중심으로 하는 행정국가 주도형 통치구조를 구상하였던 바, 이에 따라 대통령을 정점으로 하는 위계적이며 효율적인 국정운영체계를 구축하였다. 이러한 구상의 바탕 위에서 제3공화국은 제2공화국의 의회제를 무능과 비효율의 대표적인 사례로 비판하면서 대통령제 권력구조를 다시 도입하였고, 민주공화당이 중심이 되는 양당체제 혹은 민주공화당 중심의 거대정당체제를 구상하였다. 이를 뒷받침하기 위해서 박정희 정부는 국회 내에서 안정 다수의석을 확보하기 위해서 최초로 소선거구제 하의 다순다수제와 전국구 비례대표제를 함께 활용하는 병립형 비례대표제(mixed member majoritarian system)를 도입하였다. 또한 정당공천제를 헌법에 규정하여 무소속의 출마를 금지시킴으로써 대체로 양대 정당중심의 안정적인 정당체제가 수립되도록 하였다. 박정희 정부는 전국구 비례대표 의석의 과반수를 제1당이 장악하는 제도를 채택하여 국회를 효과적으로 장악하면서 대통령이 원하는 경제개발 정책을 국회가 뒷받침할 수 있도록 하였고, 이를 통해서 사실상 순권위주의적인 통치구조를 확립하기에 이르렀다. 제3공화국 들어서 본격적으로 전개되기 시작한 발전국가를 지탱한 이와 같은 일련의 권력구조와 정치제도가 제III장에서 상세히 논의될 것이다.

이어서 제IV장은 발전국가의 권위주의적 퇴행기인 제4공화국과 제5공화국의 권력구조와 정치제도를 설명할 것이다. 제4공화국과 제5공화국은 제3공화국의 등장과는 달리 정권창출과정에서 국민적인 지지가 결여되어 있었으며, 최고통치권자인 박정희 대통령과 신군부의 핵심인 전두환 대통령 등 군부와 관료 연합세력의 안정적인 장기집권을 위한 통치를 도모하면서 등장하였다. 대통령에 대한 국민의 직접 선출권을 헌법을 통해서 봉쇄하고 국회를 민의를 대변하는 기관이 아니라 행정부의 시녀로 전락시켰다. 따라서 제4공화국과 제5공화국은 한국 민주주의의 암흑기인 권위주의 정부로 기록될 수밖에 없었으며, 그 과정에서 대통령의 권한은 극대로 비대해졌고 국민의 참정권 등 기본적인 권리는 반대로 매우 위축되었다. 제4공화국과 제5공화국의 양대 권위주의 정부는 국회에 대한 철저한 통제를 위해서 여당이 전국적으로 고르게 의석을 확보할 수 있는 2인선거구의 중선거구제도를 채택함과 동시에, 대통령이 직접 국회의원의 1/3을 선발하는 기형적인 방식(제4공화국)이나 혹은 전국구 비례대표의원의 2/3를 사실상 여당인 제1당이 점유할 수 있는 방식(제5공화국) 등 비민주적인 선거제도를 통해서 행정부가 의도하는 대로 안정적으로 국회를 운영하고자 했다. 또한 국회의 견제가 사실상 존재하지 않는 상태에서 대통령은 국회해산권을 보유하여 사실상 자의적인 통치가 가능했으며 국회와 국민 위에 군림할 수 있었다. 그러나 이러한 권위주의 통치방식을 극대화한 제4공화국과 제5공화국 정부는 민주화를 위한 지속적인 국민적인 저항에 부딪칠 수밖에 없었다. 그 결과 퇴행적인 행정주도형 발전국가는 민주주의 이행을 위한 준비가 부족한 상태에서는 더 이상 지속될 수 없다는 교훈을 남긴 채, 다원주의적 포스트 발전국가로의 이행을 경험하게 된다.

이어서 제V장에서 민주화 이후 다원주의적 포스트 발전국가의 등장을 유도한 제6공화국 당시의 권력구조와 정치제도를 1987년 이후 3김정치가 퇴조하는 2002년까지의 시기와 노무현 대통령 등장 이후 현재에 이르는 시기의 두 기간으로 구분하여 분석할 것이다. 제6공화국은 대통령 직선제라는 국민의 여망을 충족시키면서 등장하여 민주주의의 공고화를 완성하고 심화의 과정을 연 시기로 평가되고 있다. 무엇보다도 제6공화국은 대통령의 권한을 제한하고 국회의 기능을 회복시키면서 국민의 정치참여에 대한 열망을 해소시켜 민주화를 촉진한 시기로 평가받는다. 그러나 이 시기는 또한 3김정치와 지역주의 패권정당의 등장으로 인해서 지역 간의 대립이 심화되고, 여소야대 현상 등 5년 단임제 하의 한국 대통령제의 폐해가 드러나기 시작한 시기이기도 했다. 또한 2002년 노무현 대통령 등장 이후 사회 전반과 정치권의 이념적 갈등이 더욱 첨예하게 노출되기도 했다. 사회는 점점 더 다원화와 분권화를 경험하고 다양한 사회세력이 다양한 방식으로 정치적인 의사를 표출하기 시작했지만, 여전히 정치제도는 민주화 이후의 적지 않은 성과에도 불구하고 여러 가지 문제점을 드러냈다. 대통령과 국회 간의 빈번한 교착상태, 국회 내 여야의 극단적인 대립, 거대정당 중심의 지역주의 정당체제, 거대정당에 대한 불비례적인 이익을 주는 불공정한 선거제도, 상생과 협력의 정신 및 메커니즘의 부재, 이념적, 경제적 양극화, 세대 간 갈등 등으로 인해서 제6공화국의 정치제도는 다원주의적 포스트 발전국가에 부응하는 새로운 정치제도를 만들어 내야 할 요청에 직면하기 시작하였다. 제V장은 이러한 다원주의적 포스트 발전국가를 지향해야 하는 제6

공화국 출범 이후 등장한 권력구조 및 정치제도, 그리고 이러한 제도의 문제점 등을 살펴보고자 한다. 마지막으로 결론에 해당하는 제VI장에서는 이 글의 내용을 간략하게 정리하고 행정주도형 발전국가와 다원주의적 포스트 발전국가의 중요한 특징을 비교해 본 후, 이에 각각 부응해 온 한국 정치제도의 내용 및 특징과 그 문제점 등을 지적해 보고자 한다.

이상의 내용과 관련하여 역대 공화국의 헌정적 특징을 간단히 제시하면 아래의 도표와 같이 정리될 수 있다.

〈표 1〉 역대 공화국 헌정구조의 특징

기간	소분류	특징과 현상	헌정구조
제1공화국: 1948-1960 제2공화국: 1960-1961	제1공화국	의회제적 요소가 다수 가미된 대통령제로 출발; 이승만 대통령의 야심에 따른 대통령제의 '대통령중심제'적 변화; '국회의 무력화를 위한 개헌; 대통령의 집권 및 통치 지원조직으로 여당이 전락함	제헌헌법은 의회제적 요소를 다수 포함한 대통령제를 표방함 → 예) 국무위원합의제; 대통령의 국회해산권 없음; 국회의 총리 인준권 존재(국회동의 필요); 대통령 국회간선(이후 1952년 발췌개헌으로 직선제로 변화함); 국무회의 의장은 대통령이지만 국무원 합의제가 존재(국무원은 본래 의결기구였으나 이후 이승만 대통령에 의해서 의결기구로서의 성격이 약화되면서 대통령제는 대통령 중심제로 변화됨; 제3공화국에서 국무회의는 헌법상 심의기구로 격하됨)

제1공화국: 1948–1960 제2공화국: 1960–1961	제2공화국	의회제 실험의 실패; 집권당인 민주당의 분열; 비효율과 무능 노출; 민주화 열망의 좌절	의회제 시도(대통령제는 독재의 온상이며 따라서 의회제로 바꾸어야 한다는 국민적 합의가 존재했음); 5·16쿠데타로 인한 단명함(의회제에 대한 비우호적 국민적 태도의 단초가 됨)
제3공화국: 1963–1972	제3공화국	대통령의 정점으로 하는 효율지상주의적 대통령 중심제의 등장; 국회와 정당을 무시하는 행정국가적 경향의 등장; 효율이 국정운영의 우선적인 가치로 격상됨; 강력한 대통령제의 실현을 통해 국정의 안정과 행정의 효율을 강화함(집권 초기에 공화당이 지지기반이 약한 국회의 견제를 받지 않고 대통령 중심으로 국정을 처리하려는 의지의 표현임); 경제발전과 국민동원을 위한 발전국가의 정치적 토대가 구축됨	능률적인 국회운영을 위한 단원제 도입; 4년 중임의 대통령 중심제 등장(이후 3선 개헌이 이루어짐); 안정된 정국과 민주적 정부형태를 동시에 추구했으나 준권위주의적 속성을 보임; 3선 개헌 이후 권위주의로의 퇴행 경향을 보이며 유신헌법하의 제4공화국 등장의 길을 열어감
제4공화국: 1972–1979 제5공화국: 1980–1987	제4공화국	국민의 대통령 직접선출 권한이 제한된 비민주적 헌법과 국회에 대한 행정부의 철저한 주도권 및 집권여당의 안정적 지배를 위한 정치제도가 출현함;	대통령의 국민 간접선거; 국회해산권을 지닌 강력한 권위주의적 대통령 중심제의 등장; 국회는 행정부의 시녀로 전락함

제4공화국: 1972–1979 제5공화국: 1980–1987	제5공화국	국민의 기본권이 심각하게 제한됨(정부는 비민주적 성격으로 인해서 정통성 시비에 시달림); 민주화 운동이 지속적으로 전개됨; 발전국가의 정치적 퇴행성이 드러남	대통령의 국민 간접선거; 국회해산권을 지닌 강력한 권위주의적 대통령 중심제의 등장; 국회는 행정부의 시녀로 전락함
제6공화국: 1987–현재	3김시대: 1987–2002	민주화의 결과 국민직선의 대통령제 등장 및 국회의 기능강화; 3김의 정당지배 및 제왕적 총재제도와 지역주의의 문제점이 등장하면서 여소야대와 온건다당제가 출현하기도 함; 다원주의적인 포스트 발전국가의 등장과 신자유주의적 정치개혁의 요구가 등장함	국민 직접선거의 대통령제 등장 및 국회의 기능강화; 대통령 권한의 제한; 지방자치제의 실시; 대통령과 국회의 갈등 및 정당 간 교착상태의 고착화 현상 등이 나타남
	3김이후 시대: 2002–현재	분권화와 국민참여의 가속화; 소셜미디어(SNS)의 정치적 역할이 강화; 비제도권 정치의 활성화; 정당 및 이념 양극화 속에서 국회의 무기력화 현상이 나타남; 세대갈등의 등장; 3김 퇴조 이후 정당 분파정치가 심화되고 여권 내 당정갈등이 나타남; 지속적인 개헌론의 등장;	

第6공화국: 1987-2016	3김이후 시대: 2002-현재	다원주의적 포스트발전국가의 성장과 발전국가적 유산 사이의 갈등과 괴리가 심화됨; 지속적으로 정치개혁의 과제가 제기됨	

2. 연구의 방법

이 글은 제3공화국 등장 이후 전개되기 시작한 행정주도형 발전국가의 정치제도와 발전국가 등장의 이전과 이후에 나타난 기타 헌정체제 하에서의 정치제도를 비교하면서 개괄적으로 설명하기 위해 작성되었다. 이러한 목적에 따라서 행정주도형 발전국가 및 민주화 이후 등장한 다원주의적 포스트 발전국가의 다양한 정치제도에 특히 주목하고자 한다. 이를 위해서 이 글은 제3공화국의 행정주도형 발전국가와 민주화 이후 다원주의적 포스트 발전국가 및 기타 다양한 헌정구조 속에서 출현한 권력구조 및 정치제도를 설명해 나가고자 한다. 이러한 비교분석의 과정에서 과연 어떠한 권력구조와 정치제도가 발전국가의 토대가 되었으며, 이러한 토대는 이전 헌정구조의 정치제도와는 어떻게 차별화되고, 민주화 이후 다원주의적 포스트 발전국가의 그것과는 또한 어떻게 구별되는지를 검토해 보고자 한다.

이러한 목적에 따라서 이 글은 아래와 같은 정치제도의 다양한 요소들을 검토하고자 한다. 이를 통해서 이 글은 행정주도형 발전국가 및 다원주의적 포스트 발전국가에 부응하는 요소들을 추출하거나 혹은 이러한 국가의 양상에 순기능적으로 부응하지 않는 요소들을 찾아보고자 한다. 이를 위해서 이 글이 검토할 다양한 정치제도는 아래와 같이 요약될 수 있다.

1. 권력구조(대통령제와 대통령중심제로의 변용)
2. 정당체제 및 정당관련 제도(거대정당체제, 1.5정당제, 양당제, 온건다당제; 정당의 의사결정방식, 총재제도 존재여부, 공천제도, 당정관계 등)
3. 선거제도(다수제, 비례제, 혼합제(병립제와 병용제), 선거구제도(소선거구제, 중대선거구제))
4. 의회제도와 국회의 의사결정방식(단원제와 양원제, 다수주의적 의사결정방식, 협의제적 의사결정방식, 소수주의적 의사결정방식, 본회의 중심주의, 상임위원회 중심주의, 국회법 변화과정)

위에서 제시된 내용들은 권력구조, 정당체제, 선거제도, 국회운영방식 등을 적고 있는데, 이러한 다양한 정치제도의 요소들 가운데 어떠한 요소들이 제3공화국 이후 등장한 행정주도형 발전국가와 함께 정합성을 지니고 등장한 것인지를 살펴보고자 한다. 이와 관련하여 이 글은 위에서 적은 정치제도의 다양한 요소를 검토하면서 아래에 제시된 질문을 염두에 두면서 진행될 것이다.

1. 행정주도형 발전국가와 다원주의적 포스트 발전국가는 다양한 정치

제도의 요소 가운데 어떠한 요소의 결합으로 이루어지는가?

2. 이러한 행정주도형 발전국가나 다원주의적 포스트 발전국가의 토대가 된 정치제도는 궁극적으로 어떠한 가치를 지향하고 있었는가? 참여, 시민의 권리주장, 자율성, 다양성, 분권화 등 민주화의 가치와 정책결정 및 집행의 신속성, 통제, 동원, 위계성 등 효율성의 가치는 두 형태의 국가의 정치제도에 각각 어떻게 발현되었나?
3. 1987년 민주화 이후 도입된 다원주의적 포스트 발전국가의 정치제도는 그 이전 제3공화국 당시 행정주도형 발전국가의 정치제도와는 어떠한 차이를 보이는가? 이러한 포스트 발전국가의 제도는 그 자체로서 어떠한 특징을 보이며 어떠한 가치를 지향하는가? 참여, 다양성, 사회통합, 분권화 등의 각도에서 분석해 볼 때 포스트 발전국가형 정치제도 내에 부정합성을 보이는 발전국가형 정치제도의 유산은 없는가?
4. 발전국가적 요소와 포스트 발전국가적 요소는 어떻게 상호작용하며 그 결과는 어떤 적절한 새로운 정치제도의 디자인으로 귀결될 수 있을 것인가? 또한 그래야만 하는가?

우선 행정주도형 발전국가와 정치제도와의 관련성과 대한 잠정적인 결론을 미리 제시하자면 대체로 다음과 같이 정리될 수 있다. 제3공화국의 출현과 함께 등장한 행정주도형 발전국가는 행정부 수반을 정점으로 하는 효율적이고 강권적인 행정체계의 구비를 위해서 의회제보다는 대통령제를 선호하였다. 또한 행정주도형 발전국가는 집권여당의 안정적인 국회장악을 위해서 1당 중심의 지배정당체제를 선호한 것으로 보이며, 이를 위해서 여당이 불비례적인 이익을 취할 수 있는 소선거구제하의 단순다수제나 중선거구제 그리고 기형적인 비례대표제를 채택하였다. 또한 행정주도형 발전국가는 효율적인 국회운영을 위해서 본회의 중심주의보다는 행정부서의 역할에 대응하여 신속히 법안을 처리할 수 있는 상임위원회 중심주의를 선호하였다. 이와 관련하여 국회의 의사진행은 다수당의 위치를 점한 집권 여당의 의사가 관철될 수 있는 다수주의적인 방식을 채택했으며, 상임위원회 위원장은 또한 다수당인 여당이 모두 장악하는 모습을 보였다.

한편 이 글은 연구의 방법에 있어서 일차적으로 헌법, 국회법, 선거법, 정당법 등 법제도적인 측면에서 필요한 자료를 활용할 것이다. 이러한 법제도적인 접근방식은 제3공화국의 등장과 함께 출발한 발전국가와 그 이전 제1공화국과 제2공화국, 그리고 민주화 이후의 포스트 발전국가의 정치제도를 비교하는 기본적인 자료가 되기 때문이다. 이러한 법제도적인 분석을 통해서 발전국가 및 그 전후의 공화국들이 지니고 있는 권력구조와 정치제도적인 차이점을 먼저 분석하고자 한다. 이러한 법제도적인 자료와 함께 이 글은 정당체제와 국회의원 선거결과 등을 분석하기 위해서 인터넷 상에 나타난 각종 선거관련 통계자료도 활용할 것이다. 마지막으로 이와 같은 일차자료와 함께, 각 공화국별 헌정구조 및 정치제도의 특징과 관련된 논문과 저서 등 다양한 2차 문헌을 검토하면서 논의를 진행할 것이다.

II. 민주적 정치제도의 도입과 좌절 (1948–1961: 제1공화국과 제2공화국)

〈표 2〉 제1, 2 공화국 최초헌법에 나타난 대통령 및 국회관련 규정의 주요사항

헌법 제정 시기	대통령 (제2공화국의 경우 대통령 및 총리) 선출 및 임기 관련 규정	국회 관련 규정 (대통령 및 정부에 대한 견제권한 중심)	헌법상 대통령(정부) 관련조항의 등장 순서 및 대통령의 계엄·긴급조치, 국회해산 등 관련 권한(제2공화국의 경우 대통령 및 총리)	국무회의의 성격, 기타 주요기관, 헌법개정 절차
1948년 7월17일	국회 재적의원 2/3이상의 출석과 출석의원 2/3이상의 지지로 당선; 임기 4년(1차에 한하여 중임)	긴급조치 승인권; 국무총리 임명승인권; 대법원장 승인권; 대통령, 부통령, 국무총리, 국무위원, 심계원장 등에 대한 탄핵소추의결권	제3장 국회에 관한 조항이 제4장 정부에 관한 조항에 앞서서 나옴; 계엄선포권, 긴급조치권 보유; 국회해산권 없음	국무회의(국무원)는 대통령의 주요정책에 대한 의결기관임; 법원의 제청에 의해서 설치되는 헌법위원회가 위헌판결을 내림; 감사원에 관한 조항은 없으며 수입지출의 결산을 검사하는 심계원이 언급됨; 헌법개정은 대통령 혹은 국회재적의원 1/3의 발의와 국회재적의원 2/3의 찬성으로 의결됨

1960년 6월15일	대통령은 양원 합동회의에서 재적의원 2/3이상의 지지로 당선; 임기 5년(1차에 한하여 중임); 총리는 대통령이 지명 후 민의원 재적의원 과반수의 지지로 선출	양원 의결 불일치시 민의원 단독 재의결권 존재; 법률안과 예산안은 민의원에 우선 제출; 대통령 선출권 및 국무총리 임명동의권; 대통령, 헌법재판소심판관, 법관, 중앙선거위원회위원, 심계원장 등에 대한 탄핵소추결의권	제3장 국회에 관한 조항이 제4장 대통령 및 제5장 정부에 관한 조항에 앞서서 나옴; 국가원수인 대통령은 긴급조치권 (국무회의의결과 국회승인 필요), 국무회의의결에 의한 계엄선포권(의결에도 불구하고 대통령은 계엄선포 거부가능)을 지니지만 국회해산권 없음; 총리는 행정권을 지닌 국무원의 수반; 주요정책은 국무회의의 의결사안임; 긴급조치후 명령발의권(국회의 승인필요) 내각불신임안이 통과되면 민의원이 해산하거나 내각이 총 사임함	헌법재판소에 대한 별개의 독립조항 존재; 감사원에 관한 조항은 없으며 수입지출의 결산을 검사하는 심계원이 언급됨; 헌법개정안은 대통령, 민의원 또는 참의원의 재적의원 3분의 1이상 또는 민의원의원선거권자 50만인이상의 찬성으로써 발의하여 양원에서 각각 그 재적의원 3분의 2이상의 찬성으로써 의결됨

출처: 국가법령센터 '대한민국 헌법'

http://www.law.go.kr/lsInfoP.do?lsiSeq=61603&efYd=19880225#0000

각 공화국의 헌법에 나타난 주요 권력구조 관련 사항을 필자가 필요한 사항을 골라서

정리한 내용임

〈표 3〉 제1, 2공화국 시기 헌법제정·개정의 연혁과 주요내용

개정 차수	제정일	별칭	주요 내용	개정폭
제정	1948.7.17	(제헌헌법)	대통령제를 중심으로 의회제 요소 혼합	(헌법제정)
1차	1952.7.7	발췌개헌	대통령 직선제 도입	부분개정
2차	1954.11.29	사사오입 개헌	대통령 중임제한 철폐	부분개정
3차	1960.6.15	의원내각제 개헌	의회제와 양원제 도입	부분개정
4차	1960.11.29	(부칙만의 개정)	4·19혁명 관련 책임자 처벌	부분개정

출전: 오호택 2012, 24쪽과 54쪽 등 두 쪽에 나타난 도표와 국가법령정보센터의 내용을 토대로 통합하여 필요한 부분을 첨삭하고 간단한 용어수정 후 작성

〈표 4〉 제1, 2공화국의 국회의원 선거제도

공화국 및 총선별 구분		선출방식	선거제도	선거구	후보등록
제1공화국	제헌국회 총선	직선제	단순다수제	소선거구	선거인 추천제; 제3대국회 이후 사실상 개별정당이 공천제 실시
	제2대 총선				
	제3대 총선				
	제4대 총선				
제2공화국	제5대 총선	직선제	단순다수제	소선거구 (민의원)	추천제 폐지; 개별정당이 정당공천제 실시

〈표 5〉 제1, 2공화국 당시 총선 후 각 정당 의석비율

공화국	총선	정당명칭[1]; 전체 의석수; 지역구(전국구) 의석수; 전체 의석대비 해당 정당의 의석비율: % 전체 지역구 의석대비 해당 정당의 지역구 의석비율: %; 전체 전국구 의석대비 해당 정당의 전국구 의석비율: %				전체의석수; 지역구 (전국구) 의석수; 지역구 및 전국구 의석 비율
제1 공화국	제1대	무소속	대한독립 촉성국민회	한국민주당	대동청년단	200
		85	55	29	12	
		42.5%	27.5%	14.5%	6.0%	
	제2대	무소속	민주국민당	대한국민당	대한독립 촉성국민회	210
		126	24	24	14	
		60.0%	11.4%	11.4%	6.7%	
	제3대	자유당	무소속	민주국민당	대한독립 촉성국민회	203
		114	68	15	3	
		56.2%	33.5%	7.4%	1.5%	
	제4대	자유당	민주당	무소속	통일당	233
		126	79	27	1	
		54.1%	33.9%	11.6%	0.4%	
제2 공화국	제5대	민주당	무소속	사회대중당	자유당	
	참의원	31	20	1	4	58
		53.4%	34.5%	1.7%	6.9%	
	민의원	175	49	4	2	233
		75.1%	21.0%	1.7%	0.9%	

출처: 역대 국회 정당별 의석 현황(각 의회별 정당 의석 보유 최상위 4개의 정당만 기입

1 이 글의 모든 도표에서 총선 결과 나타난 의석수는 무소속을 포함하여 가장 의석이 많은 정당부터 순서대로 기입하였다. 단, 제2공화국의 경우 민의원 의석수에 따라서 정당을 순서대로 기입했고, 제4공화국의 경우 유신정우회는 가장 마지막에 적었다.

함) 대한민국 국회사이트(검색일: 2016년 2월 13일)http://www.assembly.go.kr/views/cms/assm/assembly/asshistory/asshistory0103.jsp

1. 제1공화국의 정치제도

제1공화국은 1946년 미군정에 의해 만들어진 남조선과도정부입법의원에서 토대를 마련한 선거법을 통해서 1948년 5월 10일 남한만을 대상으로 총선거가 실시하고, 6월에 국회가 개원한데 이어, 7월에 대통령제 헌법을 제정한 이후, 마침내 같은 해 8월 15일 정부수립이 선언되면서 등장하게 된다(박찬표 1996; 서희경 2012). 제헌국회가 6월에 개원한 이후 다양한 형태로 헌법의 초안이 등장하였으나, 이승만의 강력한 의지로 인해서 대통령을 행정부의 수반 및 국가원수로 설정한 대통령제 헌법이 최종적으로 채택되었다. 이로 인해 향후 자유당이 다수당으로 등장하면서 이승만 1인을 정점으로 하는 권위주의체제 확립의 단초가 마련되기에 이르렀다.

원래 의회제를 염두에 둔 유진오 헌법안이 제헌국회의 의장이자 남한 내에서 가장 강력한 정치적 영향력을 행사하였던 이승만의 대통령제 주장을 극복하지 못하고 대통령제 헌법으로 변형되기는 하였으나, 대통령과 국무총리 및 국무위원이 합의제로 운영하는 국무원을 두었던 제헌헌법의 취지는 이러한 국무원을 단순한 심의기관이 아닌 의결기관으로 만듦으로써 대통령의 권한을 견제하고자 하는 데에 있었다. 그러나 이후 이승만 대통령은 한국전쟁 기간이었던 1952년에 국회에서 선출되었던 대통령 선거방식을 국민 직선제로 변화시키고, 이어서 1956년 사사오입개헌을 통해서 대통령의 임기를 연장함으로써 사실상 종신집권의 길로 접어들었다. 이후 한국정치에 있어서 대통령제는 권위주의적인 지배체제와 가장 선택적 친화성이 큰 권력구조로 자리매김하게 되었다.

이승만 대통령을 정점으로 하여 출발한 제1공화국의 대통령제는 이승만 대통령의 집권초기부터 권위주의적 행보를 걷기 시작한 것은 아니었다. 1948년 5·10선거 이후 등장한 제헌국회는 소선거구와 단순다수제 하에서 비례대표제도의 도입 없이 치러진 선거의 결과로 전체 200명의 국회의원 가운데 약 42.5%에 해당하는 85명을 무소속의원으로 등원시켜 국회를 주도적으로 이끌어갈 다수당을 만들어 내지 못했다. 제1당으로 등장한 대한독립촉성국민회가 55명을 보유하여 전체의석의 27.5%를 차지하였고, 한국민주당이 29명을 보유하여 14.5%의 의석을 차지하였으나, 어느 정당도 원내 과반수를 얻지 못한 상황에서 국회의 정치과정은 무소속의원들의 정책적 성향에 따라서 합종연횡이 진행되면서 운영될 수밖에 없었다.

이와 같이 안정 다수세력이 없는 매우 유동적인 국회의 구성 하에서 이승만 대통령은 자신의 안정적 국정운영을 위한 지지세력을 보유할 수 없었으며, 따라서 1950년대 초반까지만 해도 이승만은 국회의 출석요구에 응하여 국회 의정단상에 빈번히 올라서서 답변에 임하는 등 국회를 존중하는 태도를 보였다(백영철 1991). 또한 새로 제정된 국회법에 따라서 상임위원회제도를 둔 제헌국회와 이후의 제2대 국회는 상임위원회 심의과정에서 정부의 법률안을 거부하거나 수정하는 경우가 많아서, 건국초기 국회의 기능은 상당히 강한 것으로 평가되었다.

건국 이후 애국적 열정이 아직 식지 않은 상황에서 제헌국회는 한국 정치의 제도적 초석을 닦기 위해서 헌법, 정부조직법, 국회법 등을 제정하였으며, 소수의 의원이 참석하는 상임위원회보다는 의원 전원이 참석할 수 있는 본회의 독회제도를 중심으로 진행되었다. 이러한 제헌국회의 모습은 제3공화국 등장 이후 진행된 상임위원회 중심의 국회 의사진행과는 현저히 다른 양상이었다고 할 수 있다. 5·10총선에 이어서 1950년 5월 30일에 실시된 제2대 총선에서도 무소속 의원이 126명에 달하는 상황에서 이승만 대통령은 자신의 안정적인 원내 지지기반을 마련하지 못하여 의회에 대한 절대적인 통제력을 장악할 수 없었다. 그러나 이러한 상황에 변화가 오기 시작한 것은 1954년 제3대 총선을 통해서 이승만 대통령을 지지하는 자유당이 114석으로 전체의석의 56.2%를 차지하는 안정 다수의석을 확보하면서부터였다. 이후 이승만 대통령은 자유당을 사실상 국회 통제를 위한 수단으로 활용하면서 한국의 대통령제를 매우 권위주의적인 '대통령중심제'로 변모시키기에 이르렀다.

한편 비례대표제도 없이 소선거구 단순다수제 아래서 선출된 국회의원을 중심으로 운영된 제1공화국의 국회는 1950년대 초반까지는 특정한 몇 개의 주요정당 간의 대결이나 갈등양상을 보이지는 않았다. 이는 기본적으로 제헌국회와 제2대 국회의 경우 원내에 무소속 의원이 절대적으로 많았다는 사실에 기인하는 것이다. 이후 제3대 국회에서는 자유당이 사실상의 견제세력 없이 제1당이자 다수당으로 군림하는 현상을 보였다. 그러다가 1958년 제4대 총선에서 민주당이 79석의 의석으로 전체의석의 33.9%를 차지하면서 126석이라는 압도적인 의석을 차지한 자유당에 대해서 비로소 소극적인 견제세력으로 등장하기 전까지는 무소속 의원들이 다수 의석 혹은 상당한 의석을 차지하고 있었다.

이와 같이 국회 내에서 정당의 의석분포는 제4대 국회에 이르러서야 비로소 주요 양대 정당이 갈등하는 양상을 보였을 뿐이며, 제1공화국 초기의 국회 내 정당구도는 매우 유동적인 의석분포를 보였던 것이 사실이다. 따라서 정당체제의 각도에서 제1공화국은 양당제나 다당제 등의 특정한 양식을 보였다고 할 수는 없으며, 제3공화국 등장 이후의 국회가 공화당을 중심으로 한 일당중심의 지배정당체제 혹은 공화당 우위의 양당체제를 보인 것과는 상당한 대조를 이루고 있었다. 이와 함께 국회운영의 주요한 양식은 제3공화국에서 선을 보이게 되는 효율위주의 상임위원회 중심주의가 아니라 본회의의 독회제도를 중심으로 전개되었다. 이러한 본회의 독회제도 중심의 의사진행 방식이 반드시 본회의 중심주의를 의미하는 것은 아니지만,[2] 제1공화국은 건국 이후 정치, 경제 및 사회 각 분야의 제도적 토대를 만들기 위한 법제정 과정에서 국회의원들이 비교적 적극적으로 국회운영에 참여하여 안건을 심의한 국회로 그 특징을 파악할 수 있다.

한편 제1공화국은 국회의원 후보공천에 있어서 이후 한국정치사에 지속적으로 유지되는 제도적 단초를 마련하게 되는데, 이는 제3대 총선부터 개별정당이 공천제를 통해서 국회의원 후보를 선출하게 되었다는 사실을 지칭하는 것이다. 제헌국회 당시 선거인 추천제를 통해서 국회의

2 제1공화국이 본회의 독회제도를 중심으로 운영되고 있었지만 이를 본회의 중심주의로 볼 수는 없다는 논지에 대해서는 박경미 2018을 참조하기 바란다.

원 출마자격을 부여하던 비교적 개방적인 시스템에서 벗어나, 제3공화국 이후부터 이승만 대통령은 자신에게 충성하는 후보들을 선발하고 이들의 당선을 도와 국회의 의사운영에 영향력을 행사할 목적으로 정당공천제를 도입하기에 이른다. 즉 그 도입에 있어서 정당공천제도는 다분히 최고권력자의 정권유지 및 국회와 정당에 대한 통제에 그 목적이 있었던 것으로 보인다.

이와 같은 정치제도적 양상을 특징으로 한 제1공화국 시기는 1950년대 후반에 이르러 이승만 대통령의 장기집권 야욕으로 인해서 한국의 대통령제가 권위주의적 체제로 흐를 수 있는 위험성을 보여주는 기간이었다. 먼저 이승만 대통령은 자신의 정치적 권위와 자유당에 대한 장악력을 통해서 헌법을 개정하여 자신의 집권기간을 연장시키면서 이에 반대하는 세력을 정치적으로 탄압하는 선례를 남겼다. 즉 이승만 대통령은 자유당을 권위주의적 통치의 도구로 삼아 국회를 무력화하는 대통령제의 악습을 한국정치사에서 최초로 소개한 불명예를 안게 되었다. 그러나 이러한 통치방식은 대학생과 지식인, 언론계의 반발 직면하게 되었고 마침내 1960년 4·19혁명이라는 국민적 저항 앞에서 좌절하고 만다.

2. 제2공화국의 정치제도

제2공화국은 1960년 4·19혁명 이후 허정 과도정부를 거쳐서 의회제를 중심으로 한 새로운 헌법이 제정되면서 같은 해에 장면내각을 중심으로 새롭게 출범한 정부이다. 제2공화국은 출범 이듬해인 1961년 박정희장군이 주도한 군사쿠데타에 의해서 사라지면서 한국정치사에서 매우 단명한 시기를 보낸 민주정부로 기록되고 있다.

제2공화국 헌법은 이승만의 권위주의적 통치의 제도적 원인을 대통령제에서 발견하고, 이러한 반성을 토대로 해서 양원제의 의회제를 구현함으로써 국민의 기본적 권리를 보호하고 대통령에 의한 독재를 사전에 예방하려는 취지에서 제정되었다. 그러나 제2공화국은 반독재를 내건 민주적 정부로 출범하기는 했으나, 5·16쿠데타에 의해서 곧 그 생을 마감함으로써 한국정치사에서는 주목할 만한 변화를 만들어 내지는 못했다. 그리고 이 글이 다루고자 하는 제3공화국 이후 발전국가와의 연관성도 거의 없는 정부였다고 할 수 있다. 그럼에도 불구하고 제2공화국은 다음과 같은 정치제도적 특징을 보여주었기 때문에 별도의 논의가 필요하다.

제2공화국은 한국정치사에서 현재까지는 처음이자 마지막으로 양원제 국회를 구비하고 실행한 의회제를 도입하여 행정부와 국회가 융합되는 정부형태를 만들어냄으로써 내각중심의 책임정치를 구현하고자 하였다. 그러나 민주당 구파와 신파의 갈등 속에서 정치적 혼란이 지속되고, 4·19혁명 이후 정치적, 사회적 혼란을 극복하지 못하였으며, 또한 국민경제의 여건을 향상시키지도 못하면서 결국 5·16쿠데타에 의해서 막을 내리는 비운을 맞이하게 되었다.

제2공화국의 의회제는 하원에 해당하는 민의원과 상원에 해당하는 참의원을 두어 양원제의 의회제도를 운영하였는데, 헌법상 참의원은 특별시와 도를 선거구로 하고 참의원의 의원정수는 민의원 의원정수의 1/4

를 넘지 못하도록 규정되었다. 한편 소선거구 단순다수제에 의해서 233명을 정원으로 선발된 민의원 의원의 임기는 4년이었으며, 시도 단위로 58명이 선발되는 참의원 의원의 임기는 6년으로서 3년마다 1/2을 개선(改選)하게 되어 있었다. 한편 제2공화국 당시의 양원제는 양원의 의견이 일치하지 않을 경우 민의원이 재의(再議)하도록 하였는데, 양원에서 의결된 사항 가운데 민의원이 재적과반수의 출석과 2/3의 찬성으로 의결된 것을 국회의 의결로 하고 있어서 민의원 우월주의를 구현하고 있었다고 볼 수 있다.

제2공화국의 의회제는 행정부 수반으로서 국무총리를 두고 상징적인 국가원수로서 대통령을 따로 두었는데 실질적인 정부운영은 총리가 담당하였으며, 대통령은 국가원수로서의 역할을 수행하며 양원합동회의에서 국회의원에 의한 간접 선출되었다. 제2공화국 내각의 총리는 민주당 신파의 장면의원, 그리고 대통령은 민주당 구파의 윤보선이 당선되었는데, 총리와 대통령을 둘러싼 민주당 신파와 구파와의 갈등과 정쟁은 제2공화국의 국정운영능력을 제한하는 요소로서 작용하였다.

헌법상 대통령은 정당소속이 금지되어 있었으며 5년 임기에 1차에 한해 중임할 수 있었다. 대통령은 긴급재정처분권, 조약비준, 선전포고, 국군통수권, 계엄선포권 등 국가원수로서의 권한을 보유하고 있었으나, 이러한 권한의 행사는 총리가 이끄는 국무회의의 의결을 거쳐서만 가능한 것이었다. 즉 실질적인 행정권은 국무총리와 국무위원으로 구성된 국무원에 있었으며, 국무원은 민의원에 대해서 연대책임을 지게 되어 있었다. 한편 국무총리는 대통령이 지명한 후 민의원의 동의를 얻어서 임명되는데, 대통령이 총선 후 5일 이내에 국무총리를 지명하지 않거나 2

차에 걸쳐서 민의원이 대통령의 총리지명에 동의하지 않으면 민의원이 직접 총리를 선출하게 되어 있었다. 제1공화국 시기와 마찬가지로 제2공화국 역시 국회 본회의의 독회제도를 중심으로 국회를 운영하고 있었으며, 따라서 정책결정의 효율성보다는 다수의 의원이 참여하는 심도 있는 논의과정을 보다 중요했다고 판단된다.

이승만 정부 하의 왜곡된 권위주의적 대통령제에 의해 파괴된 민주주의를 바로잡고자 했던 제2공화국의 의회제 정부는 민주당내 정파 간 분열과 국정운영의 혼란 등으로 인해서 국민의 신망을 획득하기는 많은 어려움이 있었다. 역사적 가정은 무모한 것이지만 제2공화국 의회제에 대해서 이 제도가 안정된 정치적 궤도에 오를 수 있도록 좀 더 시간과 기회가 주어졌더라면 한국정치사에 어떠한 변화가 나타났을까 하는 흥미 있는 질문도 제기될 수는 있을 것으로 보인다. 그러나 실제 역사적으로 전개된 현실은 군부 쿠데타에 의해 헌정중단이었다. 1961년 5·16쿠데타 이후 한국의 국정운영은 심의보다는 효율성, 민주적 참여보다는 신속한 정책결정을 표방하는 발전국가의 경로를 밟기 시작하였다.

III. 발전국가의 토대를 위한 정치제도의 선택 (1963–1972: 제3공화국)

1963년 12월 17일 박정희 대통령이 제5대 대통령이자 제3공화국의 첫 번째 대통령으로 취임하면서 제3공화국이 정식으로 출범하였다. 이승만 대통령의 제1공화국과 장면 총리체제로 단명한 제2공화국과 단절하면서 등장한 제3공화국은 이후 1972년 10월 유신에 의해서 대통령 직선제가 전면 중단될 때까지 대통령 중심의 권력구조를 통해서 경제발전과 국가안보에 필요한 정치제도의 초석을 닦은 정부로 평가된다. 이러한 과정에서 제3공화국은 국민의 대통령 직접선거를 헌법적으로 차단하고 국민의 기본적인 권리를 제한하며 국회를 행정부의 시녀로 전락시킨 제4공화국이나 제5공화국이 보여준 권위주의적 체제와는 분명히 구별되는 모습을 보였다. 그러나 제3공화국이 여당에 대한 대통령의 철저한 통제, 안정적 정책추진을 위해 행정부가 필요로 하는 국회제도와 선거제도의 도입 등을 특징으로 하는 준권위주의적인 모습을 보인 것도 사실이었다.

총체적으로 보면 행정부 중심의 신속한 정책결정과 정부주도의 압축성장형 경제발전을 위해서 등장한 '발전국가'의 운영과 유지를 위한 권력구조 및 정치제도가 만들어진 시기가 바로 제3공화국 기간이라고 할 수 있다. 또한 본격적인 의미에서 행정부와 행정부의 수반인 대통령이 여당에 대한 안정적 지배를 통해서 입법부인 국회를 압도한 행정부 우위의 체계적인 통치체제가 완성된 것도 제3공화국의 등장을 시작으로 한다고 할 수 있다. 이런 의미에서 제3공화국의 권력구조와 이러한 권력구조에서 파생된 의회제도, 선거제도 등 다양한 정치제도를 검토하는 것은 행정주도형 발전국가의 정치적 토대를 파악하기 위해서 필요한 작업이라고 할 수 있다.

1. 대통령제 권력구조

의회제를 표방한 제2공화국 헌법이 제1공화국 당시 이승만 대통령을 정점으로 권력이 극단적으로 집중된 대통령제의 폐단을 극복하기 위해서 총리와 내각중심의 권력구조를 채택한 것과 마찬가지로, 제3공화국은 제2공화국이 드러낸 무능과 비효율을 비판하면서 강력한 대통령을 행정부의 정점으로 하는 새로운 권력구조를 창출하였다. 그리고 이렇게 창출된 대통령 중심의 새로운 권력구조는 과거 제1공화국 당시의 대통령제와는 또 다른 면모를 지니고 있었다. 그 핵심에 있어서 제3공화국의 대통령제는 제1공화국이 제헌헌법을 통해 표방한 국무원과 국무회의의 대통령 견제기능을 제거하며 대통령을 정점으로 위계적인 행정부의 정책결정을 가능하게 하였다. 그리고 발전국가의 등장과 함께 새로 개원한 제6대 국회 역시 이러한 대통령과 행정부의 결정을 신속하게 통과시키는 방향으로 변모되었다.

〈표 6〉 제3공화국 최초헌법에 나타난 대통령 및 국회관련 규정이 주요사항

헌법 제정 시기	대통령 선출 및 임기 관련 규정	국회 관련 규정 (대통령 및 정부에 대한 견제권한 중심)	헌법상 대통령(정부) 관련조항의 등장 순서 및 대통령의 계엄·긴급조치, 국회해산 등과 관련된 권한	국무회의 성격, 기타 주요기관, 헌법개정 절차
1963년 12월17일	국민 직선; 임기 4년(1차에 한하여 중임)	국회의원 정당공천제; 당적변경, 이탈시 국회의원직 상실; 감사원장, 대법원장 임명동의권(국무총리 임명동의권 없음); 국무총리, 국무위원 해임건의권; 탄핵소추 발의권; 대통령 긴급조치에 대한 해제요구권; 계엄해제요구권	제3징 통치기구에서 제1절 국회에 관한 조항이 제2절 정부에 관한 조항에 앞서서 나옴; 국민투표부의권, 계엄선포권. 긴급조치권 보유; 국회해산권 없음	국무회의는 심의기관임; 감사원 존재; 헌법재판소(헌법위원회) 없음(위헌심사는 대법원에서 수행); 탄핵심판위원회 존재(대법관과 국회의원으로 구성됨); 국회재적의원 1/3 이상 혹은 국회의 원선거권자 50만 명 이상의 찬성으로 헌법개정발의

출처: 국가법령센터 '대한민국 헌법'

http://www.law.go.kr/lsInfoP.do?lsiSeq=61603&efYd=19880225#0000
각 공화국의 헌법에 나타난 주요 권력구조 관련 사항을 필자가 필요한 사항을 골라서 정리한 내용임

〈표 7〉 제3공화국 시기 헌법제정·개정의 연혁과 주요내용

개정 차수	제정일	별칭	주요 내용	개정 폭
5차	1963.12.17	(제3공화국 헌법)	5·16쿠데타 이후 대통령제 재도입	전면 개정
6차	1969.10.21	3선 개헌	대통령 3선 연임 허용	부분 개정

출전: 오호택 2012, 24쪽과 54쪽 등 두 쪽에 나타난 도표와 국가법령정보센터의 내용을 토대로 통합하여 필요한 부분을 첨삭하고 간단한 용어수정 후 작성

박정희 대통령의 통치체제를 출범시킨 제3공화국은 권력구조의 측면에서 강력한 대통령제를 특징으로 하고 있다고 볼 수 있다. 이는 국회 내에 권력기반이 없었던 쿠데타 주도세력으로서는 합리적인 선택이었다고 보인다(이상묵 2008). 우선 제3공화국은 제2공화국 당시의 권력구조인 의회제가 표방한 의회우월주의를 폐기하고 대통령의 권한을 확대함과 동시에 국무회의에 대한 대통령의 직접적인 통제권한을 강화했다는 특징을 보이고 있다.

우선 제3공화국은 국무회의를 심의기구로 격하시켜 최종적인 의결권한을 박탈함으로써 대통령이 행정부의 최고정책결정자로서 국정을 일사분란하게 총괄할 수 있는 토대를 마련하였다. 이와 아울러 국무총리에 대한 국회의 임명동의권을 없앰으로써 대통령의 명령과 행정부의 국정운영에 간섭할 수 있는 국회의 권한을 원천적으로 차단하였다. 국회 재적의원 다수의 의사로 해임을 건의할 수 있는 조항도 두었으나, 이는

여당이 국회의 다수의석을 보유하고 경우는 별로 효력을 발휘할 수 없는 것이었으며 강제적인 규정은 아니었다. 또한 제1공화국 당시의 부통령제를 폐지하고 권력을 대통령 1인에게 집중시킴과 동시에, 대통령 자문기구로서 국가안전보장회의를 대통령 직속기관으로 설치함으로써 대통령이 국가안보정책의 핵심적 역할을 수행할 수 있게 하였다. 이러한 헌법적 장치는 궁극적으로 대통령이 안보지향형 발전국가를 총괄하는 수장으로서의 강력한 지도력을 발휘할 수 있게 만들었다.

이와 같이 대통령의 권한이 대폭 증가한 것과는 대조적으로 국회의 상대적 위상은 하락하였다. 즉 제3공화국의 출범과 함께 국회는 서서히 권한이 약화되면서 1972년 이후 권위주의 체제 하에서 행정부의 국정을 지원하는 '통법부'(通法府)의 위치로 전락하는 경로를 밟기 시작했다. 이와 같은 국회의 변화는 행정주도형 발전국가와 위계적 규율을 강조하는 대통령주도형 행정부의 상대적 위상 강화 및 여당인 민주공화당의 대통령 친위부대화 현상과 궤적을 같이 하는 것이었다. 이는 곧 우리 국회가 실질적인 법안심사 기능이나 국민대표 기능이 매우 위축되는 경로로 들어서기 시작했음을 의미하는 것이었다.

전반적으로 제3공화국 대통령제의 제도적 장치와 운영은 이후 제4공화국과 제5공화국에서 더욱 권위적인 형태로 나타나는 행정주도형 발전국가와 이를 뒷받침하기 위한 근대적 행정우월주의의 이념을 구현하기 위한 것이었다. 이를 위해서 최종적으로 대통령과 대통령의 핵심 측근세력에게 권력이 집중되는 방식으로 국가체제를 구성하였다. 그리고 이것이 가능했던 것은 이에 대해서 효과적으로 저항할 수 있는 기업계, 노동계, 시민운동 세력이 당시에는 매우 취약했기 때문이었다(이완범 2000; 지주형 2009, 195).

2. 선거제도와 정당체제

〈표 8〉 제3공화국의 국회의원 선거제도

총선	선출방식	선거제도	선거구	후보등록
제6대 총선	직선제와 전국단위 비례대표제	혼합형 (병립제)	지역구: 소선거구제; 전국구: 비례대표제	정당법 개정에 따른 정당공천제 및 무소속 출마 금지
제7대 총선				
제8대 총선				

〈표 9〉 제3공화국 당시 총선 후 각 정당 의석비율

총선	정당명칭; 정당 의석수; 지역구(전국구) 의석수; 전체 의석대비 해당 정당의 의석비율: %; 전체 지역구 의석대비 해당 정당의 지역구 의석비율: %; 전체 전국구 의석대비 해당 정당의 전국구 의석비율: %				전체의석수; 지역구 (전국구) 의석수; 지역구 및 전국구 의석 비율: %
제6대	민주공화당	민정당	민주당	자유민주당	
	110	41	13	9	175
	88(22)	27(14)	8(5)	6(3)	131(44)
	62.9%	23.4%	7.4%	5.1%	
	67.2%	20.6%	6.1%	4.6%	지역구: 75%
	50.0%	31.8%	11.4%	6.8%	전국구: 25%

<table>
<tr><td rowspan="6">제7대</td><td>민주공화당</td><td>신민당</td><td>대중당</td><td></td><td></td></tr>
<tr><td>129</td><td>45</td><td>1</td><td></td><td>175</td></tr>
<tr><td>102(27)</td><td>28(17)</td><td>1</td><td></td><td rowspan="2">131(44)</td></tr>
<tr><td>73.7%</td><td>25.7%</td><td>0.6%</td><td></td></tr>
<tr><td>77.9%</td><td>21.4%</td><td>0.8%</td><td></td><td>지역구: 75%</td></tr>
<tr><td>61.4%</td><td>38.6%</td><td></td><td></td><td>전국구: 25%</td></tr>
<tr><td rowspan="6">제8대</td><td>민주공화당</td><td>신민당</td><td>국민당</td><td>민중당</td><td></td></tr>
<tr><td>113</td><td>89</td><td>1</td><td>1</td><td>204</td></tr>
<tr><td>86(27)</td><td>65(24)</td><td>1</td><td>1</td><td rowspan="2">153(51)</td></tr>
<tr><td>55.4%</td><td>43.6%</td><td>0.5%</td><td>0.5%</td></tr>
<tr><td>56.2%</td><td>42.5%</td><td>0.7%</td><td>0.7%</td><td>지역구: 75%</td></tr>
<tr><td>52.9%</td><td>47.1%</td><td></td><td></td><td>전국구: 25%</td></tr>
</table>

출처: 역대 국회 정당별 의석 현황

* 각 의회별 정당 의석 보유 최상위 4개의 정당만 기입함.

출처: 대한민국 국회사이트(검색일: 2016년 2월 13일)

http://www.assembly.go.kr/views/cms/assm/assembly/asshistory/asshistory0103.jsp

제3공화국 등장 이후 나타난 선거제도는 기능적인 측면에서 볼 때 위에서 언급한 행정국가 주도형 경제발전과 고속성장을 목표로 등장한 발전국가의 정책을 국회를 통해서 일관성 있게 뒷받침하기 위해 고안되었다고 볼 수 있다. 박정희 대통령을 중심으로 한 행정부의 경제개발 추진 등 주요한 정책을 국회가 뒷받침할 수 있도록 여당인 민주공화당이 안정 다수의석을 확보해야 한다는 요구가 선거제도의 변화과정과 공천제도의 변화 등에 드러나게 되었다.

우선 제3공화국 출범 이후 1963년 11월 26일 처음 실시된 총선인 제6대 총선은 지역구의 경우 단순다수형 소선거구제를 채택하고 여기에 전국단위의 비례대표제를 혼합한 병립형 선거제도로 치러졌다. 주목할 만한 사실은 1948년 대한민국 정부수립 이후 선거 및 정당정치에서 최초로 비례대표제도가 채택되어, 이후 한국의 선거제도가 혼합형 선거제도로 유지될 수 있는 토대를 마련되었다는 점이다.

그런데 주목해야 하는 점은 이러한 혼합형 선거제도가 어디까지나 집권당인 공화당이 지속적으로 안정적인 다수의석을 확보할 수 있도록 의도적으로 고안되었다는 점이었다(이상묵 2006, 176–177). 즉 131개의 지역구 의석은 단순다수제를 통해서 1인의 의원을 선발하도록 하였지만, 전국단위로 각 정당의 득표율을 고려하여 선발되는 44명의 비례대표의원의 의석배분은 소선거구 투표결과를 합산한 정당별 전국 총득표수를 토대로 가장 많이 득표한 정당에 대해서 무조건 50%의 의석을 배분하는 제도가 고안된 것이다. 이어서 제2당은 나머지 50%의 비례대표 의석 가운데 2/3의 의석을 배분받고, 이후 나머지 의석을 놓고 기타 군소정당이 득표율에 비례하여 의석을 배분받게 되는 방식이 채택되었다. 그 결과 박정희 대통령이 총재로 있었던 민주공화당은 1963년 제6대 총선에서 전체 175석 가운데(지역구 131석, 전국구 44석) 지역구에서 88석을, 그리고 전국구 비례대표 의석에서 절반인 22석을 차지하여 전체 110석이라는 압도적인 의석을 차지할 수 있었다.[3]

이와 같은 선거제도의 변화를 통해서 민주공화당은 소선거구제도가

3 그러나 제3공화국 말기인 1971년 제8대 총선 결과 야당인 신민당이 지역구에서 65석의 의석을 획득하여 지역구 의석의 42.5%를 차지함으로써 민주공화당의 지역구 의석수인 86석(56.2%)을 상당히 추격하자, 민주공화당은 유신헌법으로의 개정 이후 제4공화국에 들어서서 중선거구제로 선거법을 개정하기에 이른다.

원천적으로 지니고 있는 투표수와 의석수 간의 불비례성의 효과를 극대화함과 동시에 전국구 비례대표제도를 통해서 안정적인 다수의석 확보를 도모하고자 하였다. 이를 통해서 박정희 정부는 여당인 민주공화당이 제1당으로서 상당한 의석상의 혜택을 누리는 양당제도를 통해서 안정적인 집권을 유지하면서 사실상 장기집권을 노리게 되었다(강원택 2015). 이러한 선거제도를 통해서 민주공화당은 사실상 한국정치사에서 최초로 엘리트 중심의 정당에서 벗어나 체계적으로 전국적인 조직을 구비한 정당으로 등장했으며, 일당 지배성향의 경향을 강하게 보이는 동원정당체제를 구축하였다. 이를 통해서 민주공화당은 강력한 리더십을 지닌 대통령을 정점으로 하는 국가주의적 정당(nationalist party)을 창출하여 정당국가(party state)적 면모를 보이기도 했다.[4]

3. 정당공천제도의 도입

국회의원 선거에 출마하기 위한 후보자에 대한 공천제도는 제헌국회 국회의원 선거로부터 제3공화국 출범 이후 제6대 국회의원 선거 이전 정당법이 개정될 때까지는 공식적으로 정당추천를 필요로 하지 않았다. 다시 말해서 정당의 추천이 없이도 국회의원으로 총선에 출마할 수 있

4 국가주의적 정당(nationalist party)에 대해서는 각각 Gunther and Diamond 2003을 참조하기 바람.

었던 것이다. 1948년 5월 10일 제헌국회 총선거와 이후 1950년 5월 30일 실시된 제2대 총선까지를 보면, 당시의 선거법은 지역구 유권자의 추천장에 따른 공천제도를 실시하고 있었다(김현우 2010, 787-788). 예컨대 1948년 제헌국회 총선거의 경우 각 정당은 지역구별로 유권자 200인 이상의 추천을 받아야 입후보할 수 있다는 규정에 따라서, 이러한 요건에 부합하는 인물들 가운데 적합한 인물을 선정하여 정당지도부가 총선후보로 공천하였다.

마찬가지로 1950년 한국전쟁 직전에 치러진 제2대 총선 역시 선거 전에 선거법이 일부 개정되어 지역구 유권자 100인에서 200인 사이의 추천이 있으면 후보로 출마할 수 있었으며, 각 정당 지도부는 제헌국회 총선과 마찬가지로 이러한 자격을 충족시킨 인물 가운데 후보자를 공천하였다. 따라서 공식적으로 국회의원 후보자격은 정당의 공천이 없어도 가능한 것이었으며, 그 결과 제헌국회와 제2대 국회의 경우는 무소속 국회의원이 각각 85명과 126명에 이르기도 하였다. 제헌국회의 경우 무소속 국회의원이 85명으로 제1당인 대한독립촉성국민회 소속 55명보다도 훨씬 많았으며, 제2대 국회의원 선거 이후 126명에 이르는 무소속 의원숫자는 공동 제1당인 민주국민당과 대한국민당 소속 의원 숫자인 24명을 훨씬 앞지르는 것이었다(〈표 5〉 참조).

이와 같은 지역구 유권자 추천장에 의한 공천제도는 공식적으로는 제1공화국 내내 지속적으로 유지되었다. 그러나 1954년 5월 20일 실시된 제3대 총선 이후에는 각 정당이 정당공천제를 도입하기 시작하면서 이러한 유권자 추천제도는 사실상 유명무실해졌다. 그리고 1960년 4·19 혁명 이후 등장한 제2공화국에서는 사실상 지역구 유권자에 의한 추천제도는 사라지게 되었다. 이 시기에 즈음해서는 사실상 정당공천이 본격화되었음을 의미하는 것인데, 여전히 법률적으로는 정당공천이 없이도 누구나 국회의원 선거에 출마할 수 있었다. 이러한 사실을 반영하듯이 제1공화국 당시인 제3대와 제4대 총선에서 여전히 무소속 의원의 당선 비율이—이전보다 줄어들기는 했지만—약 34%와 12% 정도로 나타났으며, 지역구 추천제가 사라진 제2공화국 등장 이후 제2대 민의원 선거에서도 약 35% 정도가 무소속의원이었다.

이와 같이 실제 총선에서는 사실상 정당중심의 공천제도가 활용되고 있었으나 공식적으로 법률적인 정당공천을 강행하는 규정은 없었다. 그러나 이러한 상황은 제3공화국이 등장하면서 헌법과 정당법의 규정에 의해서 명실상부한 정당공천제도가 강제적으로 실행되기에 이르렀다. 즉 법률적으로 무소속 후보의 출마를 금지하고 정당이 추천한 후보만이 선거에 참여할 수 있는 정당공천제도가 도입된 것이다. 더 나아가 정당정치를 강화한다는 취지에서 당적이탈이나 당적변경의 경우 총선에 아예 출마하지 못하게 하는 등 정당공천제가 매우 강화된 형태로 실행되기에 이르렀다. 이와 관련하여 1963년 제5차 개헌 결과 등장한 헌법은 제36조 3항에서 "국회의원 후보가 되려하는 자는 소속정당의 추천을 받아야 한다."라고 규정하였으며, 또한 제38조에서 "국회의원은 임기중 당적을 이탈하거나 변경한 때 또는 소속정당이 해산된 때에는 그 자격이 상실된다. 다만, 합당 또는 제명으로 소속이 달라지는 경우에는 예외로 한다."라고 규정하였다. 즉 제3공화국에 이르러 의원의 당적이탈 및 변경은 자동적으로 의원의 자격상실로 이어져, 정당정치를 강화하려는 제도적 흐름이 나타났다(〈표 6〉과 〈표 8〉 참조).

제1공화국 당시 치러진 제3대 총선 이후 정당공천이 본격적으로 선을 보이기 시작하여 제2공화국을 거쳐서 박정희 대통령이 등장한 제3공화국의 첫 총선인 제6대 총선부터 정당공천제가 법률로서 강제됨으로써, 분명 한국의 정당정치가 엘리트 충원의 수준에서는 제도적으로 강화된 측면이 있다. 그러나 제3공화국의 등장과 함께 나타난 이러한 조치는 정당의 공천권 확립을 통해서 여당 총재인 박정희 대통령의 민주공화당에 대한 장악력을 강화하고자 하는 목적을 지니고 있었다. 이와 동시에 정당을 통해서만 국회의원 후보가 될 수 있게 함으로써 다수정당의 난립을 방지하면서 여당인 민주공화당이 안정적으로 집권할 수 있는 길을 열어주는 방법으로 실행되었다고 볼 수 있다(김용호 1990(강원택 2015, 16에서 재인용)).[5]

제3공화국의 제6대 총선에서 법률적으로 최초로 도입된 이후 이러한 정당공천제는 유신헌법에 의해서 등장한 제4공화국 첫 총선인 제9대 총선 이후 다시 무소속 출마를 허용하게 됨에 따라 법률적 강제성을 잃어버리게 되었다. 이와 함께 국회의원이 당적을 변경하거나 이탈할 경우에도 국회의원의 자격을 유지할 수 있게 되어, 향후 정당의 이합집산이 가능하게 되는 길을 열어주는 효과도 가져왔다. 이후 이러한 새로운 규

5 정당설립의 요건을 강화하면서 최초로 제정된 정당법과 관련하여 김용호는 "이러한 정당법을 도입한 이유는 정당의 이합집산을 막아서, 결국 군정 이후의 정치를 효과적으로 규제하려는 의도에서 나왔다. 정당의 수가 적을수록 정치적 혼란을 막기가 쉽고, 관제여당이 정치적 패권을 확보하기가 용이할 것으로 판단하였다"고 적고 있다(김용호 1990, 74(강원택 2015, 16에서 재인용)). 이러한 김용호의 주장과 이에 동의하는 강원택의 주장은 야당의 분열을 촉진하기 위해서 정당추천제를 두었다는 이상묵 2006의 주장과는 배치된다(이상묵 2006, 180). 이와 관련하여 추후에 좀 더 면밀한 분석이 필요할 것으로 보인다.

정은 제5공화국을 거쳐 오늘날까지도 유효한 채로 남아있어서 정당의 이합집산에 따른 빈번한 정개개편을 유도하고 있는 현실적 근거가 되었다.

4. 효율중심의 국회운영

제1공화국 등장 이후 제헌국회부터 제4대 국회까지 국회운영의 중심은 논란의 여지는 있으나 독회를 중심으로 한 본회의였다.[6] 국회 본회의는 다수의 의원이 참여하여 법안을 함께 심의하는 독회제도를 중심으로 이루어졌다. 법안의 심사여부의 결정권을 여전히 상임위원회가 보유하고 있기 때문에 제1, 2공화국의 의사운영을 본회의중심주의로 규정하는 것은 무리가 있을지 모르나(박경미 2018), 독회제도는 법안이 국회에 제출되면 법안에 대한 심의의 주도권은 본회의가 보유하고 있는 의사진행 방식의 하나였다. 본회의에 모이는 다수의 의원은 독회의 절차를 거쳐서 법안을 검토하고 이와 같이 검토된 법안에 대한 본회의 지시사항을 상임위원회 등이 수정하게 하는 방식으로 의사를 진행했다. 독회제도는 법안의 제목만을 간단히 읽고 대체적인 설명을 실시하는 제1독회, 법안의 내용을 축조심사하는 제2독회, 그리고 최종적으로 수정된 법안

6 제헌국회 이후 현재까지의 국회법의 변화과정에 관한 포괄적인 연구로는 손병권 외 2018을 참조하기 바란다.

에 대한 통과여부를 결정하는 제3독회를 중심으로 운영되었는데, 결국 본회의 3독회 중심의 의사운영이라 함은 의원의 다수가 참여하는 본회의가 입법과정을 주도하고 상임위원회를 이를 보완하는 방식이라고 볼 수 있다.

제헌국회에서 제4대 국회에 이르기까지 활용된 본회의 중심의 3독회제도는 먼저 제1독회에서 법안에 대한 심사보고, 법안낭독, 질의응답, 대체토론 이후 제2독회에서 부의된 법안에 대한 축조심사를 거쳐 토론과 수정의 과정을 거치게 된다. 이후 제3독회에서 의안 전체에 대한 가부의 표결을 거쳐서 법안의 통과여부가 결정된다(1948년 제정국회법 제38–41조). 그리고 이와 같은 본회의 중심의 3독회제도는 4·19혁명 이후 의회제와 양원제를 표방하면서 등장한 제2공화국의 의회제 하에서도 그대로 유지되었다. 즉 의회제 국가 대부분의 경우 일반적으로 본회의 중심의 법안심의와 토론이 중심이 되므로 3독회제도는 제2공화국 하인 제5대 국회에서도 유지될 수 있었다(1961년 제2공화국 국회법 제103조–107조).[7]

그러나 5·16쿠데타를 통해서 집권한 박정희 정부는 경제건설이라는 국정과제를 해결하기 위해서 시간이 많이 걸리고 심사과정에서 정당 간

7 다만 제2공화국에 들어와서는 민의원과 참의원의 상임위원회 소관사항을 정부조직법상의 행정부처 소관사항과 일치시키는 것을 처음으로 법정화하여(김현우 296-297) 국회상임위원회의 구성이 행정부의 조직과 연동하여 변화되는 기반을 마련하였다. 이와 함께 제2공화국은 정부조직과 국회 상임위원회 조직의 유기적인 연관성을 유지하기 위해서 정부의 행정기관이 설치 또한 통폐합될 경우 이에 준하는 상임위원회를 설치하거나 상임위원회를 통폐합하여 소관사항의 변동이 가능하도록 하였다(김현우 2010, 297).

난상토론이 진행될 수 있는 독회제도에 대해서 부정적인 인상을 가졌던 것으로 보이다. 따라서 박정희 정부와 민주공화당은 소규모 의원을 중심으로 분권화된 조직인 상임위원회가 중심이 되어 법안을 마련한 후 본회의에서 이를 표결로 처리하는 방식을 선호하여 이러한 방식으로 국회가 운영되도록 국회법을 변경하였다. 즉 제헌국회로부터 존재해 왔던 독회제도를 없애고 1963년 개원한 제6대 국회부터는 '상임위원회 중심주의'를 채택하기에 이른 것이다. 이와 함께 제2공화국 당시와 마찬가지로 상임위원회 운영의 효율성을 기하기 위해서 상임위원회 소관사항을 국회법에 명시하였고, 정부조직의 개편에 따라서 상임위원회도 연동하여 변경, 통폐합할 수 있도록 국회법을 개정하였다. 또한 제2공화국 당시와 마찬가지로 별로 사용되지 않았던 전원위원회 제도 역시 더 이상 존치시키지 않았다(김현우 2010, 299).

제3공화국의 등장과 함께 폐지된 본회의 독회제도 대신 상임위원회 중심주의가 채택되고 상임위원회 위원장 역시 다수당인 여당이 독식하면서, 민주공화당이 주도하는 국회는 심의나 국민대표의 역할보다 효율적이고 신속한 의사운영이라는 대명제 하에서 움직이기 시작했다. 박정희 대통령과 군부출신 엘리트를 핵심으로 해서 형성된 행정주도형 발전국가의 추동세력은 민주공화당이라는 국가주의적 전국정당을 통해서 동원체제를 형성하고 선거제도의 개정을 통해서 민주공화당이 대통령과 행정부의 정책의지를 원내에 충실히 반영할 수 있는 안정의석을 확보하기 위해서 노력하였는데, 이러한 노력은 국회가 신속히 법률을 통해서 행정부의 정책의지를 법률로 만들어 줄 수 있을 때 결실을 맺을 수 있는 것이었다. 수출주도형 경제성장을 통해서 빈곤을 극복하고 이를 통해서 정치적 정당성을 확보해야 할 제3공화국 박정희 정부는 정책추진의 법률적 기반을 신속하게 마련을 위해서 무엇보다도 행정부와 협력하는 국회를 필요로 했다. 이러한 요구에 부응하여 나타난 제3공화국의 역대 국회는 깊이 있는 심의나 야당과의 충분한 협의를 통해서 민의를 수렴하고 정책을 숙성시키는 기관이 되기보다는 법률제정의 효율성과 능률을 중요한 가치로 하는 기관으로 변질되기에 이르렀다. 이와 같이 변화된 국회운영방식은 제3공화국을 거쳐 제4, 5공화국이라는 발전국가 퇴행기의 권위주의 정부시절에 접어들면서 파행적으로 변질되기에 이른다.

IV. 권위주의의 등장과 민주적 정치제도의 왜곡 (1972–1987: 제4공화국과 제5공화국)

1972년 민주적 절차를 무시하고 10월 유신을 통해서 등장한 제4공화국과 1979년 10월 박정희 대통령의 시해 이후 전두환 보안사령권의 대통령 등극을 계기로 시작한 제5공화국은 제3공화국 당시의 준권위주의적인 체제에서 한 걸음 더 나아가 명실상부한 권위주의체제를 구현한 것이라고 볼 수 있다.[8] 제4공화국과 제5공화국의 헌법에 나타난 권력구조와 다양한 정치제도가 이러한 양대 공화국의 권위주의적인 성격을 잘 드러내고 있다. 그런데 양대 공화국에서 출범한 정부의 비민주적인 성격은 무엇보다도 국가원수이며 행정부의 수반인 대통령을 국민이 직접 신

8 제3공화국을 준권위주의로 보는 시각과 그 근거에 대해서는 이상묵 2004를 참조하기 바란다.

발하지 못한다는 점에 있었다. 즉 제4공화국은 통일주체국민회의를 통해서 그리고 제5공화국은 대통령 선거인단에 의해서 대통령을 선발하게 함으로써, 국민의 직접적인 대통령 선발권한을 제한하였다. 이를 통해서 제4공화국은 국민의 의사를 무시한 채 박정희 대통령 장기집권의 길을 열었고, 제5공화국은 비록 단임제를 구현한다고 하지만 여당 대통령 후보의 당선을 사실상 보장해 주고 있었다.

국민주권을 실현하고 있는 민주주의 국가에서 국가의 최고권력자이며 행정부의 수반인 대통령을 국민이 직접 선출하지 못한다는 것은 '절차적 민주주의'의 가장 기본적인 요소인 국민의 직접선거 권한을 보장하지 않고 있다는 점에서 근본적인 문제점이라고 할 수 있다. 이는 또한 정당한 방법으로 출범하지 못한 이들 양대 공화국이 선거를 통한 국민의 정치참여 권리와 요구를 근본적으로 억누르는 권위주의적 속성을 잘 보여주는 사례였다.[9] 이러한 선거민주주의의 근본적인 제한을 통해서 양대 공화국은 집권여당이 원하는 후보가 지속적으로 대통령으로 당선될 수 있는 길을 터놓았다고 할 수 있다. 이는 대통령 중임제한을 없앤 제4공화국의 경우에 가장 적절히 해당되지만, 7년 단임제를 채택한 제5공화국 역시 대통령 간선이라는 측면에서 크게 다를 것은 없었다.

이와 같은 국민의 대통령 직선에 대한 제한과 함께 이들 양대 공화국

9 절차적 민주주의의 내용에 관해서는 Dahl 1956을 참조하기 바란다. 이러한 절차적 민주주의의 문제점과 함께 민주주의의 다양한 형태와 그 개념상의 문제점을 지적한 글로는 Collier and Levitsky 1997을 참조하기 바란다. 절차적 민주주의를 통해서 민주주의의 공고화를 정의해야 한다는 주장과 공고화에 대해 보다 강한 민주주의적 요구를 부과해야 한다는 주장에 대해서는 Schedler 1998을 참조하기 바란다.

이 권위주의적이라는 두 번째 근본적 이유는 대통령제의 주요한 원칙인 권력분립 및 견제와 균형과 관련되어 있다. 즉 이들 양대 공화국에서는 행정부와 함께 국정을 운영하는 주요한 행위자인 국회의 역할이 매우 위축되어 있었다. 제4공화국과 제5공화국 당시 국회는 대통령과 행정부에 대한 효과적인 견제 역할을 수행하기에는 역부족인 상황에 처하였으며, 이는 양대 공화국을 통틀어서 야당이 국회 다수당이 되어 본적인 한 번도 없다는 사실에서도 잘 나타나고 있다. 더 나아가 제4공화국의 민주공화당과 제5공화국의 민주정의당 등 집권여당은 총재인 대통령의 의중과 배치되는 어떠한 입법도 독자적으로 구상하거나 추진할 수 없었다. 또한 여당의 공천권한이 사실상 철저히 총재인 대통령의 손에 장악되어 있는 상황에서 여당 의원들이 대통령의 의중을 벗어나 독자적인 행보를 구사할 수 있는 방법은 없었다. 발전국가가 퇴행적 행태를 보이기 시작하는 양대 권위주의 정부시기의 우리 국회는 대통령 및 행정부에 대한 견제라는 기능을 상실한 채 '통법부'라는 오명을 감수하면서 식물국회로 전락할 수밖에 없었다. 이와 함께 양대 공화국 시절의 정당정치는 사실상 생명력을 상실했고, 국회는 '관제야당'을 활용하는 행정부와 국회 제1당인 여당이 의사진행을 자의적으로 주도한 기관으로 전락하였다. 따라서 진정한 민주화의 노력이 정치권 내에서 추진되는 것은 사실상 불가능했으며, 민주화는 민주화운동의 형태로 원외 정치제도권 밖에서 반정부시위와 집회의 형태로 진행되었다.

전체적으로 볼 때 국민의 참여를 배제하고 국회를 무력화시킨 제4공화국과 제5공화국의 정치는 제3공화국의 준권위주의체제가 사실상 철저한 권위주의체제로 전락한 후 집권층의 지속적 권력유지만을 목표로 하는 억압과 배제의 논리에 의해서 움직여 왔음을 시사하고 있다. 결국 행정주도형 발전국가 말기의 퇴행적인 권위주의적 통치체제의 모습은 국민의 참여에 대한 욕구를 철저히 배제한 채 유지되어 있었기에 결코 지속가능한 것이 아니었고, 결국 1987년 민주화 운동에 의해서 그 종말을 맞기에 이른다.

〈표 10〉 제4, 5공화국 헌법에 나타난 대통령 및 국회관련 규정의 주요사항

헌법 제정 시기	대통령 선출 및 임기 관련 규정	국회 관련 규정 (대통령 및 정부에 대한 견제권한 중심)	헌법상 대통령(정부) 관련조항의 등장 순서 및 대통령의 계엄·긴급조치, 국회해산 등과 관련된 권한	국무회의 성격, 기타 주요기관, 헌법개정 절차
1972년 12월27일	통일주체국민회의에 의한 간접선거; 임기 6년 (중임제한 없음);	국무총리, 감사원장, 대법원장 임명동의권 (헌법위원회 위원장 임명동의권 없음); 국무총리, 국무위원 해임의결권; 탄핵소추발의권; 대통령 긴급조치에 대한 해제건의권; 계엄해제요구권; (대통령 추천인에 대한 통일주체국민회의의 국회의원 1/3 선출 임기 3년; 일반의원 임기는 6년)	제3장 통일주체국민회의, 제4장 대통령, 제5장 정부에 관한 조항이 제6장 국회에 관한 조항에 앞서서 나옴; 긴급조치권 보유 (국회의 동의가 필요 없고 국회는 해제요구 권한은 없이 해제건의만 가능함); 국민투표부의권, 계엄선포권, 국회해산권 등 보유	국무회의는 심의기관임; 감사원, 헌법위원회 존재 (별도의 조문으로 존재); 대통령 및 국회재적의원 과반수의 의결로 헌법개정발의; 대통령발의안은 국민투표로 확정; 국회의원발의안은 국회의결 후 통일주체국민회의에서 의결로 확정

1980년 10월27일	대통령선거인 단에 의한 간접선거; 7년 단임	국무총리, 감사원장, 대법원장 임명동의권 (헌법위원회 위원장 임명동의권 없음); 국무총리, 국무위원 해임의결권; 탄핵소추 발의권; 대통령 비상조치에 대한 해제요구권	제3장 정부에 관한 조항이 제 4장 국회에 관한 조항에 앞서서 나옴; 비상조치권, 계엄선포권, 국회해산권 등 보유	국무회의는 심의기관임; 감사원, 헌법위원회 존재 (별도의 조문으로 존재); 대통령이나 국회재 적의원 과반수의 의결로 헌법개정 발의 후 재적의원 2/3의 찬성으로 의결하고 국민투표로 확정

출처: 국가법령센터 '대한민국 헌법'
http://www.law.go.kr/lsInfoP.do?lsiSeq=61603&efYd=19880225#0000
각 공화국의 헌법에 나타난 주요 권력구조 관련 사항을 필자가 필요한 사항을 골라서 정리한 내용임

〈표 11〉 제4, 5공화국 시기 헌법제정의 연혁과 주요내용

개정 차수	제정일	별칭	주요 내용	개정폭
7차	1972.12.27	(유신헌법)	간접선거의 권위주의적 대통령제	전면 개정
8차	1980.10.27	(제5공화국 헌법)	간접선거의 권위주의적 대통령제	전면 개정

출전: 오호택 2012, 24쪽과 54쪽 등 두 쪽에 나타난 도표와 국가법령정보센터의 내용을 토대로 통합하여 필요한 부분을 첨삭하고 간단한 용어수정 후 작성

1. 권위주의의 도래와 대통령 간접선거의 권력구조

제3공화국이 3선 개헌을 통해서 사실상 박정희 대통령의 영구집권을 도모하기 시작하기 전인 1963년에 제정된 헌법은 국민직선으로 선발되는 대통령의 임기를 4년으로 하고 1차에 한해서 중심할 수 있도록 규정하고 있었다. 그러나 1972년 계엄선포로 국회를 해산한 이후 10월 유신을 통해서 등장한 제4공화국은 제3공화국의 준권위주의에서 더 나가가 강권정치를 실현하기에 이르렀다. 즉 제4공화국 헌법은 사실상 정치참여에 대한 국민의 요구를 무시하고 국회를 철저하게 대통령의 시녀로 만들어 대통령 중심의 강권정치가 가능한 권력구조를 만들어 낸 것이다. 이미 설명했듯이 이는 대통령 선출에 대한 국민의 직접선거권을 박탈하는 형태로 나타났는데, 제4공화국 헌법에 의하면 중임제한이 사라진 6년 임기의 대통령은 통일주체국민회의에 의해서 간접선거를 통해서 선발되었다. 대한민국 국민은 1987년 민주화가 이루어져 제6공화국 헌법이 등장하기까지 행정부 최고 수반에 대한 직접선거권을 박탈당하게 된 것이다.

한편 제4공화국의 대통령은 이전의 제3공화국이나 이후의 제5공화국, 그리고 민주화 이후 등장한 제6공화국에서도 존재했던 긴급조치권을 보유하고 있었다. 그러나 제4공화국 유신헌법 하의 대통령 긴급조치권은 국가비상사태에 관한 긴급조치권뿐만 아니라, 개헌에 관한 논의를 금지하는 긴급조치권을 발동하는 등 여러 가지 측면에서 대통령과 집권층의 권력유지를 위해서, 그리고 국민의 기본권을 제한하는 방식으로 남용되었다. 이러한 대통령의 긴급조치권한에 대해서 제4공화국의 국회는 효과적으로 대응할 수단을 결여하고 있었다. 즉 유신정권의 경우 제3공화국이나 이후의 제5공화국이나 제6공화국과 달리 국회의 강제적인 해제요구권한이나 사후적인 승인권한을 헌법적으로 용인하지 않았다. 즉 제4공화국 하에서 국회는 대통령의 긴급조치권에 대해서 해제를 건의할 수 있을 뿐이어서, 사실상 대통령은 자신의 권력유지와 반대세력에 대한 탄압을 위해서 국회의 제지를 받지 않고 긴급조치권한을 남용할 수 있었다.

대통령의 권위주의적 통치를 지탱해주고 국회의 무력화에 기여한 대통령의 또 하나의 강권적 권한은 제4공화국 헌법에서 새로 등장한 국회해산권이었다. 제3공화국 당시 존재하지 않았던 국회해산권이 제4공화국에 등장함으로써 대통령은 국민의 저항을 무력화시키는 긴급조치권과 함께 국회를 동시에 무력화시킬 수 있는 장비를 마련하고 있었다. 그리고 이러한 대통령의 국회해산권은 제5공화국에도 이어져서 양대 공화국의 발전국가 추진이 민주주의 퇴행을 그 대가로 요구하고 있음을 입증하고 있다.

1) 제4공화국의 권력구조

제4공화국이 국회를 철저히 대통령과 행정부의 통제하게 두었다는 것은 유신헌법 하의 국회의원 선출방식과 국회권한의 철저한 약체화 의지에서 드러난다. 요컨대 제3공화국의 준권위주의체제로부터 제4공화국의 권위주의체제로 이행하면서 박정희 정부는 안정적인 국회 다수의석의 확보를 목적으로 일당지배형 정당체제 혹은 여당 주도의 1.5정당체제를 구축하기 위해서 국회의원의 1/3에 해당하는 의원을 대통령이 직접 추천하는 매우 비정상적인 방식을 취하였고, 이를 통해서 국회의 권한을 철저하게 통제하기에 이르렀다.

우선 제4공화국 헌법은 제9대와 제10대 국회의 경우 전체 국회의원 정수인 219명과 231명의 1/3에 해당하는 73명과 77명을 국회의원을 대통령이 추천한 인물 가운데에서 통일주체국민회의가 선출하도록 규정하였다. 이와 같이 사실상 대통령 지명에 의해서 선출된 국회의원, 즉 유신정우회 소속 국회의원을 통해서 대통령은 사실상 공화당과 이들 지명직 의원을 통틀어 전체 의석 가운데 각각 66.3%(146명)와 62.7%(145명)에 해당하는 의원을 통제할 수 있었다(아래 〈표 13〉 참조).

이와 같이 국민이 직접 선출하지 않고 대통령이 자의적으로 선출하는 국회의원을 다수 지닌 국회는 대통령과 행정부에 철저히 종속되는 권위주의 정부의 하위기관이 되어 국민의 의사를 대변하는 기능을 제대로 발휘할 수 없었다. 국회에 대한 초다수 의석 확보에 더하여 제4공화국은 제3공화국 당시 존재했던 국회의 다양한 권한을 박탈하여 발전국가의 권위주의적 통제양상을 강화하였다. 즉 국회는 제3공화국과는 달리 국무총리와 국무위원에 대한 강제적 해임의결권은 여전히 지니고 있었으나, 대통령 비상조치권에 대해서는 해제건의권이 있을 뿐 이를 강제할 수는 없었다. 물론 제53조 6항의 헌법조항은 대통령이 특별한 사유가 없는 한 이에 국회의 비상조치 해제건의에 응해야 한다고 적고 있으나, 이는 강제사항은 아니어서 긴급조치와 관련된 대통령의 권한은 자의적으로 행사될 수 있었다.[10] 또한 국무총리와 국무위원에 대한 강제적 해임의결권 역시 공화당과 사실상 여당인 유신정의회의 의원을 합쳐서 60% 이상을 웃도는 상황에서 그 실현 가능성이 거의 없는 것이었다.

한편 제4공화국은 헌법재판기관으로 제3공화국 등장 당시 존재하지 않았던 헌법위원회를 독립적으로 규정하여 구성되었지만, 민주화 이후 제6공화국과는 달리 국회는 헌법위원장에 대한 임명동의권이 없었다.[11] 따라서 헌법에 대한 도전이 사실상 불가능하여 헌법재판의 사례도 많지

---

10 대통령 긴급조치권과 관련된 유신헌법의 규정은 다음과 같다.

제53조 ① 대통령은 천재·지변 또는 중대한 재정·경제상의 위기에 처하거나, 국가의 안전보장 또는 공공의 안녕질서가 중대한 위협을 받거나 받을 우려가 있어, 신속한 조치를 할 필요가 있다고 판단할 때에는 내정·외교·국방·경제·재정·사법 등 국정 전반에 걸쳐 필요한 긴급조치를 할 수 있다.

② 대통령은 제1항의 경우에 필요하다고 인정할 때에는 이 헌법에 규정되어 있는 국민의 자유와 권리를 잠정적으로 정지하는 긴급조치를 할 수 있고, 정부나 법원의 권한에 관하여 긴급조치를 할 수 있다.

③ 제1항과 제2항의 긴급조치를 한 때에는 대통령은 지체 없이 국회에 통고하여야 한다.

④ 제1항과 제2항의 긴급조치는 사법적 심사의 대상이 되지 아니한다.

⑤ 긴급조치의 원인이 소멸한 때에는 대통령은 지체 없이 이를 해제하여야 한다.

⑥ 국회는 재적의원 과반수의 찬성으로 긴급조치의 해제를 대통령에게 건의할 수 있으며, 대통령은 특별한 사유가 없는 한 이에 응하여야 한다.

위 제53조의 6항을 보면 국회의 권한은 긴급조치의 해제에 그치고 있으며 "대통령은 특별한 사유가 없는 한 이에 응하여야 한다"고 되어 있어서 대통령이 '특별한 사유'를 들어 이에 응하지 않을 수도 있는 길을 열어두고 있다.

11 그러나 제4공화국 역시 헌법 제99조에서 "대통령·국무총리·국무위원·행정각부의 장·헌법위원회위원·법관·중앙선거관리위원회위원·감사위원 기타 법률에 정한 공무원이 그 직무집행에 있어서 헌법이나 법률을 위배한 때에는 국회는 탄핵의 소추를 의결할 수 있다."라고 하여 헌법위원회 위원에 대한 탄핵의 길은 열어두고 있었다.

않았거니와, 그러한 사례가 있다고 하여도 그 위원장 역시 대통령이 임명을 결정할 수 있어서 헌법위원회 역시 명목상으로만 독립된 기관일 뿐이며 대통령 명령에 복종하는 일종의 통치 보조기관으로 전락하게 되었다.

마지막으로 헌법 개정과 관련된 국회의 권한도 현저히 제한되어 대통령의 권위주의적 권한행사를 합헌적으로 방지할 수 있는 제도적인 장치가 사실상 사라지게 되었다. 즉 국회가 실효적으로 헌법개정안을 발의할 수 있었고 또한 의결할 수 있었던 제3공화국이나 이후의 제5공화국 및 민주화 이후 제6공화국과 달리 제4공화국 헌법은 대통령이 발의한 헌법은 바로 국민투표로 확정될 수 있도록 한 반면, 국회가 발의한 헌법안은 국민투표에 의해서 최종적으로 확정되는 것이 아니라 통일주체국민회의가 최종 의결로 확정할 수 있도록 하였다. 통일주체국민회의는 철저히 박정희 대통령의 대북정책을 지원하고 및 박정희 대통령의 장기집권을 지원하기 위해서 만들어진 기관임을 고려해 볼 때, 이러한 헌법조항은 사실상 국회가 개헌을 주도할 수 있는 합법적 통로를 차단한 것이라고 볼 수 있다.

국회를 무력화시키고 사법권을 약화시키며 국민의 기본권을 현저하게 제한한 제4공화국 헌법은 행정주도형 발전국가의 퇴행적인 모습을 극명하게 보여주는 사례라고 할 수 있다. 그리고 이러한 퇴행적인 모습은 10·26 사태 이후 한국정치가 신군부에 의해서 민주주의로의 이행을 저지당한 채 신군부가 집권한 제5공화국 시기에도 지속되기에 이른다. 제3공화국의 경우 비록 대통령 중심의 행정주도형 발전국가를 구현하는 행정부에 비해서 국회의 실질적인 기능이 다소 제한된 것은 사실이었으나, 여전히 국회의 행정부 비판기능이 살아 있었고 야당은 선거를 통해서 다수당으로 등장할 가능성도 있었다. 그리고 무엇보다도 제3공화국의 경우 국민이 대통령을 직접 선출할 수 있는 참정권이 보장되어 있었다. 그러나 이와 달리 제4공화국은 발전국가의 순기능적인 측면이 퇴조하고 박정희 1인체제의 영속적인 유지를 위해서 오로지 그의 권력과 권위만이 국정의 정점에 있었던 권위주의적인 정치체제라고 할 수 있다.

1960년대 후반 이후 1970년대를 거치면서 산업화가 급속히 진전되고 이와 함께 교육받은 중산층이 등장하면서 민주화에 대한 요구가 거세게 나타난 현실, 산업화 과정에서 배태된 노동자 계층의 정치적 각성과 권익요구, 야당과 재야세력의 개헌과 민주화에 대한 요구가 거세지면서 결국 박정희 1인 권위주의 체제하의 발전국가의 퇴행기는 결국 1979년에 이르러 종말을 맞이하게 되었다. 그러나 그 이후에도 하나회라는 정치군인집단의 권력욕과 3김정치의 분열에 의해서 퇴행적인 권위주의 체제는 이후 7년간 더 지속되었다.

2) 제5공화국의 권력구조

제3공화국 당시 반공과 경제재건을 목표로 등장한 박정희 정부는 경제개발 5개년 계획과 새마을 운동으로 대표되는 농촌근대화 운동 등을 통해서 한국의 국방능력을 제고하고 한국의 경제수준을 한 단계 끌어올리는데 크게 공헌하였다. 비록 이러한 과정에서 대기업 중심의 수출

주도형 경제구조를 창출하여 중소기업의 성장이 위축되고 노동운동이 억압되기는 했으나 소위 '보릿고개'로 지칭되는 극단적인 빈곤현상이 사라지면서 한국은 '먹고사는' 생존의 문제를 해결하면서 본격적으로 산업화를 길로 들어섰다. 상명하복형 발전국가가 등장하면서 행정부 중심의 효율적인 국가체제가 형성되고, 정치와 경제가 유기적인 공생관계를 맺으면서 한국은 빠른 속도로 경제성장을 이룩해 낼 수 있었다.

그러나 이어서 등장한 제4공화국은 국제적인 데탕트의 분위기 속에서 국내적으로 안보태세를 더욱 굳건히 하고 지속적인 경제발전을 추진하기 위한 '총화단결'을 위해서는 국민의 일부 권리가 제한될 수도 있다는 명분을 내걸면서 등장했다. 그러나 결국 제4공화국은 발전국가의 정치적 퇴행기를 열면서 박정희 대통령의 장기집권과 이를 위한 국민참정권과 기본권의 제한, 그리고 국회에 대한 행정부의 철저한 우위확립을 구현할 뿐이었다. 국가와 재벌의 유착관계는 더욱 심화되고 재벌에 대한 정책금융을 통해서 국가재원이 효율적으로 배분되지 못한 결과 지속적으로 생산품의 제고가 늘어나고 수출경쟁력도 줄어들기 시작했다. 한편 노동부문의 근로조건 개선에 대한 요구와 민주화에 대한 갈망은 강권정치에 의해서 지속적으로 묵살되었다.

이러한 경직되고 권위주의적인 통치체제는 1979년 10·26사태와 이후 각종 민주화시위의 노력에도 불구하고 종식되지 못한 채, 신군부 세력 중심이 권력의 핵심으로 부상한 제5공화국의 전두환 정부에서도 지속되었다. 제5공화국은 1980년 5·17 계엄조치를 통해서 기성정치인의 정치참여를 막고 헌법개정을 통해서 제4공화국과 마찬가지로 대통령 간선제를 채택하여 국민의 대통령 직선제 열망을 억압하면서 등장하였다.

이렇게 창출된 제5공화국은 비록 7년 단임제를 통해서 제4공화국과는 달리 대통령 1인의 영구집권 가능성은 없앴지만, 여전히 신군부가 창출한 정부와 집권여당인 민주정의당의 장기집권을 보장하기 위한 다양한 정치제도를 제정함으로써 권위주의적인 속성을 보이고 있었다. 이러한 제5공화국의 권위주의적 속성은 제4공화국과 마찬가지로 헌법이나 기타 법률에 규정된 다양한 정치제도를 통해서 잘 드러나고 있다.

권력구조의 측면에서 볼 때 제5공화국 헌법은 제4공화국 당시와 마찬가지로 대통령 간선제도를 채택하여 사실상 집권당인 민주정의당에 의한 정권재창출을 가능하게 만들어 놓고 있었다. 비록 대통령의 임기는 헌법상 7년 단임으로 규정되어 있었지만, 제4공화국과 동일하게 관제 선거인단을 통한 대통령선거라는 간선제도를 채택함으로써 민주정의당에 의한 대통령직의 지속적인 장악을 가능하게 만들었다. 그리고 제4공화국 당시와 마찬가지로 대통령은 국회를 해산할 권한을 지니고 있어서 국회가 대통령의 의지에 반대하는 행위를 할 경우 임의로 이를 제압할 수 있는 최종적인 통로를 열어두고 있었다. 그러나 제4공화국과 달리 제5공화국 헌법은 대통령의 비상조치권에 대한 국회의 해제요구가 있을 경우에 이를 반드시 해제하게 규정함으로써 비상조치권을 통한 국민의 기본권 탄압가능성은 줄어들었다.[12] 그러나 대신 국회의 다수당 지위는 개정된 선거제도 등을 통해서 여당인 민주정의당이 지속적으로 차지할 수 있게 되어서, 국회가 대통령과 행정부를 효과적으로 견제할 수 있는 방법은 사실상 없었다고 할 수 있었다.

12 이러한 '비상조치권'은 유신헌법의 긴급조치권과 사실상 동일한 대통령의 권한이다.

한편 제5공화국의 국회는 제4공화국 당시와 마찬가지로 국무총리나 국무위원에 대한 강제적 해임권한을 지니고 있었다. 그러나 제5공화국의 국회는 제4공화국과 마찬가지로 헌법위원회 위원장에 대한 임명동의권을 보유하지 못하고 있어서 헌법위원회 구성에 대한 대통령의 영향력을 여전히 강했다고 할 수 있다. 다만 제4공화국과 달리 헌법개정절차에 있어서 국민투표 이전 국회의 실질적인 개헌발의 의결권이 복귀된 것은 헌법과 관련된 국회의 권한이 회복된 것으로 볼 수 있다. 더 나아가 제4공화국 당시 국민의 기본권을 제한하고 헌법개정 논의 자체를 불법으로 처리할 수 있었던 긴급조치권과 관련하여 제5공화국 헌법은 대통령의 비상조치권에 대한 국회의 강제적 해제요구권을 부활시켜 국회가 요구할 경우 대통령이 이를 해제하게 만들었다. 한편 국무총리와 국무위원에 대한 강제적 해임의결권은 제4공화국 당시와 마찬가지로 유지되었다.

전체적으로 볼 때 제5공화국은 제4공화국에 이어 발전국가의 민주적 퇴행기가 지속되는 과정에서 신군부로 집권층이 바뀐 시기라고 볼 수 있다. 제5공화국은 박정희 대통령의 권위주의 통치 시절 대통령 장기집권의 폐해를 이유로 대통령 임기를 7년 단임으로 변화시키고 대통령 비상조치권에 대한 국회의 해제요구권과 국회의 개헌발의권을 부활시킨 측면은 존재한다. 그러나 제5공화국을 주도한 신군부 역시 대통령 간선제도를 통해서 집권당인 민주정의당이 지속적으로 권력을 장악할 수 있는 길을 마련했으며, 아래에 설명될 선거제도 등을 활용하여 국회 다수당의 지위를 사실상 항구적으로 유지하고자 했기 때문에 본질적으로 비민주적이고 권위주의적 성격을 탈각할 수 없었다. 행정부 주도형 발전국가의 퇴행적인 모습은 유신헌법 하의 제4공화국가 마찬가지로 제5공화국에서 지속되었으며, 결국 이러한 퇴행적 행태는 1987년 민주화 이행을 통해서 비로소 중지된다.

2. 거대여당 구축을 위한 선거제도와 경쟁부재의 정당체제

〈표 12〉 제4, 5공화국의 국회의원 선거제도

<table>
<tr><th colspan="2">공화국 및 총선별 구분</th><th>선출방식</th><th>선거제도</th><th>선거구</th><th>후보등록</th></tr>
<tr><td rowspan="2">제4공화국</td><td>제9대 총선</td><td rowspan="2">직선제와 대통령 지명 간선제</td><td rowspan="2">혼합형 (중선거구제와 유정회)</td><td rowspan="2">지역구: 2인 중선거구; 유정회: 대통령 임명</td><td rowspan="2">무소속 출마허용</td></tr>
<tr><td>제10대 총선</td></tr>
<tr><td rowspan="2">제5공화국</td><td>제11대 총선</td><td rowspan="2">직선제와 선국단위 비례대표제</td><td rowspan="2">혼합형 (병립제)</td><td rowspan="2">지역구: 2인 중선거구; 전국구: 비례대표제</td><td rowspan="2">무소속 출마허용</td></tr>
<tr><td>제12대 총선</td></tr>
</table>

1) 제4공화국의 선거제도와 본질적인 양대 정당체제

〈표 13〉에서 보듯이 제3공화국 말기인 1971년 5월에 치러진 제8대 총선에서 신민당이 선전하여 약진하면서 43.6%의 지역구 의석을 차지하여 여당인 민주공화당의 의석수에 상당히 가깝게 접근하기 시작하였다. 제8대 총선의 결과는 제3공화국 들어서 야당이 단독 혹은 복수로

가장 많은 의석을 확보한 선거로 기록되었다.[13] 3선개헌 이후 영구집권을 노리던 박정희 정권은 이러한 야당의 약진으로 국회 안정 다수의석을 상실할 수도 있다는 불안감을 느끼지 시작했고, 그 결과 1972년 유신헌법으로의 헌법개정 이후 제4공화국이 시작되면서 선거법을 개정하여 제3공화국 당시의 1.5정당체제 혹은 양대 체제에서 벗어나 사실상 민주공화당의 일당 독주가 가능한 정당체제를 만들고자 하였다. 1971년 선거결과 야당인 신민당이 선전하면서 민주공화당의 다수당 지위에 위협감을 느낀 박정희 정부는 유신헌법 제정 이후 제4공화국에 들어와서는 야당이 제1당이 될 수 있는 가능성을 원천적으로 없애는 방향으로 선거법을 개정하기에 이른 것이다.

〈표 13〉 제3, 4공화국 당시 총선 후 각 정당 의석비율

공화국	총선	정당명칭; 정당 의석수; 지역구(전국구) 의석수; 전체 의석대비 해당 정당의 의석비율: %; 전체 지역구 의석대비 해당 정당의 지역구 의석비율: %; 전체 전국구 의석대비 해당 정당의 전국구 의석비율: %	전체의석수; 지역구 (전국구) 의석수; 지역구 및 전국구 의석비율: %

13 제3공화국 당시만 해도 이론적으로는 여야에 관계없이 소선거구인 지역구 선거에서 가장 많은 의석을 차지한 제1당이 전국구 비례대표 의석의 과반수를 차지할 수 있었다. 따라서 가능성은 적었지만 만에 하나 야당인 신민당이 지역구 선거에서 과반수 의석을 차지하면 국회의 다수당이 될 수도 있었다.

제3 공화국	제6대	민주공화당	민정당	민주당	자유민주당	
		110	41	13	9	175
		88(22)	27(14)	8(5)	6(3)	131(44)
		62.9%	23.4%	7.40%	5.1%	
		67.2%	20.6%	6.1%	4.6%	지역구: 75%
		50.0%	31.8%	11.4%	6.8%	전국구: 25%
	제7대	민주공화당	신민당	대중당		
		129	45	1		175
		102(27)	28(17)	1		
		73.7%	25.7%	0.6%		131(44)
		77.9%	21.4%	0.8%		지역구: 75%
		61.4%	38.6%			전국구: 25%
	제8대	민주공화당	신민당	국민당	민중당	
		113	89	1	1	204
		86(27)	65(24)	1	1	153(51)
		55.4%	43.6%	0.5%	0.5%	
		56.2%	42.5%	0.7%	0.7%	지역구: 75%
		52.9%	47.1%			전국구: 5%
제4 공화국	제9대	민주공화당	신민당	무소속	유신정우회	
		73	52	19	73	219 (유신정우회 73명 포함)
		33.3%	23.70%	8.70%	33.3%	
	제10대	민주공화당	신민당	무소속	유신정우회	
		68	61	22	77	231 (유신정우회 77명 포함)
		29.4%	26.4%	9.5%	33.3%	

출처: 역대 국회 정당별 의석 현황

(제4공화국의 경우 정당명칭, 정당 의석수, 정당 의석비율의 순서로 배열)

* 각 의회별 정당 의석 보유 최상위 4개의 정당만 기입함.

출처: 대한민국 국회사이트(검색일: 2016년 2월 13일)

http://www.assembly.go.kr/views/cms/assm/assembly/asshistory/asshistory0103.jsp

즉 1973년 유신헌법 체제 하에서 박정희 정부는 선거법의 개정을 통해 2인선거구의 중선거구제를 채택하면서 동시에 국회의원 정수의 1/3을 대통령의 일괄추천을 받아서 통일주체국민회의가 선출하는 방식을 도입하였다. 의원의 임기는 지역구에서 선발된 의원의 경우 6년이었으며, 대통령이 사실상 임명하는 가신집단인 유신정우회 소속 국회의원은 임기가 3년이었다. 한편 제4공화국 들어 제헌국회가 개원한 이래 한국정치사에 있어서 중선거구제가 최초로 도입된 선거법의 개정이 이루어졌는데, 이러한 선거법 개정은 사실상 집권여당인 민주공화당의 지속적인 국회 다수당 지위를 확보하려는 노력의 부산물에 다름 아니었다. 즉 2인선거구제를 통해서 여당인 민주공화당이 선거 취약지역인 도시를 포함한 전국의 모든 지역의 선거구에서 의석을 확보하고, 이와 동시에 국회의원 정수인 219석의 1/3에 해당하는 의원인 73명을 대통령이 직접 선출하게 함으로써 집권여당인 민주공화당이 절대안정 다수의석을 확보할 수 있기에 이른 것이다. 대통령의 지명에 의해서 선발된 유신정우회 소속의원은 국회의 직능대표기능을 강화한다는 명분으로 제안되었지만, 이들은 민주공화당 의원들과 함께 사실상 여당의원이자 대통령의 전위부대로서 박정희 대통령의 국회장악과 여당의 영구적인 다수당 지위확보에 기여하게 된 것이다.

또한 제4공화국 출범 이후 첫 총선인 1973년 제9대 총선부터 박정희 정부와 민주공화당은 정당법을 개정하여 제3공화국 당시인 제6대 총선부터 제8대 총선까지 존재하였던 국회의원후보의 정당추천제도를 폐지하고 무소속 후보가 출마하여 당선되는 것이 가능하게 하였다. 이와 같은 무소속 후보의 총선 참여는 결국 야당의 분열을 가져오는 결과를 만들었는데, 실제로 제4공화국 당시 치러진 두 차례의 총선인 제9대와 제10대 총선에서 무소속 의원은 전체의원의 8.7%와 9.5%를 각각 차지하여 제3공화국 이래 가장 많은 비중을 차지하게 되었다. 결국 2인선거구를 특징으로 하는 전면적인 중선거구제의 도입과 대통령이 일방적으로 지명하는 유신정우회 소속의원의 등장은 행정주도형 발전국가의 비민주적 퇴행단계에서 박정희 정권의 권위주의적인 통치를 유지해 주는 인력충원의 제도적 기반을 마련했으며, 국회가 통법부로 전락하는 결정적 계기를 마련했다고 보인다.

이와 같이 민주공화당의 거대 지배정당화에 기여한 새로운 선거제도에도 불구하고 2인 선거구제도가 다당체제를 귀결하지 않은 것은 신민당이라는 야당이 반독재와 민주화 쟁취를 위해서 투쟁하면서 특히 도시지역을 중심으로 상당히 많은 의석을 꾸준히 확보할 수 있었기 때문이다. 그 결과 2인 선거구제도에도 불구하고 유신정우회라는 원내교섭단체를 제외하고 보면 제4공화국 권위주의체제 하에서도 기본적으로 민주공화당 대 신민당의 대립구도라는 양당체제가 유지되고 있었다고 판단할 수 있다. 물론 2인 선거구제도가 도입되고 정당공천제가 폐지되면서 무소속 의원이 일부 등장한 것은 사실이지만 이들은 여전히 10% 미만의 의석점유율을 보였을 뿐이었으며, 통일민주당은 고작 2인과 3인 정도의 의원을 등원시켜 그 명맥만 유지할 뿐이었다. 특히 제10대 총선의 경우 지역구 선거에서 신민당은 26.4%의 의석점유율을 보여, 민주공화당의 29.4%라는 의석점유율을 바짝 추격하는 결과를 보이기도 했다. 즉 유신정우회를 제외하고 보면 2인 선거구제도의 도입에도 불구하고 야당의 분열현상은 결코 두드러지지 않았으며, 제4공화국 시기 동안 정당체제는 유신정우회를 제외하고 보면 기본적으로 양당체제를 고수하고 있었다고 판단된다. 이는 관제 야당을 설립하여 정치제도의 표면적 경쟁성을 유지하여 표면적으로나마 정당성을 제고하고자 했던 제5공화국의 정당체제와는 구별되는 현상이었다고 할 수 있다.

2) 제5공화국의 선거제도와 관제 다당체제

〈표 14〉 제4, 5공화국 당시 총선 후 각 정당 의석비율

공화국	총선	정당명칭; 정당 의석수; 지역구(전국구) 의석수; 전체 의석대비 해당 정당의 의석비율: %; 전체 지역구 의석대비 해당 정당의 지역구 의석비율: %; 전체 전국구 의석대비 해당 정당의 전국구 의석비율: %				전체의석수; 지역구 (전국구) 의석수; 지역구 및 전국구 의석비율: %
제4 공화국	제9대	민주공화당	신민당	무소속	유신정우회	
		73	52	19	73	219 (유신정우회 73명 포함)
		33.3%	23.7%	8.7%	33.3%	
	제10대	민주공화당	신민당	무소속	유신정우회	
		68	61	22	77	231 (유신정우회 77명 포함)
		29.4%	26.4%	9.5%	33.3%	
제5 공화국	제11대	민주정의당	민주한국당	한국국민당	무소속	
		151	81	25	11	276

제5 공화국	제11대	90(61)	57(24)	18(7)	11	184(92)
		54.7%	29.3%	9.1%	4.0%	
		48.9%	31.0%	9.8%	6.0%	지역구: 67%
		66.3%	26.1%	7.6%		전국구: 33%
	제12대	민주정의당	신한민주당	민주한국당	한국국민당	
		148	67	35	20	276
		87(61)	50(17)	26(9)	15(5)	184(92)
		53.6%	24.3%	12.7%	7.2%	
		47.3%	27.2%	14.1%	8.2%	지역구: 67%
		66.3%	18.5%	9.8%	5.4%	전국구: 33%

출처: 역대 국회 정당별 의석 현황
* 각 의회별 정당 의석 보유 최상위 4개의 정당만 기입함.
출처: 대한민국 국회사이트(검색일: 2016년 2월 13일)
http://www.assembly.go.kr/views/cms/assm/assembly/asshistory/asshistory0103.jsp

박정희 대통령의 서거 이후 권력의 진공상태에서 한국정치의 새로운 중심축으로 떠오른 신군부는 전두환 계엄사령관의 대통령 선출과 함께 새로 창당한 민주정의당을 중심으로 향후 국정을 구상하게 되었다. 1961년 5·16쿠데타와 함께 등장한 제3공화국나 유신헌법과 함께 출범한 제4공화당과 마찬가지로 국민의 정치참여 의지를 좌절시키면서 등장한 제5공화국 역시 안정적인 국정운영을 위해서 국회 내의 절대 안정 다수의석의 확보가 매우 필요하였다. 이를 위해서 1981년 제11대 총선 이전 선거법의 개정을 통해서 전두환 정부는 제4공화국 시절 유신정우회의 등장과 함께 사라진 제3공화국 당시의 비례대표제를 부활시키는 한편 제4공화국 당시 최초로 도입된 2인선거구의 중선거구제도를 유지하기로 하였다.

우선 집권여당인 민주정의당은 제4공화국 당시와 마찬가지로 2인선거구의 중선거구제를 유지하여 도시지역을 포함한 전국의 거의 모든 지역구 선거에서 의석을 획득하고, 민주한국당과 한국국민당이라는 관제야당의 상호경쟁을 이용하여 여당에 도전할만한 야당의 의석확보가 사실상 불가능하도록 만들었다. 실제로 1981년 제11대 총선 결과 민주정의당은 지역구 전체의석인 184석 가운데 90석을 얻어서 4개의 지역구를 제외한 모든 지역구에서 자기당 소속 후보를 당선시킬 수 있었다. 이에 더하여 제4공화국의 정당공천제 폐지기조를 그대로 유지하여 당적이탈 및 변경에도 불구하고 총선 출마가 가능하게 하여 무소속 의원도 당선될 수 있게 만들었는데, 이는 부분적으로 야당의 분열을 더욱 심화시키는 효과가 있었다.

특히 제4공화국 당시에는 2인선거구제를 실시해도 박정희 정부의 권위주의에 저항하기 위해서 야당인 신민당을 중심으로 민주화 세력이 결집할 수 있었기 때문에 실질적으로는 양당체제, 혹은—유신정우회를 포함하여 본다면—민주공화당이라는 거대여당과 주요 1개 야당이 존재하는 한 1.5정당체제를 유지할 수 있었다. 그러나 제5공화국 이후 전두환 정부는 관제야당인 민주한국당과 한국국민당을 유지함으로써 사실상 야당의 분열에 성공하였다. 그리고 이를 통해 유지된 관제 다당체제는 1985년 제12대 총선 이후 신한민주당이 돌풍을 일으키면서 야권통합에 나서 민주한국당이 사실상 와해될 때까지 지속되었다.

한편 제5공화국의 전두환 정부는 과거 박정희 정부 당시 유신정우회를 두어 대통령이 일방적으로 국회의원을 지명하는 것에 대한 여론의 반발을 의식하여 이를 폐지하였다. 대신 제3공화국에서 최초로 도입되었다가 제4공화국에서 사라진 비례대표제를 총의원 정수 276명의 1/3 선인 92명의 규모로 다시 도입하였다. 그러나 전두환 정부는 제1당이 92개 전체 비례대표의석의 2/3에 해당하는 의석을 무조건 차지할 수 있게 하여 집권여당인 민주정의당의 국회 내 절대우위 의석수를 가능하게 하였다. 이러한 선거법의 결과 1981년 제11대 총선과 신한민주당 돌풍이 있었던 1985년 제12대 총선에서 민주정의당은 비례대표의석 92석의 2/3에 해당하는 61석을 확보할 수 있었다. 그 결과 양대 선거에서 모두 각각 54.7%와 53.6%라는 의석을 확보함으로써 안정과반수를 확보하면서 국정을 주도할 수 있었다.

3) 여당 절대 안정다수의석 확보를 위한 선거제도의 활용

전체적으로 볼 때 제4공화국과 제5공화국의 선거제도는 어떠한 형태이든 집권여당이 국회 내 안정다수 세력을 유지하여 대통령의 국정을 국회가 지속적으로 뒷받침하게 고안된 것이었다. 이를 위해서 양대 공화국의 정부와 집권여당은 모두 2인선거구 중선거구제를 유지하여 여당의 전국적인 의석점유와 야당의 분열을 도모하였다. 이러한 야당분열 노력 및 여당의 독주 의도는 정당공천제도를 폐지하여 무소속 후보도 국회의원후보가 되도록 허용한 선거법의 내용에서도 드러난다.

구체적으로 제4공화국의 박정희 정부는 제3공화국 당시의 비례대표제를 폐지하고 유신정우회라는 대통령의 전위부대를 국회에 대거 진입시켜 집권당의 초다수적 지배를 도모하였으며, 제5공화국의 전두환 정부는 비례대표 의석의 2/3를 제1당이 가져가는 방식으로 안정다수의석을 유지하였다. 2인선거구의 중선거구제도와 함께 이러한 과도한 의석이득은 여당이 거대정당 혹은 상시적인 다수당이 되는데 기여하여 권위주의적 정부의 정책추진에 대한 야당의 반대를 제압하는데 필요한 것이었다.

그러나 이러한 집권여당의 안정다수의석 확보를 위한 선거제도의 변화는 사실상 양대 공화국에서 서로 다른 정당체제를 유도하게 되었다. 먼저 제4공화국의 경우를 보면 이러한 선거제도의 변화에도 불구하고 유신정우회를 제외하고 보면 결국은 본질적으로 양당제도가 유지되었던 반면, 제5공화국의 경우는 사실상 관제 다당제도가 귀결되었다고 볼 수 있다. 제4공화국의 경우 유신헌법 철폐를 위해서 야당인 신민당이 지속적으로 지역구 선거에서 나름대로 자신의 세력을 유지해 올 수 있었기 때문에, 유신정우회를 제외하고 보면 양당제적인 모습이 유지될 수 있었다.

그러나 1980년 이후 기존 정치인의 정치활동을 금지하면서 집권한 전두환 정부의 경우 이와 같이 권위주의 정부에 대항하는 선명야당 대신 민주한국당과 한국국민당 등 관제야당이 2인선거구제에 의지하여 나름대로 정치적 입지를 유지할 수 있었기 때문에 다당제적인 모습을 유지할 수 있었다. 즉 제5공화국은 선거제도에 기인한 관제 다당체제의 모습을 보여, 1987년 민주화 이후 한국 민주주의의 고질적 병폐가 된 지역주의 중심의 다당제도와는 또 다른 형태의 다당체제를 보여주었다고 볼 수 있다.

3. 국회운영방식

제4공화국과 제5공화국의 국회운영방식은 기본적으로 제3공화국의 연장선상에서 있었으며 제3공화국과 다른 어떤 큰 변화를 보이지는 않았다. 양대 공화국에서 국회는 발전국가의 추동체인 행정부의 정책어젠다를 입법화하는 기능을 수행했으며, '통법부'로서 행정부를 보좌하는 도구로서의 기능에 만족해야 했다. 유신체제 하의 민주공화당은 유신정우회와 함께 신민당을 배제하면서 의사를 독단적으로 운영하여 국회의 행정부 시녀 기능을 충실히 수행하였다. 민주한국당과 한국국민당이라는 두 개의 관제정당을 활용하면서 상임위원회 위원장직을 독식한 민주정의당은 전두환 정부의 정책어젠다를 충실히 이행하는 기능을 수행하는데 관심이 있었을 뿐 국회의 자율성을 제고하는 데에는 거의 관심이 없었다.

국회권한의 강화와 국회운영의 실질적인 변화는 1986년 총선에서 신한민주당이 돌풍을 일으키면서 관제야당인 민주한국당을 와해시키고 이를 통해서 본격적으로 개헌운동은 전개한 결과 민주화가 실현된 1987년 이후의 시기를 기다릴 수밖에 없었다. 신한민주당은 민주화의 이행과정을 주도하면서 국회운영에 변화의 바람을 가져올 수 있었으나, 변화된 국회의 입법능력 강화와 자율성은 민주화 이후에 개원한 제13대 국회에 가서야 비로소 실현될 수 있었다.

V. 다원주의적 포스트 발전국가의 등장과 정치제도 (1987–2015: 제6공화국)

제4공화국과 제5공화국은 한국정치 발전과정에서 권위주의가 본격적으로 등장하여 대통령과 행정부에 극도로 권한이 집중되었고, 대통령은 여당의 안정 다수의석 확보를 통해서 국회를 철저히 통제해 왔던 정치체제였다고 할 수 있다. 대통령은 간접선거의 방식을 통해서 국민의 의사와 무관하게 선출되어 자신의 권력을 공고화하고자 했으며, 이 과정에서 국민의 기본적 권리와 참정권은 제한될 수밖에 없었다. 국회는 자율적인 입법과 심의기능이 위축된 채 통법부로 전락하여 행정부의 거수기 역할을 수행하였으며, 정치권 내에서 국회를 통한 헌법개정이나 정치제도의 근본적인 개혁은 기대하기 어려웠다. 이러한 현실 속에서 국가와 재벌 간의 유착관계는 더욱 강화되었고 그 부작용은 점점 커져 갔으며, 국가권력에 기댄 정치인과 기업의 연결고리에 따른 부정부패와 비리가 지속적으로 발생하여 민심의 이반은 점점 더 심화될 수밖에 없었다.

이러한 상황 속에서 노동계의 불만은 더욱 커져서 노사관계는 악화일로를 걷기에 이르렀으며, 이와 함께 민주화를 위한 야당과 재야의 대정부 투쟁은 지속적으로 격렬하게 전개되었다. 이에 맞서서 정부는 정부대로 공권력을 동원하여 민주화 투쟁을 지속적으로 탄압하였고, 그 결과 제4공화국과 제5공화국의 정치과정은 사실상 정치가 아니라 무자비한 강권통치와 이에 저항하는 민주화 및 재야세력의 투쟁 밖에 남지 않게 되었다. 발전국가의 극단적인 권위주의적 퇴행현상으로서 이와 같은 폭압적 국가권력의 행사는 1987년 1월의 박종철 고문 치사사건 및 6월의 이한열의 시위 중 사망으로 그 종착점을 향해 달려가기 시작했으며, 이윽고 대통령 직선제 개헌운동은 성공이라는 민주화쟁취를 거쳐 그 종말에 이르게 되었다.

1987년 민주화 이후 등장한 제6공화국은 이전 행정부가 추구한 발전국가의 틀로서는 설명될 수 없는 다양한 형태의 새로운 정치제도를 만들어 내기 시작하였다. 민주화 이후 한국은 국민이 대통령을 직접 선거할 수 있는 제6공화국 헌법을 채택하였고, 계속해서 한국정치는 국민의 기본권 신장과 국회의 권한확대 등을 특징으로 하는 민주적인 제도의 정착을 위해서 지속적으로 노력하였다. 대통령 권한을 제한하고 국회의 권한을 확대하기 위한 다양한 헌법적 규정의 운용과 함께 정당정치, 선거제도, 공천제도, 지방분권화 등에서 한국은 효율만을 중시하는 행정국가형 발전국가에서는 일찍이 볼 수 없었던 민주적 제도를 지속적으로 실험하면서 다원주의적인 포스트 발전국가로 빠르게 전환하였다.

민주화 이후 다양한 이슈의 해결을 위한 새로운 정치적 요구가 터져

나오고 이를 충족시키기 위한 제도가 구비되면서, 한국사회는 지난 1970년대와 1980년대 권위주의 통치시대에 억눌려 있었던 다양한 갈등이 분출되기 시작했다. 과거 권위주의 정권 시절 민주화 쟁취를 위해서 투쟁했던 정치인들은 정치권 내에서 보수여당과 대결하는 진보적인 정당을 창당하거나 혹은 더욱 보수화되기도 했다. 이와 함께 권위주의정부의 타도를 위해 노력했던 재야 민주화 세력은 시민단체의 주도세력으로 변모하기도 했다. 또한 노동세력은 민주노총과 한국노총으로 양분되어 재편되면서 근로자의 권리의 위해서 본격적으로 목소리를 높이기 시작했다. 또한 김대중으로 대표되는 진보적 정치세력이 유력한 정치세력으로 등장하면서 기존의 보수세력과 주도권 경쟁을 벌이기 시작하였다. 이와 함께 김대중, 김영삼, 김종필의 지역정당 보스를 중심으로 하는 '3김시대'가 본격적으로 전개되어 고질적인 지역주의 정당투표 행태가 그 모습을 드러내기도 하였다. 또한 통일문제와 대북정책 문제, 그리고 한미동맹 등을 둘러싸고 사회적, 이념적 양극화가 심화되기 시작했다.

한편 2002년 노무현 대통령의 등장을 전후해서는 한국사회가 일찍이 경험하지 못했던 세대 중심의 균열구조가 나타나기도 했다. 이러한 정치적, 사회적 변화의 연장선상에서 2004년 제17대 총선을 전후하여 소위 '386세대' 정치인이 대거 원내로 입성하기에 이르렀다. 이와 함께 제2투표제의 도입으로 민주노동당이라는, 친노동, 반미성향의 진보정당이 국회의석을 차지하면서 한국정치는 일찍이 볼 수 없었던 정당 간 대립과 이념적 양극화 현상을 경험하기에 이르렀다. 이와 함께 촛불시위와 같은 광장의 정치, 소셜미디어(SNS)를 통한 익명성 동원의 정치와 같은 비제도권적 정치로 인한 불안정성이 높아지고 정당의 빈번한 이합집산과 같은 정치적 유동성이 매우 증가되면서, 한국정치는 과거 권위주의 시절에 경험하지 못한 새로운 정치적, 사회적 도전에 직면하게 되었다.

이와 함께 1997년 IMF 경제위기와 2008년 글로벌 금융위기는 한국경제의 체질을 변화시켜 저성장 시대의 도래를 예고함으로써 한국 사회의 경제적 양극화에 기여하였다. 1997년 아시아 금융위기 이후 외국 차관을 들여오는 과정에서 한국경제는 IMF 등 외국채권단의 요구에 따라서 은행 등 금융기관의 재무구조를 개선하고 재벌중심의 기업구조에 변화를 가하면서 고강도의 구조조정을 실시한 바 있다. 이 과정에서 금융자유화가 이루어지고 기업에 정리해고제도가 도입되었으며 정규직보다는 비정규직 근로자가 대폭 늘어나면서, 중산층이 붕괴되고 경제적 소득격차가 더욱 심화되기에 이르렀다. 이러한 경제 양극화 현상은 2008년 글로벌 금융위기를 겪으면서 한층 증폭되어 일자리 창출은 보수세력과 진보세력을 막론하고 한국정치가 풀어야 할 상시적인 과제가 되기에 이르렀다.

1987년 민주화 이후 등장한 이와 같은 정당 간 갈등, 이념적 대립, 세대 간 격차, 경제적 양극화의 도전 속에서 한국정치는 민주주의 공고화의 성과에도 불구하고 앞으로 이러한 도전을 극복해야 할 정치제도를 구축하고 건전한 시민을 양성해야 하는 과제를 안게 되었다. 행정부 주도형 발전국가를 넘어서서 사회의 다원화와 동시에 진행되는 다양한 갈등의 문제를 내처할 수 있는 다원주의적 포스트 발전국가의 새로운 창출이라는 과제 앞에서 한국정치는 전대미문의 도전에 직면하기 시작한 것이다. 1987년 민주화 이후 꾸준히 요구되어 온 개헌논의, 정당공천제도의 개혁, 공정한 선거경쟁 확립, 정당갈등의 해소 등은 바로 다원주의적 포스트 발전국가가 요구하는 새로운 과제를 해결하기 위한 정치제도적 요청과 관련된 것이라고 할 수 있다. 아래에서는 이러한 논의를 바탕으로 제6공화국 등장 이후의 시기를 1987년부터 2002년 노무현 대통령의 등장시기까지와 2002년 이후 2016까지의 시기로 구분하여 정치제도의 다양한 변화를 살펴보고자 한다.

〈표 15〉 제6공화국 헌법에 나타난 대통령 및 국회관련 규정의 주요사항

헌법제정 시기	대통령 선출 및 임기 관련 규정	국회 관련 규정 (대통령 및 정부에 대한 견제권한 중심)	헌법상 대통령(정부) 관련조항의 등장 순서 및 대통령의 계엄·긴급조치, 국회해산 등과 관련된 권한	국무회의 성격, 기타 주요기관, 헌법개정 절차
1987년 10월29일	국민 직선; 5년 단임	국정감사권 및 조사권; 국무총리, 감사원장, 대법원장, 헌법재판소장 임명동의권; 국무위원 해임건의권; 탄핵소추 발의권; 대통령 긴급조치에 대한 승인권; 국정감사권, 국정조사권 부활; 인사청문회 제도 도입	제3장 국회에 관한 조항이 제4장 정부에 관한 조항에 앞서서 나옴; 긴급조치권; (국회승인필요), 국민투표부의권, 계엄선포권 보유; 국회해산권 없음	국무회의는 심의기관임; 감사원, 헌법재판소 존재 (별도의 조문으로 존재); 대통령이나 국회 재적의원 과반수의 의결로 헌법개정 발의 후 재적의원 2/3의 찬성으로 의결 후 국민투표로 확정

출처: 국가법령센터 '대한민국 헌법'
http://www.law.go.kr/lsInfoP.do?lsiSeq=61603&efYd=19880225#0000
각 공화국의 헌법에 나타난 주요 권력구조 관련 사항을 필자가 필요한 사항을 골라서 정리한 내용임

1. 민주화 이후 3김시대의 정치제도와 문제점(1987-2002)

1) 민주주의 공고화와 대통령 직선의 권력구조

1987년 등장한 제6공화국 헌법은 제4공화국과 제5공화국 등 과거 군부출신 정치인들이 지배했던 권위주의를 청산하고 민주화 시대를 연 헌법으로 평가된다. 제6공화국 헌법은 권위주의 정부 당시 대통령의 자의적인 권력행사를 방지하고 국회의 권한을 신장시키며 국민의 기본권을 복원시킨 헌법이라고 할 수 있다. 과거 권위주의 통치 시기의 헌법과 비교해 볼 때 권력구조의 측면에서 가장 두드러진 내용은 바로 대통령에 대한 국민직선제의 회복과 국회권한의 확대라고 할 수 있다.

먼저 대통령과 관련된 헌법 내용을 살펴보면 우선 제6공화국 헌법은 대통령 직선제를 복원시킴으로써 국민의 실질적인 참정권을 확대했다. 1987년 민주화 운동 당시의 핵심적인 구호 역시 '대통령 직선제 개헌쟁취'이었던 점에서 알 수 있듯이, 국민의 반독재 투쟁과 민주화 운동의 최종적인 성과물로 등장한 민주적 권력구조는 무엇보다도 대통령 직선제를 특징으로 하고 있었다. 또한 제6공화국 헌법은 권위주의의 청산과 대통령에 대한 권한의 집중을 방지하기 위해서 5년 단임제도를 도입하였다. 제3공화국 당시 박정희 대통령의 3선개헌을 통한 임기연장과 제4공화국의 사실상의 종신 대통령제 등 대통령의 임기연장 노력 그리고 제5공화국의 7년 단임 간선 대통령제 등이 권위주의적 통치의 핵심이었다고 파악한 제6공화국 창출의 정치 엘리트들은 이를 반면교사로 삼아서 대통령의 권한을 5년 단임으로 결정하여 중임을 금지하였다. 이와 함께 제4공화국과 제5공화국 당시 대통령이 보유하였던 대통령의 국회해산권을 없앰으로써 국회에 대한 대통령의 권한을 제한하였으며, 제5공화국과 마찬가지로 대통령의 긴급조치권은 국회의 승인이 필요하다고 규정하였다.

한편 국회는 제3공화국 이래 최초로 국정감사권과 국정조사권을 부여받아 행정부를 좀 더 효과적으로 견제할 수 있는 수단을 확보할 수 있게 되었다. 이와 같은 국회의 복원된 권한은 과거 권위주의 정부 시절 대통령과 행정부의 자의적인 권력행사를 방지하기 위한 수단으로 도입된 것으로 판단된다. 이와 함께 국회는 기존의 국무총리, 감사원장, 대법원장의 임명동의권 이와에 신설된 헌법재판소장에 대한 임명동의권도 확보함으로써 위헌심사, 탄핵재판, 그리고 정당해산 심판을 담당하는 중요한 기관의 수장에 대한 국회의 인준권한을 확보하게 되었다.

이와 같이 제6공화국의 권력구조의 변화는 과거 권위주의 정부 시절과 비교해 볼 때 대통령의 권한을 줄이고 국회의 권한을 신장시키려는 노력의 소산으로 보인다. 이를 통해서 제6공화국 헌법은 국회의 자율성을 신장시키고 대통령과 행정부의 권한을 견제하여, 국회가 통법부의 오명을 벗어나서 국민의 대표기관으로서 실질적인 입법기능을 수행할 수 있도록 하는 기본적인 요건을 마련하였다. 이와 같은 국회 기능의 강화는 이후 인사청문회 제도의 도입, 국회 지원기관으로서 입법조사처와 예산정책처의 신설 등을 통해서 더욱 촉진되었다.

2) 선거제도와 정당체제

〈표 16〉 제6공화국의 국회의원 선거제도(1987–2002)

총선	선출방식	선거제도	선거구	후보등록
제13대 총선	직선제와 전국단위 비례대표제	혼합형 (병립제)	지역구: 소선거구제; 전국구: 비례대표제	무소속 출마허용
제14대 총선				
제15대 총선				
제16대 총선				

〈표 17〉 제6공화국 시기 총선 후 각 정당 의석비율(1987–2002)

총선	정당명칭; 정당 의석수; 지역구(전국구) 의석수; 전체 의석대비 해당 정당의 의석비율: %; 전체 지역구 의석대비 해당 정당의 지역구 의석비율: %; 전체 전국구 의석대비 해당 정당의 전국구 의석비율: %				전체의석수; 지역구 (전국구) 의석수; 지역구 및 전국구[14]의석 비율: %
제13대	민주정의당	평화민주당	통일민주당	신민주 공화당	
	125	70	59	35	299
	87(38)	54(16)	46(13)	27(8)	224(75)
	41.8%	23.4%	19.7%	11.7%	
	38.8%	24.1%	20.5%	12.1%	지역구: 75%
	50.7%	21.3%	17.3%	10.7%	전국구: 25%
제14대	민주자유당	민주당	통일국민당	무소속	
	149	97	31	21	299
	116(33)	75(22)	24(7)	21	237(62)
	49.8%	32.4%	10.4%	7.0%	
	48.9%	31.6%	10.1%	8.9%	지역구: 79%
	53.2%	35.5%	11.3%		전국구: 21%

	신한국당	새정치 국민회의	자유민주 연합	무소속	
제15대	139	79	50	16	299
	121(18)	66(13)	41(9)	16	253(46)
	46.5%	26.4%	16.7%	5.4%	
	47.8%	26.1%	16.2%	6.3%	지역구: 85%
	39.1%	28.3%	19.6%		전국구: 15%
	새천년민주당	한나라당	자유민주 연합	민주국민당	
제16대	115	133	17	2	273
	96(19)	112(21)	12(5)	1(1)	227(46)
	42.1%	48.7%	6.2%	0.7%	
	42.3%	49.3%	5.3%	0.4%	지역구: 83%
	41.3%	45.7%	10.9%	2.2%	비례대표: 17%
	열린우리당	한나라당	민주노동당	새천년 민주당	
제17대	152	121	10	9	299
	129(23)	100(21)	2(8)	5(4)	243(56)
	50.8%	40.5%	3.3%	3.0%	
	53.1%	41.2%	0.8%	2.1%	지역구: 81%
	41.1%	37.5%	14.3%	7.1%	비례대표: 19%
	한나라당	통합민주당	자유선진당	친박연대	299
제18대	153	81	18	13	
	131(22)	66(15)	14(4)	5(8)	245(54)
	51.2%	27.1%	6.0%	4.3%	
	53.5%	26.9%	5.7%	2.0%	지역구: 82%
	40.7%	27.8%	7.4%	14.8%	비례대표: 18%
	새누리당	민주통합당	통합진보당	자유선진당	300
제19대	152	127	13	5	
	127(25)	106(21)	7(6)	3(2)	246(54)
	50.7%	42.3%	4.3%	1.7%	
	51.6%	43.1%	2.8%	1.2%	지역구: 82%
	46.3%	38.9%	11.1%	3.7%	비례대표: 18%

출처: 역대 국회 정당별 의석 현황* 각 의회별 정당 의석 보유 최상위 4개의 정당만 기

입함.출처: 대한민국 국회사이트(검색일: 2016년 2월 13일)http://www.assembly.go.kr/views/cms/assm/assembly/asshistory/asshistory0103.jsp

제6공화국 등장 이후 2002년 대통령 선거 이전까지의 제13대 국회부터 제16대 국회까지 12년간의 선거제도는 제4공화국과 제5공화국의 2인선거구의 중선거구제도를 없애고 1인 소선거구제 하에서 단순다수제를 채택함과 동시에 전국 수준의 비례대표제를 병행하는 1투표제하의 병립제를 채택하였다. 권위주의 시기에 여당이 절대안정다수를 얻기 위해서 야권의 분열을 도모하거나 관제야당을 정책적으로 조장한 선거제도를 전면적으로 개선하기 위해서, 제6공화국은 제3공화국 당시와 마찬가지로 소선거구제 하에서 단순다수제로 지역구 의원을 선발하고, 이와 함께 전국규모에서 비례대표제를 실시하는 방식을 취하였다.[15] 또한 이러한 비례대표제는 제3공화국 당시 제1당이 50%의 의석을 차지하던 방식이나, 제5공화국 당시 제1당이 2/3의 의석을 차지한 방식과 달리 각 정

14 2000년 제16대 총선 전 선거법이 개정되면서 전국구의원이라는 명칭 대신 비례대표의원이라는 명칭을 사용하게 되었다

15 다만 제5공화국과 달리 1988년 제13대 총선에서는 비례대표의석은 지역구 의석비율에서 제1위 정당에게 비례대표의석의 1/2을 배정하는 방식으로 변경했다. 즉 지역구 의석비율상 제1당의 비례대표 획득비율을 전체 비례대표 의석의 2/3에서 1/2로 줄인 것이다. 그러다가 1992년에 실시된 제14대 총선 전의 개정선거법에서는 지역구 의석수에 비례하여 비례대표의석수를 배분하되, 단 5석이상의 지역구 의석을 획득한 정당에게 그렇게 하였다. 그러나 5석 미만의 지역구 의석을 얻거나 지역구 의석이 아예 없더라고 전국적으로 지역구 투표에서 유효투표의 3% 이상을 득표한 정당에게는 우선 1석씩 배분하는 방식을 도입하였다. 이후 1996년 제15대 총선에서는 지역구에서 5석 이상의 의석을 얻거나 총 유효투표의 3% 이상을 얻은 정당을 대상으로—지역구 의석비율이 아니라—지역구 득표비율에 따라서 비례대표의석을 배분하는 방식을 채택하였다.

당의 지역구 득표비례에 따라서 배분되는 방식을 취하여 공정하고 민주화된 방식으로 변모하였다. 또한 제4공화국과 제5공화국 당시 도입한 무소속 의원의 국회의원 출마도 허용하여, 한국의 국회의원 선거제도는 역대 어느 선거보다도 민주적인 선거제도로 변모하기에 이르렀다.

선거제도와 제6공화국의 시작과 함께 민주적으로 변모되었다고는 하지만, 여전히 소선거구제도하의 단순다수제는 지역주의에 기반한 소수의 정당이 불비례적인 의석상의 이익을 확보할 수 있게 하고 군소정당의 국회진출을 막는다는 문제점을 지닌 제도였다. 특히 3김이 지배하는 지역에서 지역패권정당의 압도적 우세로 말미암아 이들의 통제하고 있는 정당들이 불비례적인 지역구 의석의 점유율을 보이면서 한국의 정당경쟁은 지역주의를 더욱 고착화시키는 폐단을 드러내기도 했다. 그리고 한 장의 지역구 투표용지를 통해서 정당의 지역구 득표율에 비례하여 비례대표의석을 배부하는 방식은 군소 이념정당이나 지역정당의 출현을 방해하고 거대정당 간의 경쟁만을 유도한 선거제도로 귀착되었다. 이러한 현실은 이후 지역구 투표와 별도로 정당투표가 도입된 2004년 제17대 총선 이후 개선되는 경향을 보이기는 했다. 그러나 국회의원 전체의석 가운데 비례대표의석의 비율이 현저히 적고, 여전히 지역구 선거에서는 지역주의에 기반한 양대 거대정당의 불비례적 이익이 커서, 소수거대정당 간의 경쟁을 중심으로 한 선거패턴은 크게 변화하지 않았다.

한편 민주화 이후 선거제도의 변경과 함께 지역에 기반한 3김정치가 본격적으로 시작되자, 한국의 정당체제는 과거 권위주의 시대 여당독주의 정당체제에서 벗어나 점점 제1당이 국회 다수당이 되기 어려운 상황으로 접어들게 되었다. 실제로 민주화 이후 첫 국회의원 선거인 제13대 총선 이후 개원된 국회에서 당시 여당인 민주정의당은 지역구 의석과 비례대표 의석을 합하여 41.8%의 득표율을 보여 과반수 의석을 확보하지 못하는 상황에 이르게 되었다(〈표 17〉 참조). 소위 여소야대 현상이 등장하면서 당시 집권여당인 민주정의당과 노태우 대통령의 국정운영은 3김의 저항 속에서 매우 어려운 도전에 직면할 수밖에 없었다. 또한 3당 합당을 통해서 민주자유당이라는 거대정당이 출현한 이후 치러진 제14대 총선에서도 민주자유당은 49.8%의 의석점유율을 보여서 1석 차이로 과반의석 날성에 실패했으며, 제15대 국회 여당인 신한국당이 46.5%의 의석점유율을 보여 과반의석 확보에는 실패하였다(〈표 17〉 참조).

마찬가지로 IMF 위기가 시작되면서 치러진 1997년 대선에 이어 실시된 1998년의 제16대 총선에서 당시 여당인 김대중 대통령의 새천년민주당은 원내 제2당의 지위에 그쳐 역시 여소야대 현상이 귀결되었으며, 김종필 총재가 이끄는 자유민주연합과의 공동정부를 통해서 이러한 불리한 원내여건을 극복해 갈 수 밖에 없었다. 이와 같은 3김정치 및 3김정치가 근거하고 있는 지역주의 패권정당에 의해서 한국의 정당체제는 제3공화국 이후 정당체제의 주류였던 양당체제 혹은 1당주도형 거대정당체제 혹은 1.5정당체제에서 벗어나 소위 온건다당체제를 창출하기에 이르렀다(장훈 2001).

3) 국회운영방식

1987년 민주화 이후 제6공화국이 등장하면서 권력구조나 선거제도 및 정당체제와 함께 상당한 변화를 경험한 정치제도는 국회의 운영방식과 절차라고 할 수 있다. 제3공화국 등장 이후 국회는 독회중심의 의사운영에서 상임위원회 중심주의로 전환하였다. 이미 제2공화국 이후 상임위원회는 행정부의 각 부서에 대응하는 방식으로 전환되었고, 이후 제3공화국에 들어서면서 국회는 행정부주도의 발전국가의 정책적 요구를 법률적으로 뒷받침하기 위해서 효율을 가장 중요시하는 기관으로 변화되었음을 이미 전술한 바와 같다. 이러한 현실적인 요구 하에서 제3공화국 출범 이후 발전국가의 등장 및 도약 시기와, 이후 제4공화국과 제5공화국 당시 발전국가의 비민주적 퇴행기 동안 국회는 대통령과 행정부의 정책을 신속하게 뒷받침하기 위해서 다수당인 여당이 주도하는 다수주의적인 의사결정 방식을 채택하였다.

그러나 이와 같은 다수주의적 의사결정 방식은 제13대 총선 이후 개원한 국회에서 헌정사상 사실상 최초로 여소야대 현상을 경험하면서 과두적 협의체제로 변화하게 되었다. 즉 3김이 지배하는 신한민주당, 평화민주당, 신민주공화당 등 3개 정당의 의석을 합하여 야당이 국회의 다수의석을 점유한 제13대 국회의 상황에서, 과거와 같이 여당지도부와 사실상 여당의 충실한 지원자인 국회의장을 중심으로 국회가 행정부의 충실한 파트너로서 기능하는 것은 더 이상 현실적으로 가능하지 않았다. 그 결과 이러한 여소야대 상황에서 제13대 국회는 3김의 의중을 대변하는 원내총무와 국회의장과의 협의를 거쳐서 의사가 진행되는 방식의 과두적 협의체제의 국회운영방식이 채택되었다. 이는 기본적으로 여소야대라는 제13대 국회의 상황을 반영한 것이기도 하지만, 이와 동시에 여당의 독주를 막아야 한다는 민주화 이행과정의 일반적인 정치적 정서의 산물이기도 하였다. 이러한 정치적 정서가 수렴된 결과 1988년 당시 전문 개정된 국회법은 의장과 각 당의 대표 간의 '협의'의 필요성을 법조문의 도처에 명시하기에 이르렀다.

1988년 4월 26일 치러진 제13대 총선 결과 당시 여당이던 민주정의당은 지역구 및 비례대표를 합쳐서 전체 의석인 299석의 절반에 미달하는 125석만을 차지하게 되었고, 반면 야당인 평화민주당, 통일민주당, 신민주공화당은 합계 166석을 차지하여 국회는 소위 '여소야대'라는 일찍이 경험해 보지 못한 국면을 맞이하게 되었다. 민주화 이후 첫 총선을 통해 이른바 '지역주의'에 기초한 3김정치의 막이 오르면서 온건 다당제의 구축과 함께 국회는 여당이 의석의 과반을 차지하지 못하는 현상이 나타나게 되었다. 그리고 이러한 여소야대 현상은 이후에도 반복적으로 나타나 국회운영 및 대통령-국회 관계에 여러 가지 새로운 과제를 안겨주기도 했다.[16]

제13대 국회에 처음으로 나타난 여소야대 상황은 우리 국회의 운영과 관련하여 두 가지 큰 변화를 불러 일으켰는데, 하나는 원구성에 있어서 상임위원회 위원장의 배분이 정당별 의석비례로 이루어지게 되었

16 지역주의와 온건 다당제, 그리고 이로 인한 여소야대 현상 등 한국 대통령제 및 대통령-의회 관계의 전개과정과 문제점에 대해서는 강원택 2001, 장훈 2001, 김욱 2002, 김용호 2005, 조정관 2009 등을 참조하기 바람.

다는 것이며, 둘째는 국회운영이 의장과 교섭단체대표의원 간 협의를 통해서 진행되는 새로운 패턴이 마련되었다는 것이다.[17] 그리고 이러한 두 가지 중요한 변화는 모두 제13대 총선 이전 약 15년간 지속된 권위주의 체제 하에서 국회가 대통령과 행정부의 일방적인 지시에 추종하는 기구로 전락했다는 반성에 기초한 것이었다. 즉 민주화 세력이 주도하는 새로운 국회에서는 사실상 국회의장의 권한과 역할을 의사진행과정 전반에서 일정 수준 제한하여 국회가 진정한 국민대표 기능과 법안심의 기능을 수행할 수 있는 기관으로 자리매김해야 한다는 생각이 강하게 대두되었다. 또한 야당이 여당과 국회의장의 독주를 방지하고 자신의 입지를 넓힐 수 있는 방법이 마련되어야 한다는 전략적 고려에 의해서, 상임위원회 위원장의 의석비율 배분방식과 과두적 협의체제가 도입되었다고 보인다.

제13대 국회 이후 상임위원회 위원장 배분방식과 과두적 협의제 방식은 각각 상호 양해가 가능한 불문의 규범으로 작용하기도 하고 국회법상의 성문 규정으로 명문화되기도 하면서, 국회 내에서 새로운 제도적 경로(institutional path)를 창출하는 효과를 가져왔다. 1988년 제13대 국회 개원 직후 6월 15일 전면 개정 후 공포되어 2008년 8월 25일 일부 개정된 국회법 내에 '협의'라는 단어는 제1장 '총칙'에서 제15장 '보칙'에 이르기까지 전체 166개 조에 모두 36차례 등장할 정도로 '협의'는 제6공화국의 제정국회법에서 매우 강조되는 요소라고 할 수 있다. 이는 유

17 이러한 변화에 관한 자세한 논의는 유병곤 2006, 제4장 "민주화와 지역주의적 4당 체제의 등장: 13대 국회개원"에 제시되어 있다.

신헌법 등장으로 권위주의 시대가 열리기 전 최후로 개정된 1970년의 국회법[18]과 비교해 볼 때 현저히 대조되는 현상이라고 할 수 있다. 1970년 일부 개정된 국회법을 보면 제1장 '국회의 집회'에서 제15장 '잡칙'에 이르기까지에 수록된 156개 조에서 '협의'라는 단어는 단 3차례 등장한다. 50개 조문마다 한 차례씩 등장하는 셈인데, 이는 1987년 체제하의 국회법이 의도적으로 협의체제를 강조하고 있음을 알 수 있다.[19]

18 1970년 12월 31일 법률 제2243호로 일부 개정된 국회법을 지칭함.

19 1970년 일부 개정된 국회법에는 단 세 차례 협의라는 용어가 등장하여 민주화 이후의 국회법과 극명한 대조를 이루고 있다. 그리고 그 협의의 당사자는 의장과 교섭단체 대표의원이 대부분을 차지하는 현행 국회법과 달리 의장과 국회운영위원회 혹은 운영위원회와 교섭단체가 되고 있다. 적어도 '협의'라는 용어의 빈도수에서만 본다면 1970년의 국회법에서 국회운영상 협의의 중심은 국회의장과 운영위원회에 있다고 할 수 있다. 실제로 민주화 이후에 등장한 제13대 국회 제정국회법에 '협의'라는 단어가 사용된 경우 이는 압도적으로 '의장과 교섭단체대표의원 간의 협의'인 경우가 대부분이다. 이외에 협의라는 용어가 사용된 경우는 의장과 운영위원회 간의 협의가 두 번째로 많고, 그 외에 의장, 부의장, 대표의원 간, 상임위원회 위원장과 간사 간에 협의가 규정되어 있다.

2. 제왕적 총재의 퇴진 이후 정치제도 변화의 양상과 과제 (2002-2015)

1) 선거제도 및 정당체제의 변화 및 정치적 예측불가능성의 증대

〈표 18〉 제6공화국의 국회의원 선거제도(2002-2015)

총선	선출방식	선거제도	선거구	후보등록
제17대 총선	직선제와 전국단위 비례대표제 (별도의 (정당투표를 포함한 2투표제) 도입 및 사용	혼합형 (병립제)	지역구: 소선거구제; 비례대표: 비례대표제	무소속 출마허용
제18대 총선				
제19대 총선				

〈표 19〉 제6공화국 시기 총선 후 각 정당 의석비율(2002-2015)

총선	정당명칭; 정당 의석수; 지역구(비례대표) 의석수; 전체 의석대비 해당 정당의 의석비율: %; 전체 지역구 의석대비 해당 정당의 지역구 의석비율: %; 전체 비례대표 의석대비 해당 정당의 비례대표 의석비율: %	전체의석수; 지역구 (비례대표) 의석수; 지역구 및 비례대표 의석비율: %

	열린우리당	한나라당	민주노동당	새천년 민주당	
제17대	152	121	10	9	299
	129(23)	100(21)	2(8)	5(4)	243(56)
	50.8%	40.5%	3.3%	3.0%	
	53.1%	41.2%	0.8%	2.1%	지역구: 81%
	41.1%	37.5%	14.3%	7.1%	비례대표: 19%
제18대	한나라당	통합민주당	자유선진당	친박연대	299
	153	81	18	13	
	131(22)	66(15)	14(4)	5(8)	245(54)
	51.2%	27.1%	6.0%	4.3%	
	53.5%	26.9%	5.7%	2.0%	지역구: 82%
	40.7%	27.8%	7.4%	14.8%	비례대표: 18%
제19대	새누리당	민주통합당	통합진보당	자유선진당	300
	152	127	13	5	
	127(25)	106(21)	7(6)	3(2)	246(54)
	50.7%	42.3%	4.3%	1.7%	
	51.6%	43.1%	2.8%	1.2%	지역구: 82%
	46.3%	38.9%	11.1%	3.7%	비례대표: 18%

출처: 역대 국회 정당별 의석 현황

* 각 의회별 정당 의석 보유 최상위 4개의 정당만 기입함.

출처: 대한민국 국회사이트(검색일: 2016년 2월 13일)

http://www.assembly.go.kr/views/cms/assm/assembly/asshistory/asshistory0103.jsp

(1) 국민참여형 대통령후보 경선제도 도입

2002년 12월 19일에 실시된 제16대 대통령 선거와 2004년의 제17대 총선은 한국정치사에서 3김정치의 퇴진을 확인했다는 매우 중요한 의미를 지닌다. 2002년에 이르러 김영삼, 김대중 양대 대통령이 임기를 모두 마치고 물러났고, 2004년 제17대 총선에서 자민련이 참패함으로써 김종필 총재 역시 정치일선에서 물러나게 되었다.

사실 '3김정치'는 1987년 민주화 이후 2002년 대통령 선거까지 제6공화국의 초반을 이끌어 온 정치적 화두였다. 영남, 호남, 충청권이라는 지역을 기반으로 김영삼, 김대중, 김종필 등 3김씨의 강력한 지배력이 주도한 지역패권정당 구조가 등장했고, 그 구도 속에서 한국정치는 민주주의 공고화의 달성에도 불구하고 여전히 정당제도의 후진성을 면하지 못하고 있었다. 막강한 정당보스인 3김은 각각 신한민주당, 평화민주당, 신민주공화당 및 이들 각 정당의 후속정당 등 지역주의 정당의 공천권과 재정권을 장악하여 당 소속 의원들에 대한 강력한 통제권을 발휘해 왔다. 어떤 의미에서 대통령을 역임한 김영삼, 김대중 대통령의 통치력의 실질적인 기반은 자신들을 대통령으로 선출해 준 국민의 의사에 못지않게 자신이 소속한 정당에 대한 3김의 절대적 통제권에 있었다고 해도 무방하다.

이들 3김은 자신이 지배해왔던 정당에 대해서 불비례적인 혜택을 부여하는 소선거구제 단순다수제 하에서 유권자들의 지역주의 투표행태를 배경으로 독보적인 우위를 확보하면서 각각 정당을 운영해 왔다. 이들 3김이 '총재'라는 지위를 차지하고 있는 한 사실상 당내민주화는 기대하기 어려운 것이다. 정당에 대한 1인 지배체제가 장기화되면서 민주주의 공고화 이후 '정당 민주화'의 과제에 역행하는 모습이 나타나기도 하였다. 민주주의 공고화의 완성과 이에 연이은 민주주의의 제도적 심화는 이들의 퇴진 이후에나 가능한 것으로 여겨졌다.[20]

2002년 대선은 이런 의미에서 지역주의 정당구조에 대해서 일정 부분 변화를 주고 정당 내부적으로는 정당민주화의 물꼬를 튼 선거로 생각될 수 있다. 2002년 대통령 선거는 한국정치사 혹은 한국정치의 제도적 발전에 있어서 중요한 이정표가 될 만한 몇 가지 주요한 변화를 선보였는데, 그 가운데 가장 중요한 것은 대통령후보 선발과정에서 미국식 '국민참여형 경선제도'(open primary)를 도입한 것이었다. 즉 김대중 대통령이 이끌던 새천년민주당은 미국식 후보경선제도인 예비선거제도(primary system) 가운데 개방형 예비선거제도 방식을 도입하고 이를 일부 변형하여 당원과 일반국민이 50% 대 50%의 비율로 참여하여 대통령후보를 선발하는 새로운 제도를 실행하기에 이른 것이다.

이러한 국민참여형 경선제도가 도입되기 이전에 사용된 전통적인 대통령후보 선출방식은 주로 당원과 대의원이 일정시간에 전당대회장소에 모여서 대통령후보를 선출하는 방식이었다. 이러한 전당대회를 통한 대통령후보 선출방식은 대통령을 포함한 특정정당의 주류 유력정치인이나 다수정치세력의 지지를 받는 후보가 당선되는 것을 방조했을 뿐만 아니라, 후보 혹은 유력 정치인 간의 합종연횡이나 타협으로 대통령후보가 결정될 수 있게 해주는 제도였다. 이렇게 합종연횡과 타협을 통해서 선출된 후보는 정당의 주류의견을 반영하거나 정당의 안정성에는 기여할 수 있었다. 반면 이러한 전통적인 대선후보 선출방식은 빠르게 변화하는 민심을 반영하거나 새로운 세대의 요구를 수용하기에는 매우 수동적

20 민주주의 공고화 및 심화의 개념과 관련한 문헌으로는 Barracca 2003, Goventa 2003, Heller 2000, 2009a, 2009b, Linz and Stephan 1996, Schedler 1998, Valenzuela 1992 등을 참조하기 바람.

인 방식이었다. 또한 이러한 후보선출방식은 당내 비주류 정치인 혹은 아웃사이더형 정치인이 중앙 정치무대에 진출하여 대통령후보로 선출되어 혁신적인 정치를 선보이는 것을 사실상 불가능하게 만든 제도였다.

이러한 상황에서 2002년 대통령선거를 앞두고 새천년민주당은 전당대회제도를 통한 대선후보 선발제도를 전격적으로 개혁하여 당원과 일반국민이 참여하는 국민참여형 경선제도를 도입하기로 결정한 것이다. 새천년민주당은 전국을 순회하면서 순차적으로 경선을 실시하고 서울에서 최종경선을 하는 방식으로 경선을 운영하여, 각 지역경선의 선거결과가 다음 경선의 선거결과에 영향을 미칠 수도 있는 역동적인 방식을 채택했다. 실제로 이러한 전국순회형 경선을 통해서 새천년민주당의 경선과정에 대한 국민의 관심은 경선과정 중 시간이 지날수록 높아지는 효과도 나타났다.

새천년민주당이 이러한 새로운 방식을 도입한 계기에는 김대중 정부 말기에 불거진 다양한 권력형 비리와 정치적 스캔들로 인해서 추락한 정당지지도를 만회하여 2002년 대선에서도 정권을 재창출하겠다는 전략적 고려도 있었다. 2002년 대통령 선거전 동안 여론조사에서 한나라당 이회창 후보의 우위가 계속 유지되고 있는 상황에서, 새천년민주당은 정권을 빼앗길 수 있다는 위기감을 느끼지 않을 수 없었다. 따라서 이러한 불리한 선거 국면에서 벗어나 대선국면을 반전시킬 수 있는 특단의 수단을 강구해야만 한다는 내부적 고민도 매우 컸을 것으로 보인다. 이러한 불리한 선거상황과 내부적 고민을 안고 새천년민주당은 국민참여형 경선제도를 통해서 대통령후보를 선발하기에 이른 것이다. 이와 같은 제도적 변화는 이후 이회창 후보를 중심으로 선거운동을 전개하던 한나라당에도 영향을 미쳤으며, 2002년의 제17대 대선 이후 한국의 대통령후보 선출방식은—운영의 면에서는 정당별로 약간씩 차이를 보이기는 했으나—이러한 국민참여형 경선이 일반적인 방식으로 받아들여지게 되었다.

이러한 새로운 방식을 통해서 새천년민주당의 대통령후보에 당선된 노무현후보는 정계입문 이후 지속적으로 지역주의 정치의 타파를 외쳐온 비주류정치인이었다. 따라서 2002년 초반 새천년민주당의 대선후보 경선이 시작될 당시만 해도 대통령후보로 그가 당선될 가능성이 크다고 예측한 사람은 거의 없었다. 그러나 노무현후보는 자신만의 입지전적인 성장과정의 스토리를 적절하게 유권자들에게 전달함으로써 새로 도입된 경선을 통해서 대통령후보로 당선될 수 있었다. 5공청문회에서 보여준 정치적 소신, 기존정치권의 부정과 부패와 절연된 순수한 이미지, 지역주의타파에 대한 신념, 그리고 특유의 호소력 있는 연설 등의 장점을 발휘하면서 노무현 후보는 경선 이전 이인제 후보가 압승할 것이라는 일반의 예상을 깨고 경선에 참여한 당원과 국민참여선거인단의 압도적 지지를 획득하면서 마침내 새천년민주당의 대통령후보로 당선될 수 있었다.

국민참여형 경선제도를 통해서 새천년민주당의 후보로 당선된 노무현은 이후 한나라당 이회창 후보와 맞붙은 본선의 대선경쟁에서도 승리함으로써 최종적으로 제16대 대통령으로 당선될 수 있었다. 노무현 후보는 새천년민주당 내에서 지역주의 타파를 외치며 영남후보론을 내세워 성공할 수 있었는데, 호남지역과 전통적인 진보세력의 지지뿐만 아니라, 부산 등 경상남도 지역에서 상당한 득표율을 보이고 충청권에서도 선전함으로써 마침내 대통령에 당선될 수 있었다. 이러한 승리를 쟁취해 가는 과정에서 노무현 후보는 선거운동 당시 수도이전을 포함한 지방분권, 언론개혁, 반미노선 등 종래에 볼 수 없었던 매우 파격적인 정책어젠다를 제시함으로써 '2030'으로 표현되는 젊은 층의 지지 동원에 성공하였다. 2002년 제16대 대통령선거에서 노무현 후보에 대한 대학생의 압도적인 지지표출은 한국정치사에 있어서 전통적인 지역균열구조 이외에 세대균열이라는 새로운 균열구조가 부상했음을 웅변적으로 보여주는 것이었다.

이러한 세대균열구조의 등장은 제3, 4, 5공화국을 통해서 전개되어 온 전통적인 발전국가의 틀에서 해방된 새로운 세대의 등장을 의미하는 것이기도 했다. 노무현 후보를 압도적으로 지지한 20대–30대의 정치세력화 현상은 2002년 발생한 효순·미선양 사건 당시 촛불집회에 참석했던 세대와 중첩되는 유권자층이라고 할 수 있다. 이들 젊은 세대는 미국에 대한 맹목적인 의존이나 부채의식에 대해서 반감을 지니고 있었으며, 인터넷 등 소셜미디어를 즐겨 사용하는 네트워크화 세대로서 자기표출적인 유권자층이라고 할 수 있다. 이러한 새로운 지지층의 출현은 향후 한국정치가 발전국가의 틀에서 벗어나 다원주의적으로, 더 나아가 예측불가능한 방향으로 변화하여 매우 유동적인 정당 및 선거정치를 유도할 수 있음을 시사하는 것이기도 했다.

이와 같은 경로를 통한 노무현 후보의 대통령 당선은 대선후보 선발과정에서 국민참여형 경선제도를 선보이고, 선거정치의 새로운 균열구조로서 세대균열구조를 유도했을 뿐만 아니라, 향후 다양한 방면에서 한국 정치제도가 변화하는 물꼬를 트는 계기가 되었다. 그 결과 2002년 대통령 선거와 이후 2004년 제17대 총선에 이르는 길지 않은 과정에서 한국정치는 국회의원 선거제도와 정당정치의 여러 측면에서 중대한 제도적 변화를 맞이하기에 이른다.

한편 2002년에서 2004년의 기간을 전후해서 나타난 이러한 정치제도의 변화는 이중적인 효과를 가져온 측면이 있었다. 즉 이러한 정치개혁은 한편으로는 각 영역에서 변화와 혁신을 추동하면서 성공적으로 실행되기도 한 한편, 다른 한편에서는 한국정치가 정치적 유동성과 불안정성을 효과적적으로 관리해야 한다는 과제를 안겨 주기고 했다. 3김정치의 종말과 2002년 대선 및 2004년 총선 전후의 정치제도의 변화 양상은 한편으로는 한국정치에서 민주적 참여의 확대 및 민주적 수용성과 포용성을 제고했다고 판단된다. 그러나 이러한 한국정치의 변화는 정치과정의 유동성과 예측불가능성을 더욱 높이는 방식으로 작동한 측면도 있다. 민주적 참여의 확대와 수용성 및 포용성의 제고, 그리고 정치과정의 유동성과 예측불가능성의 증대는 기존의 발전국가의 모델로서는 적절히 설명될 수 없는 현상이라고 보인다. 그렇다면 노무현 정부의 출현 이후 주목할 만한 선거제도의 변화는 어떤 것들이 있었으며, 그 영향은 어떠했는가?

(2) 2 투표제도의 등장

2004년 제17대 총선을 앞두고 일어나 커다란 변화는 국회의원 선거제도와 관련된 변화였다. 구체적으로 국회의원 선거제도에 있어서의 중요한 변화는 지역구 투표와 구별되는 별개의 정당투표를 실시하는 2투표제의 도입이었다고 할 수 있다. 물론 이러한 일회적인 선거제도의 변화가 이후 한국정치에 어떤 근본적인 변화를 가져올 수 있었던 것은 아니었다. 왜냐하면 이러한 선거제도의 개혁 이후에도 주요 양대 정당을 중심으로 정당정치가 작동해 온 것이 사실이기 때문이다. 그러나 이와 같은 한계와 제약에도 불구하고 2004년 제17대 총선 과정에서 실현된 선거제도 개혁은 한국 민주주의의 포용성과 수용성의 확대라는 각도에서 의미가 큰 것이라고 평가할 수 있다. 이러한 내용을 아래에서 개괄적으로 살펴보기로 한다.

민주화 이후 한국의 국회의원 선거제도는 특정지역의 배타적이고 전폭적인 지지에 기반한 지역패권정당을 창출하는데 기여하였는데, 이는 근본적으로 지역주의 투표행태를 바탕으로 가능했다. 소선거구제 하에서 단순다수제를 통해서 지역구 의원을 선발하고, 비례대표의원은 개별 지역구에서 각 정당의 후보의 득표수를 전국적으로 집계한 후 득표비율에 따라서 배분하는 기존의 선거제도는 지역패권정당의 등장과 지속에 매우 중요한 요인으로 작동했다. 소선거구제와 단수다수제 하에서 새천년민주당, 한나라당 혹은 자민련 등의 주요 지역패권정당들은 지역구의원의 선출에서 ― 적어도 자신들의 연고지역에서는 ― 불비례적인 의석이익을 구가하고 있었는데, 선거제도 개혁 이전의 비례대표의원 선발방식은 이들의 의석이익을 배가시키는 효과를 지니고 있었다. 이러한 선거제도 속에서 진보적 성향의 민주노동당 등 군소정당의 국회 진출은 사실상 불가능한 것이었다.

이와 같은 상황을 반전시킨 것은 2001년에 내려진 헌법재판소의 판결이었다. 헌법재판소는 비례대표를 선발하기 위한 별개의 투표가 없는 상태에서 지역구후보에 대한 투표를 통해서 비례대표의원의 숫자를 결정하는 것은 민주주의 국가에서 국민이 당연히 보장받아야 할 직접선거권, 투표권 등을 위반한 것이라고 결론을 내렸다(헌법재판소 2001). 또한 헌법재판소는 무당파 유권자가 정당선택에 대한 별개의 의사표현을 하지 않았음에도 불구하고 지역구후보에 대한 선호표시를 정당선택의 선호표시로 활용하는 것은 문제가 있다고 판단한 것이다.

헌법재판소의 이러한 판결 이후 2004년의 제17대 국회의원 선거 이전에 제2투표, 즉 정당선호에 대한 유권자의 별개의 의사표시를 가능하게 하는 새로운 투표방식이 도입되어야 한다는 여론이 시민사회 내에서 광범위하게 형성되었다. 이러한 시민단체의 노력의 결과 정치권은 제17대 국회의 경우 전체 299명의 의원 가운데 56명의 비례대표의원을 두기로 하고, 비례대표의원은 별개의 정당투표를 통해서 선출하는 선거법 개정안을 제16대 국회 막바지인 2004년 3월 12일 통과시켰던 것이다.

이러한 새로운 선거제도의 도입은 기존의 행정부 주도형 발전국가모델로는 잘 설명되지 않는 새로운 결과를 가져오기에 이르렀다. 2004년 제17대 총선의 결과 민주노동당이 1987년 민주화 이후 처음으로 국회에 입성하기에 이른 것인데, 민주노동당이 대변하고자 하는 노동자와 농민의 이익은 행정부주도형 발전국가의 국가전략에서 중요하게 고려되지 않은 사항이었다. 민주노동당은 충청지역을 기반으로 한 자민련을 제5위의 정당으로 추락시키면서 열린우리당과 한나라당에 이어서 제3당으로 등장하기에 이른 것이다. 민주노동당이 제3당으로서 전체 10개의 의석을 얻을 수 있었던 동력은 바로 지역구의원 선출과 별도로 실시된 정당투표의 결과였다고 할 수 있는데, 민주노동당은 지역구에서 2석을 얻은데 그친 반면, 별개의 정당투표를 통한 비례대표의원 8석을 확보하여 일약 제3당으로 도약한 것이었다(박찬욱 2004; 장훈 2006; 조진만·최준영 2006).

(3) 새로운 제도 도입의 함의

노무현 대통령의 당선과 비례대표 선거제도의 변화를 통한 민노당의 국회진출은 향후 한국정치발전의 발전방향에 대해서 몇 가지 시사점을 던져 주었다. 첫째, 노무현 후보의 대통령 당선은 강고한 정당지지의 지역주의가 약화될 가능성을 보여주었다는 점에서 의의가 있다. 노무현 후보 자신이 지역주의 타파를 부르짖어왔던 후보였다는 점과, 선거운동 기간 중 지역주의 정당체제를 혁파하고 전국적인 수준에서 골고루 지지를 받는 정당의 필요성을 역설했던 점을 두고 볼 때, 노무현후보가 부산 및 경남지역에서 상당한 득표율을 기록하고 또한 전통적인 여권성향의 지역이었던 충청권에서도 행정수도 이전이라는 공약을 통해서 이 지역 유권자의 민심을 장악하였던 것은 주목할 만하다. 물론 여전히 영남과 호남의 정당지지와 관련된 지역주의 투표행태는 강하게 유지되고 있지만, 이슈, 후보자, 정당의 정책에 따라서 이러한 지역주의 투표행태에 일정 수준 변화할 수 있다는 점은 한국정치의 유동성을 높이는 요소로 작동하게 되었다.

이와 함께 민주노동당의 국회진출 역시 한국 정당정치 및 선거정치와 관련하여 상당한 시사점을 제공해주는 사건이라고 할 수 있다. 1948년 대한민국 정부수립과 한국전쟁으로 인한 분단체제의 고착화, 그리고 제

3, 4, 5공화국의 반공 권위주의체제의 강화는 급속한 산업화와 이에 따른 노동계급의 증가에도 불구하고 노동자의 이익을 대변할 조직의 세력화를 허용하지 않았다. 북한과 대치하고 있는 현실과 동북아시아에서 냉전의 전개는 노동세력의 결집 및 정치세력화를 북한에 대한 추종과 동일시하거나 정권에 대한 전복노력으로 간주하는 분위기를 조성했다. 이러한 상황 속에서 노동자, 보다 넓게는 노동자와 농민 등의 이익을 대변하는 이념정당 혹은 진보정당의 출현은 사실상 불가능한 것이었다. 그러나 2투표제도의 도입으로 인한 민주노동당의 등장은 이러한 집단의 이익을 대변하고 사회의 기존 주류담론에 저항할 수 있는 정당이 원내에 진입했다는 것을 의미하는 것으로서 향후 한국정치의 이념적 지평이 넓어질 가능성을 마련해 주었다.

이와 함께 별도의 정당투표를 통한 비례대표의원을 선발하는 방식의 도입은 유권자의 후보 및 정당선택의 분립을 가능하게 하여, 투표시 유권자들이 자신의 의사를 다양한 방식으로 표명하는 것을 가능하게 해 주었다. 이를 통해서 유권자들은 특정 정당에 대한 반대 및 비판의 의사표출과 함께 다른 정당에 대한 지지를 표명할 경우 이를 균형을 갖추어 제시할 수 있게 되었다. 별개의 투표를 통해서 정당후보를 선발할 수 있게 하는 2투표제의 도입은 군소정당의 원내진출을 가능하게 하였을 뿐만 아니라, 유권자의 다양한 의사표현을 가능하게 하여 한국 선거정치의 유동성과 예측불가능성을 높여왔다고 보인다.

비주류세력의 일원이자 아웃사이더형 정치인인 노무현 후보의 대통령 당선, 선거제도의 개혁을 통한 진보적 군소 이념정당의 원내진출, 지역균열 구조의 약화와 세대균열 구조의 등장 등의 새로운 현상은 2002

년 대통령 선거 이후 2004년 제17대 총선에 이르는 시기를 거치면서 한국정치에 새로운 변혁을 불러오는 요소들이었다. 발전국가 당시의 반공이념과 민주화 이후 고착화된 지역주의의 틀에서 벗어나 인터넷 등 소셜미디어에 익숙한 정보화세대의 등장, 노무현 대통령과 이후 386정치인 등 기존 정치세력과는 다른 정치신인의 등장, 이러한 비주류출신의 대통령이 지역주의 타파를 외치면서 전국정당화를 추구하려는 노력, 노동자와 농민의 이익을 대변하는 새로운 진보정당의 원내진출 등의 현상은 과거 제3공화국 출현 이후 행정부 주도의 경제발전을 발전국가모델에 대한 대폭적인 수정이 필요하다는 점을 강력하게 시사하는 것이었다.

2) 정당개혁 및 정당의 변화와 정당양극화의 심화

제16대 노무현 대통령의 당선과 이에 이은 제17대 총선과 이를 전후한 정치개혁과 국회의 변화는 한국의 정당정치와 정당의 내적 운영 등에 있어서도 상당한 변화를 초래하기에 이르렀다. 아래에서는 이 시기에 등장한 정치개혁이 한국의 정당운영 및 정당의 내적 변화에 미친 영향에 대해서 검토해 보고자 한다.

(1) 정당 총재제도의 폐지와 지역구의원에 대한 상향식 공천개혁의 시도

2002년 제16대 대통령 선거 당시 각 정당은 경쟁적으로 자신들이 정치개혁을 위해서 노력하고 있다는 점을 국민들에게 보여주고자 하였는데, 이 가운데 국민참여경선제도를 통해 새천년민주당이 노무현을 대통령후보로 선발하게 된 과정은 이미 위에서 설명하였다. 노무현 후보의 등장과 노무현 대통령의 탄생은 대통령 후보선발과정의 개혁을 이루어냄으로써, 대통령후보를 선발하는 과정에서 국민의 의사를 직접적으로 물어보는 방식을 일반화시키게 되었다는 점에서 의의가 크다. 이와 함께 이 시기의 정치개혁은 정당 총재제도를 없앰으로써 과거 3김이 실행한 정당정치의 제도적 토대를 붕괴시키는 계기를 마련하기도 했다. 3김으로 칭해지는 정당보스들은 국회의원 선발과정에서 압도적인 공천권 행사를 통해서 국회의원들을 통제하면서 제왕적 총재로 군림해 왔고, 또한 이를 토대로 김영삼, 김대중 대통령은 집권기간 동안 큰 당내 도전이나 반발 없이 국정을 운영할 수 있었다. 김영삼, 김대중 두 대통령은 한국의 대통령을 일반화하여 지칭하는 '제왕적 대통령'이기에 앞서서 '제왕적 총재'로서 군림하면서, 절대적인 정당통제를 통해서 여당을 장악하고 이를 토대로 국정을 이끌어갈 수 있었다. 이 양대 대통령에 대한 도전은 가족을 포함한 측근의 부정에 의한 국민적 비난과 야당의 공세에서 기인한 것이지, 결코 대통령에 대한 집권여당 내부의 조직적 반발에 기인한 것은 아니었다. 그러나 이들 3김 중심의 정당보스정치의 제도적 기반인 총재제도가 제16대 대선과 제17대 총선을 거치면서 사라지자, 각 정당은 내부적으로 정당민주화를 향해서 첫발을 디딜 수 있는 단초를 마련할 수 있었다.

먼저 정당 총재제도의 폐지는 먼저 각 정당의 보스로서 군림했던 총재가 전권을 장악하고 행사했던 공천제도에 변화를 가져오기 시작했다. 총재제도의 폐지와 함께 이러한 공천제도의 변화는 2004년 제17대 공천을 겪으면서 다양한 형태로 발전하기 시작했다. 비록 국회의원 선거에서 퇴행적인 공천과 공천 후 잡음이 반복적으로 나타났던 것은 사실이지만, 그럼에도 불구하고 각 정당에서는 공천개혁을 위한 논의가 지속적으로 제기되었다. 각 정당은 공천심사위원의 선발을 정당의 외부로 확대하여 공정한 공천이 가능하도록 노력하기도 하고, 공천과정이 객관적으로 진행될 수 있도록 구체적이고 계량적인 공천기준을 마련하여 심사하는 제도를 도입하기도 하였다. 이러한 공천개혁 분위기의 속에서 2004년 제17대 총선 당시 노무현 대통령이 탄핵의 위기에 몰린 상황 속에서 열린우리당은 상당수의 지역구에서 상향식 공천을 실시함으로써 개방적이고 민주적이고 분권화된 공천방식을 선보이기도 하였다. 그리고 이와 같이 당원과 국민이 참여하는 새로운 공천제도는 여론조사의 방식을 병용하면서 지역구별로 국민의 선호를 반영하여 정당의 후보자를 선발하는 방식으로 서서히 변모해 가기에 이르렀다.[21]

---

21 이 시기 공천제도의 변화의 영향 및 쟁점 등에 관해서는 전용주 2005, 2010을 참조하기 바란다. 제17대 총선 이후 지속적으로 제기되어 온 상향식 공천제도의 전면적, 전당적 도입이나 법제화 논의는 2016년 제20대 공천에 이르러서도 성사되지 못했다. 전면적인 상향식 공천제도는 주로 현역의원의 반대와 각 정당의 전략적 고려, 그리고 정당 간 합의의 부재로 성사되지 못하였지만, 향후 정당의 국회의원후보 선발과정의 민주화, 국민에게 공천권을 돌려준다는 명분과 함께 지속적으로 제기될 것으로 보인다. 공천과정을 투명하게 하고 공천심사를 객관적으로 한다고 해도, 내려찍기 공천, 막후공천, 특정인물을 배제하는 조직적 노력이 동반된 공천, 청와대의 눈치를 보는 공천이 유지되는 한 전면적인 상향식 공천의 실시에 대한 요구는 향후에도 지속될 것으로 보인다.

(2) 여성 비례대표후보 할당제 도입

국회의원 공천제도의 변화에 대한 요구는 지역구후보의 경우에만 존재했던 것은 아니며 비례대표의원의 후보선발과정에도 개선의 의견이 있었는데, 이 경우 특히 핵심적으로 제되었던 사항은 여성후보를 비례대표후보의 절반까지 공천하자는 논의였다. 2004년 제17대 총선을 전후한 전반적인 정치개혁의 분위기 속에서 여성단체 등 정치개혁 시민단체가 중심이 되어 진행된 여성의 정계진출을 위한 법제화 촉구에 따라서, 2004년 총선직전 마침내 정당법이 개정되면서 비례대표후보 가운데 절반을 여성후보로 공천한다는 제도가 도입되었다.[22] 2투표제도의 도입으로 민주노동당 등 진보정당의 국회진출이 가능해지고 비례대표후보선출에 관한 여성할당제를 통해서 여성의원의 국회진출이 늘어나면서, 한국은 발전국가의 시기에는 경험할 수 없었던 수준으로 사회적 다원성과 민주적 수용성이 제고되는 정치변화를 경험할 수 있었다.

2002년 대통령후보 선발과정에서 국민참여형 경선이 도입된 이후, 2004년 제17대 총선을 거치면서 국회의원 후보선출을 위해서도 상향식 공천제도가 일부 실험적으로 도입되었으며, 이어서 비례대표후보 선출

---

22 이러한 개혁과정에 관한 자세한 논의는 박경미 2013, 전진영 2013a, 2013b, 조현옥·김은희 2010 등을 참조하기 바란다. 정치권은 여성단체와 정치개혁 시민단체의 압력에 직면하여 비례대표후보의 공천에서 여성후보를 50% 선발하는 것을 수용하고 이에 관한 정당 간 합의에 이르렀다. 그 결과 2004년 3월 12일 정당법 개정을 통해서 전체 비례대표 의석인 56석의 절반을 여성후보로 공천하게 되었다. 2005년에는 선거법의 개정을 통해서 권고사항이었던 비례대표후보 50%의 여성할당제를 교호순번제를 통해서 강제사항으로 변경하였다.

의 경우 50% 여성할당제가 법제화되면서 대통령 후보선발부터 국회의원 후보선발에 이르기까지 정당은 이제 어떠한 형태로든 국민의 의사를 반영하거나 사회적 소수자의 대표성을 배려하면서 후보를 선발하지 않으면 안 되는 새로운 국면에 접어들게 되었다. 이와 같은 새로운 공천방식의 도입은 정당이 보다 민주적이고 분권화된 공천과정을 거치지 않으면 안 되는 현실에 맞부딪쳤다는 점과, 사회적인 변화의 요구를 수용하는 방향으로 체질을 개선시켜 나가지 않으면 안 된다는 점을 잘 보여주고 있는 현상이라고 할 수 있다.

(3) 정치관계법의 개정

한편 이러한 공천제도의 변화와 함께 제17대에 즈음하여 정당조직 및 정치자금과 관련하여 상당히 많은 변화가 나타나기 시작하였는데, 이는 일명 '오세훈법'이라고 불리는 일련의 정치관계법 개정안을 통해서 등장하였다. 이러한 정치관계법의 개정과 관련하여 제16대 국회 막바지에 오세훈 의원이 정치자금법을 비롯한 정치관계법의 개정을 들고 나온 배경에는 한국의 정당정치 및 선거정치와 관련하여 고질병으로 지적되던 정경유착의 문제가 도사리고 있었다. 즉 정치권과 재계 간의 불법적인 유착관계가 선거운동의 시기를 맞이하면 선거자금을 수수를 통해서 더욱 심화된다는 부패구조가 그것이었다.

제3공화국 등장 이후 정부주도의 경제발전이 추진되어 오고, 이 과정에서 정부는 정책금융 등 각종 특혜조치를 통해서 대기업에 대한 재정지원을 시행해 왔다. 그 결과 소위 발전국가 모델로 대변되는 관주도의 성장일변도 경제정책은 정치권과 대기업 간의 상호유착이라는 부정적인 공생관계를 만들어 내었다. 이러한 공생관계는 대통령 선거과정에서 기업이 정치권에 선거자금을 제공하는 부패구조를 낳기에 이르렀는데, 2002년 대통령 선거 당시 한나라당 이회창 후보 진영에 대해서 대기업이 선거자금을 제공한 소위 '차떼기' 사건이 선거 이후 폭로되면서 이러한 유착관계가 다시 한번 입증되었다. 이러한 부패구조에 대한 국민의 비판이 거세게 일어나면서 오세훈의원의 정치관계법 개정안이 제출된 것이다.

제17대 총선 이전 불출마선언을 통해 배수진을 친 오세훈의원이 지구당과 정당후원회제도 폐지를 중심으로 제기한 정치관계법 개정안이 소위 '오세훈법'으로 불리는 정당개혁안이었다. 이 개혁안은 정치에 투입되는 자금의 규모를 최대한으로 줄여서 정치자금에 의한 정경유착이나 부정부패를 없애겠다는 취지에서 도입되었다. 1997년 아시아 금융위기의 여파 속에서 사회 전반에 걸쳐서 고비용과 저효율의 정치구조를 개혁해야 한다는 합의가 형성된 가운데, 2002년 대선과정에서 한나라당이 기업으로부터 거액의 대선자금을 수수한 사실이 드러나면서 정치관계법 개정안이 나타난 것이다.

구체적으로 오세훈의원의 개혁안은 합동연설회나 정당후보자 연설회와 같은 대규모 비용이 지출되는 선거운동을 금지하고, 방송 등 미디어 중심의 선거운동을 제안했다. 더 나가가 이 개혁안은 정당법 개정을 통해서 지구당을 폐지하고자 했으며, 정당후원회를 없앰으로써 기업의 정치자금 후원을 금지하고 대신 소액기부자 중심의 자발적인 선거자금 기부를 가능하게 했다. 또한 개혁안은 이러한 선거자금 기부와 지출의 투명성이 제고되어야 함을 강조하였다. 이러한 정당법, 정치자금법 등 정치관계법에 관한 개혁안 내용은 2004년 총선을 전후해서 국회에서 통과되면서 정당후원제도와 기업의 기부금 지출이 금지되었으며, 지구당이 폐지되어 미디어 중심의 선거운동이 전개되기에 이르렀다(윤종빈 2004).[23]

이러한 개혁의 결과 정당조직의 문제와 관련하여 지구당형태의 조직이 사라지고 지역구 운영위원회나 당협위원회 등의 조직이 새로이 등장하게 되었다. 그 결과 '돈먹는 하마'로 불리며 사무실 임대료와 인건비 등 엄청난 운영경비의 지출을 초래하였던 지구당이 사라지면서 정치비용이 절감하는 효과가 나타났다. 지구당 사무실의 운영을 통해서 현역의원들이 당원을 효과적으로 동원하고, 이를 통해서 금품 등을 살포하는 통로가 제한되기에 이르렀다. 이를 통해 선거자금의 불법적 조달이나 금품을 통한 선거가 사라지고 미디어를 통한 토론형 선거문화가 도입될 수 있는 계기가 마련되었다.

2015년 정당후원회제도를 금지한 2006년의 정치자금법에 대한 헌법불합치 판결이 등장하고 유권자와의 접촉을 위한 정당조직의 필요성에 대한 주장 등이 제기되면서, 정당후원회제도가 다시 활성화될 조짐을 보이고 지구당조직의 부활에 대한 공론화 움직임이 있는 것은 사실이다.

23 그러나 2015년 헌법재판소가 정당 활동의 자유와 정치적 표현의 자유에 대한 침해를 이유로 이러한 선거자금 기부제한에 대해서 헌법불합치 판정을 내렸고, 이에 따라서 국회가 2017년 정당의 중앙당이 후원회를 설치하고 연간 50억 원, 선거가 있는 해에는 1백억 원까지 모금이 가능하게 하는 정치자금법 개정안을 처리하면서 오세훈법은 폐지되었다.

정당후원회제도를 통해 선거자금조달을 현실화하고 지구당조직의 운영을 통해서 정당의 유권자접촉 및 정당의 동원능력을 제고하자는 주장도 나름 일리가 있는 것이기는 하지만, 고비용, 저효율 정치구조 및 정치자금과 관련된 부정과 비리를 근원적으로 제거하기 위한 오세훈법의 취지가 쉽게 사라지기는 어려울 것으로 보인다.

(4) 원내정당의 활성화 추진

한편 지구당폐지와 함께 2004년을 전후한 정치개혁 시기에 활발하게 전개된 논의 가운데 하나는 원내정당을 중심으로 한 정당정치를 구현하자는 주장이었다. 정당의 활동영역을 선거보다는 국회의 입법활동 분야에 집중하자는 '원내정당화' 논의가 활발하게 전개되기 시작한 것이다. 선거승리를 위해서 시, 도 그리고 하위 지방단위를 중심으로 움직이는 정당조직을 대폭 줄이고, 대신 국회 내에서의 입법활동에 내실을 기하자는 원내정당론이 부상하기 시작했다.

이러한 논의는 정당의 체질개선을 통해서 고비용 정치구조를 줄여나가면서 국회 내 입법과정 중심의 정당구조를 정착시켜 가자는 목적에 따라서 개진되기 시작하였다. 이를 위해서 각 정당별로 중앙당 조직의 경량화 작업이 추진되었으며, 정당의 사무를 총괄하는 당대표와 별도로 국회 내의 의정활동과 국회 정당 간 협상을 담당하는 원내대표직이 신설되었다. 이와 같은 원내정당화 노력은 위에서 언급한 지구당조직의 폐지 노력과 함께, 정당조직을 개혁하여 중앙당에서 하위 정당조직에 이르기까지 고비용·저효율 구조를 개선하고 국회 본연의 임무인 입법활동에 충실을 기하자는 시도라고 할 수 있다.

그러나 이러한 원내정당화의 노력에도 불구하고 국회의 의정활동은 대통령 선거라는 국회 밖의 전국적 거대동원에서 결코 자유로울 수 없었다. 3김정치의 퇴진의 분수령이 된 2002년 제16대 대통령 선거와 그 이후에 치러진 제17대 및 제18대 대통령 선거에서도 국회의원들은 자신이 속한 대통령 후보의 대선캠프에 참여하면서 의정활동을 대선의 예비 경합장으로 전락시키는 경향을 반복적으로 보였다. 예컨대 국민의 눈과 귀가 되어서 행정부를 감시해야 할 국정감사가 대통령 선거 시기만 도래하면 각 정당의 대선후보를 둘러싼 각종 비리의 폭로 및 정당 간 공방의 현장으로 변화하는 사례는 대선정치의 소용돌이 속에서 원내정당화의 노력이 한계에 부딪칠 수밖에 없음을 보여주는 것이라고 할 수 있다. 원내정당화를 통해서 정책국회, 자율적 국회, 대선의 열기에서 벗어나 차분히 입법활동에 임하는 국회를 추진해 나가려는 정당의 자정적 노력은 여전히 선거정치의 위세로 인해서 한계를 노출하고 있는 실정이다.

(5) 정당의 이념적 양극화와 대치구도의 심화

위에서 서술한 정당정치의 개혁에도 불구하고 2002년 제16대 대선에서 노무현 후보의 대통령 당선과 제17대 총선에서 여당인 열린우리당의 다수당으로의 등장은 이후 한국국회의 정치과정에 있어서 상당한 변화를 가져오게 되었다. 이러한 변화의 내용은 3김정치의 퇴진이 가져온 변화와 함께 이후 국회의 정당관계와 한국 정치과정 전반에 상당한 충격을 가하게 된다. 아래에서는 2002년에서 2004년 사이의 시기 및 이 시기를 전후한 기간에 나타났던 정치개혁 및 정치적 변화를 토대로 한국 정치가 이념적 양극화 혹은 정당양극화 현상으로 더욱 치닫게 되었다는 점을 살펴보고자 한다.

2002년 선거를 통해서 노무현 대통령이 당선되고 이어서 2004년 총선을 통해서 소위 '386세대' 정치인들이 열린우리당을 중심으로 정치권에 대거 진입하면서, 한국의 정당정치는 기존의 정당 간 갈등의 수준을 넘어서는 새로운 차원의 이념적인 양극화를 경험하기에 이르렀다. 이와 함께 새로 도입된 정당투표제도를 통해서 민주노동당이 제3당으로 제17대 국회에 입성하면서 한국정치는 이전에 일찍이 경험하지 못한 이념 및 정당의 양극화현상을 목도하기에 이른다.

'386세대'로 불리는 신진정치인들은 노무현대통령에 대한 새천년민주당과 한나라당의 공동 탄핵발의, 국회의 탄핵의결, 그리고 헌법재판소의 탄핵심의 등 탄핵정국에서 치러진 제17대 총선에서 대거 당선되어 국회에 진출하였다. 이로써 1980년대 전두환 권위주의 정부에 대해서 대학가를 중심으로 항거했던 시절에 이들이 체득한 다양한 운동권의 이념이 국회 내에서 현실의 정책으로 변화될 수 있는 기회의 창이 열리게 되었다. 특히 진보적 성향의 노무현 대통령이 반미, 지역주의 타파, 언론개혁, 지방분권화 등의 구호를 내걸고 청와대에 입성하여 386세대 열린우리당 소속 진보성향의 신진의원들과 교감하기 시작하였다. 이와 함께 우리 국회는 매우 빠른 속도로 보수정당인 한나라당과 다수당으로 새로운 여당인 열린우리당 간의 매우 극단적인 이념적 대치현상을 보여주기 시작했다. 이에 더하여 새로 국회에 진출한 진보정당인 민주노동당이 열린우리당과 이념적인 이슈에 있어서 협조하면서, 정치권 전반에 걸쳐서 보수진영과 진보진영 간의 갈등은 가속화되기에 이르렀다.

국내정책에 있어서는 언론개혁, 사학법 개정, 국가보안법 개정, 행정수도 이전 등의 이슈를 중심으로, 그리고 외교정책의 측면에서 동북아 균형자론, 미국의 전시작전권 반환문제, 대북 햇볕정책, 미국의 전략적 유연성 정책 등의 이슈를 중심으로 열린우리당 및 민주노동당과 한나라당 간의 정파적 갈등과 이념적 갈등은 매우 치열하게 전개되기 시작했다. 이러한 상황에서 국내경제가 지속적으로 개선의 기미를 보이지 못하는 상황에서 북한의 핵실험 및 미사일발사 실험이 계속되고 한미관계가 지속적으로 긴장관계를 조성하면서 노무현 대통령에 대한 지지는 지속적으로 하락하였다. 노무현 대통령은 임기 말에 이르러 한나라당에게 대해서 대연정을 제안하는 등 통치불능의 상태를 혁파하고자 노력하였으나, 노무현 대통령의 이러한 타개책은 여론과 보수야당의 협조를 얻기에는 이미 시기적으로 늦은 것이 되어 버렸다.

요컨대 노무현 대통령 당시 격화된 이러한 양극화의 과정에서 과거 권위주의적 지배체제에 저항해 온 386세대 정치인의 등장은 자신의 경험을 토대로 적극적으로 정책의견을 개진하면서 정치권 전체에 변혁을 몰고 왔다. 과거 권위주의적인 정부와 3김정치의 제왕적 정당지배체제 속에서 본격적으로 제기되지 못했던 다양한 이슈들이 개진되면서 이러한 양극화 현상의 환경이 마련되었다고 할 수 있다. 그리고 진보적인 이념으로 무장된 운동권 출신 의원들의 등장으로 이러한 이슈들이 정식으로 정치권에서 논의되면서 한국 정당정치와 의회정치는 상당한 대립과 갈등을 경험하게 된 것이다.

(6) 분파정치의 등장과 의원총회의 영향력 강화

2002년과 2004년 사이에 이루어진 소위 3김정치의 종식은 한국 정당정치에서 그 이전에는 크게 부각되지 않았던 분파정치 등장 및 그 부수현상으로 개별 의원들이 집합적 조직인 의원총회의 활성화라는 현상을 불러오게 되었다. 1987년 민주화 이행이 시작된 이후 10여년 이상 한국정치는 대통령 국민직선제를 쟁취를 중심으로 민주화를 위해서 투쟁해 온 김영삼, 김대중과 충청권의 맹주로서 김종필의 압도적인 지도력 하에서 작동할 수밖에 없었음을 이미 위에서 수차례 지적한 바와 같다. 그러나 2002년 노무현 대통령의 당선과 2004년 제17대 총선을 계기로 3김정치가 종식되면서, 한국 정당정치에는 이전에 보지 못했던 분파정치 현상이 등장하기 시작했다.

과거 3김이라는 정당보스가 장악하던 시절 한국정당은 여야를 막론하고 제왕적 총재 아래 일사분란하게 움직이면서 당내에서는 한 목소리를 내는 모습을 보여 왔다. 이러한 제왕적 총재 하에서는 당내에 다양한 이견이 존재한다고 해도 이러한 견해들은 3김이라는 정당보스의 위계적 훈령 아래서는 다시금 통합된 목소리로 바뀌는 것이 일반적이었다. 3김의 훈령을 거부하는 현직의원은 다음 총선의 공천에서 탈락하는 것은 물론이고 정치생명이 끊어질 수 있다는 것이 냉엄한 현실이었다. 그러나 3김정치가 종식된 이후의 정당의 정책결정과정은 최고위원회의 중심으로 운영되는 등 다양한 방식으로 변모하면서 보다 민주화된 것은 사실이다. 그러나 이와 함께 나타난 새로운 현상은 당내 유력정치인 혹은 당내 차기 대권후보를 중심으로 의원들이 결집하고 세력을 형성하면서 이합집산하는 분파정치의 대두라고 할 수 있다.

예컨대 이명박 전 서울시장이 대통령 후보로 선발되던 2007년 대통령 경선 당시 형성된 한나라당 내 ‘친이’와 ‘친박’의 갈등, 박근혜 대통령의 집권과 함께 시작된 새누리당 내의 ‘친박’과 ‘비박’의 당권 및 공천권 갈등과 친박의 분화 등이 당내 분파정치가 3김정치 종식 이후 등장하고 있음을 잘 드러내 주는 현상이라고 할 수 있다. 진보계열의 정당 역시 예외는 아니어서 2012년 대통령선거 이후 탄생한 더불어민주당의 경우 당내 호남세력과 비호남세력 간의 지속적인 갈등이 있었다. 그 결과 친문재인 세력에 반발한 당내 비주류 호남의원들은 박지원 의원을 필두로 해서 2016년 제20대 총선을 계기로 탈당하여 안철수 의원과 연대하며 국민의당을 창당하기도 했다. 그리고 더불어민주당 내에서도 2016년 제19대 대선을 앞두고 친문세력과 비문세력 간의 갈등이 분열된 적도 있었다. 이렇게 볼 때 3김정치가 사라지고 일정수준 정당내부의 민주화가 진행됨과 동시에, 그 이면에는 긍정적인 측면과 함께 부정적인 요소를 모두 구비한 분파정치가 활성화가 있었다.

정당 내부의 분파정치와 함께, 3김정치의 퇴조는 또한 개별의원들이 모인 정당의 의원총회가 상대적으로 강화되는 현상을 불러오기도 했다. 그 결과 의원총회를 통해서 각 정당의 강경파 의원 혹은 이념적 성향이 강한 의원들이 세력을 결집하여 당론의 방향을 결정하면서 원내대표 등 정당지도부의 영향력이 약화되는 현상이 빈번히 발생하게 되었다. 강경파 의원의 득세에 따른 의원총회의 거부권 강화현상은 3김정치가 지배하던 시절에는 좀처럼 목도하기 어려운 현상이었다. 의원총회의 강화는 국회 내에서 정당지도부 간 타협을 통한 의사결정을 매우 어렵게 만듦으로써 국회운영에 있어서 불확실성을 제고시킨 요인 가운데 하나가 되었다. 즉 국회 내에서 당대표나 원내대표 간에 합의된 내용이 의원총회에서 강경파에 의해서 거부되는 현상이 빈번히 발생한 결과, 여야의 협상과정에서 정당지도부의 리더십이 추락하면서 타협의 가능성은 더욱 협소해지고 정치과정은 경직되었다.

이러한 현상은 의원 개인이나 일부 의원단체의 목소리가 의원총회를 통해서 반영될 수 있게 되었다는 점에서는 정당민주화의 증거라고도 볼 수 있다. 의원총회가 권위주의 시기나 3김 시절과 같이 정당 지도부 간에 합의된 사항을 맹목적으로 추인하는 것이 아니라, 합의의 문제점에 대해서 적극적으로 반대의견을 개진하는 등의 심의과정을 통해서 당론의 수정하고 다시 당론을 수렴할 수 제도가 되었다는 점에서는 분명히 의원총회의 강화가 긍정적인 면을 지니고 있다고 할 수 있다. 그러나 여야 간 교착상태를 타개하기 위해서 정당지도부가 협상에 협상을 거쳐서 합의된 사항이 의원총회에서 일부 당내 강경세력에 의해서 추인을 받지 못하는 상황은 여야 간 대결국면을 장기화시켜 국회의 의사결정의 마비시킬 수도 있는 부작용을 나을 수 있었다. 이는 장기적으로 국회에 대한 국민의 신뢰를 저하시키는 요인이 될 수도 있어 문제로 지적되기도 했다.

3) 국회운영방식의 변화

제16대 대선에서 노무현 대통령의 당선과 제17대 총선이 있었던

2002년과 2004년 간의 시기를 전후한 3김정치 이후의 국회에서 가장 주목할 만한 현상은 바로 제18대 국회 막바지인 2012년 5월 2일 제정된 국회선진화법이라고 할 수 있을 것이다. 국회선진화법은 민주화 이후 첫 국회로 개원한 1988년의 제13대 국회가 합의한 대로 정당 간의 협의를 통한 국회 의사운영이 국회의 정책결정과정에서 필요불가결의 요건이 되었음을 다시 한 번 확인해 주는 제도적 장치였다. 국회 내에서 극단적인 정치적 교착상태가 발생할 때 빈번히 있었던 여야 간의 몸싸움 등 폭력행위를 근절하고, 다수당에 의한 국회입법과정의 전횡을 방지하기 위해서 직권상정제도의 요건을 매우 엄격하게 제한하는 등의 내용을 골격으로 하는 국회선진화법은 국회의 정상적인 운영을 위한 국회 스스로의 해법으로 등장했다. 국회선진화법은 제정 이후 몇 가지 부작용과 문제점의 노출에도 불구하고 나름대로 국회의 의사운영과정에서 긍정적으로 작동해 왔다고 할 수 있다.

우선 국회선진화법은 쟁점안건의 심의과정에서 '물리적 충돌을 방지'하고, 안건을 '대화와 타협을 통해 심의'하며, 의장석 또는 위원장석 점거 등을 금지함으로써 '국회 내 질서 유지'을 강화하는 등 '민주적이고 효율적인 국회를 구현'하려는 목표로 제정된 개혁조치라고 할 수 있다(국회법령정보센터 5.30일 시행 "국회법 제정.개정 이유"). 국회선진화법의 실행 이후 실제로 국회 내의 폭력적 행동은 현저하게 줄어들었으며 그런 의미에서 국회선진화법이 '물리적 충돌의 방지'라는 목표를 달성하는 데에는 어느 정도 성공할 수 있었다고 판단된다. 그러나 '대화와 타협을 통한 심의'에 따라서 '민주적이고 효율적인 국회를 구현'한다는 당초의 목표가 과연 달성되었는지는 여러 가지 의문점이 여전히 있다. 아래에서는 이러한 문제를 중심으로 국회선진화법의 다양한 양상을 검토해 보고자 한다.

국회선진화법은 제18대 국회 당시 다수당이자 여당이었던 한나라당의 원내대표 황우여의원이 주도하였으며 야당인 민주당의 원혜영 대표 등이 찬성하면서 여야합의로 통과시킨 법률이었다. 당시 당의 개혁을 도모하던 새누리당의 개혁파의원들은 국회의 교착상태를 유발하고 국회 내 의원 간 몸싸움을 유발해 왔던 국회의장의 심사기일 지정권한('직권상정권한')의 요건을 매우 엄격하게 규정하는 국회선진화법을 통과시키기에 이른다.

우선 국회선진화법은 국회법의 개정을 통해서 직권상정의 요건을 상당히 강화함으로써 직권상정이 천재지변의 상황이 아닌 경우라면 여야간의 '합의'가 없이는 사용될 수 없도록 하였다. 즉 새로 개정된 국회법에 의하면 천재지변의 경우나, 전시·사변 또는 이에 준하는 국가비상사태의 경우에는 국회의장이 교섭단체 대표와의 협의를 거쳐서 직권상정 권한을 발동할 수 있도록 하였는데, 이는 개정 이전의 국회법상에 나타난 직권상정권한 실행의 요건과 크게 차이가 없다. 실제로 이와 같은 비상한 상황 속에서는 국회의장이 교섭단체 대표와의 협의과정만을 거쳐서 본인의 판단에 따라서 직권상정권한을 발동할 수 있는 것이며, 이에 대해서는 사실상 큰 논쟁의 여지가 없었다고 보인다.

그러나 이와 함께 국회선진화법은 이러한 비상한 상황이 아닌 경우 국회의장이 각 교섭단체대표와 '합의'하는 경우에만 직권상정권한을 발동할 수 있다고 규정하여, 개정 이전 국회의장이 교섭단체대표와 '협의' 하는 절차만을 거친 후 직권상정권한을 행사할 수 있다고 한 규정과 현저한 차이를 보이고 있다. 즉 개정 이전의 국회법은 직권상정권한의 행사를 위해서 국회의장은 상임위원회의 경우 교섭단체 대표와 '협의해야 한다'라고 규정하였고, 법사위원회의 경우 교섭단체 대표와 '협의를 거쳐' 심사기간을 지정할 수 있다고 하여, 직권상정이 형식상 협의를 거친 후 국회의장의 단독의사에 의해서 가능하도록 규정해 두었었다. 이와 같은 '협의'의 규정은 국회선진화법이 새로 명시한 '합의'의 규정과는 큰 차이를 보이는 것으로서, 새로운 국회법 하에서 직권상정권한의 행사시 국회의장은 더 큰 제약을 받게 되었다.

이러한 직권상정 제도와 함께 국회선진화법은 재적의원 과반수라는 의결정족수를 넘어서는 초다수의 의결정족수를 요구하는 일련의 절차를 도입하였으며, 이를 통해서 원내 소수당의 의견을 보호하고 다수당의 전횡을 방지하고자 하였다. 우선 국회선진화법에 따르면 상임위원회에 회부된 안건이 신속하게 처리되기 위해서는—안건의 신속처리지정—국회 재적의원 3/5 이상이나 소관 상임위원회 재적의원 3/5 이상의 찬성이 필요하다고 규정하였다. 따라서 다수당이 특정 법안을 아무리 신속하게 처리하고자 하더라도 3/5의 지지를 획득할 수 있는 사실상의 여야 간 합의가 없는 한 교착상태에 처한 법안이 신속히 처리되는 것을 어렵게 만들었다.

이에 더하여 국회선진화법은 상임위원회에 회부된 이후 상임위원회의 추가적 조치가 없을 경우 그 법안이 본회의에 부의된 것으로 간주할 수 있는 기간을 180일 이후로 규정하고(법사위 경우 90일 이후), 본회의에 부의된 이후 60일 이내에 본회의 상정하게 만들었다. 이러한 규정은 실제로 상임위원회 수준에서 여야 간 이견이 있는 논쟁적인 법안은 본회의 부의될 때까지는 법사위 경과기간을 포함하여 무려 270일 이상이 걸리도록 규정한 셈이 된다. 그러나 본회의에 부의된 이후에는 60일 이내에 상정되지 않을 경우 신속히 처리하도록 지정된 안건은 그 후 처음 개의되는 본회의에 자동 상정될 수 있도록 하여 법안이 최종적으로 표결로 처리될 수 있는 길은 열어 놓았다.

한편 국회선진화법은 국회의원으로 하여금 무제한 토론에 참여할 수 있게 하여 실질적으로 소수당으로 하여금 의사진행을 합법적으로 방해할 수 있는 길을 마련하였다. 소위 '필리버스터'라고 불리는 무제한 토론제도는 국회 재적의원 1/3 이상의 요구로 시작되며, 더 이상 토론할 의원이 없거나 재적의원 3/5 이상이 토론종결투표에서 찬성표결을 하거나 혹은 회기종료가 아닌 한 토론이 무제한으로 진행될 수 있게 보장해 주고 있었다. 그러나 만약 무제한 토론이 진행되던 회기가 종료되고 다음 회기가 시작되면 무제한 토론의 대상이 되는 안건은 바로 표결로 들어가게 규정되었다. 이러한 무제한 토론제도의 도입은 기존에는 소수당이 다수당의 일방적인 의사진행에 대해서 저항할 방법이 없었음을 고려할 때, 소수당의 권리보호를 위해서 제안된 조치라고 할 수 있다.

이러한 국회선진화법은 전반적으로 국회 내에서 정당 간 몸싸움을 방지하여 정당 간 극단적인 물리적 대치 이후에 벌어지는 파국을 방지했다는 성과를 거두었다. 의원 간의 몸싸움과 이러한 과정에서 국회가 난투장으로 변모하면서 국회에 대한 국민들의 불신이 증대하고 국회무용론이 등장했던 상황을 고려하면, 국회선진화법은 조속한 입법을 요구하는 다수당의 불만에도 불구하고 필요한 법이었다고 보인다.

국회선진화법은 이러한 국회 내에 폭력방지를 위한 규정 이외에 직권상정의 요건이 강화되었다는 점과 단순다수제가 아닌 초다수제를 요하는 소수주의적 절차가 마련된 점을 주목할 필요가 있다. 직권상정의 경우 그 요건이 매우 엄격해져서 사실상 권한행사가 어렵게 되었으며, 초다수제로 인해 원내 소수세력의 입지가 강화되어 압도적인 의석 우위를 점하지 못하는 한 다수당의 의정주도가 매우 어렵게 되었다. 직권상정 실행요건으로서의 여야 간 합의규정과 법안의 신속처리를 위한 초다수제의 규정은 결과적으로 여당과 야당을 불문하고 다수당에 대해서 소수당과의 정치적 합의를 통해서 의정활동에 임하라는 내용을 담고 있는 것이라고 할 수 있다.[24]

국회선진화법이 등장한 이후에도 각 정당의 지도부가 자신들이 합의할 수 없는 사항을 두고 국회의장에게 직권상정을 요구하는 국회의장에게 여야 합의부재의 책임을 전가하는 것으로 밖에 비추어지지 않게 되었다. 특히 국정을 담당하고 있는 여당의 경우 요건이 충족되지 않는 사안에 직권상정을 강요하는 것은 정당 지도부의 무능과 정치력 부재를 감추려는 속셈으로 비추어질 수도 있다. 이러한 강요는 당내 비타협적 세력의 주장을 설득하여 바꾸지 못하거나, 정당 간 협상타결에 실패한

24 이러한 국회선진화법에 대해서는 반대의견도 만만치 않게 개진되고 있다. 국회선진화법에 대한 반론 가운데 하나는 국내외적으로 조속한 대응조치를 요구하는 특수한 상황은 국회의 신속하고 적절한 입법적 지원을 요구하는데, 국회의장 직권상정의 요건을 지나치게 엄격하게 하거나 안건의 신속처리에 대해서 초다수제를 도입하는 것은 이러한 긴박한 상황의 입법요청을 무시하는 것이라는 주장이다. 또한 대화와 타협을 주장하는 초다수제의 도입이 최종적인 다수결을 없애자는 취지는 아니므로 최종적인 결정단계에서 다수결을 존치하는 것이 바람직하다는 주장도 제기되었다. 무제한 토론제도가 소수세력의 반대의사 표출을 위한 방법이라고 해도, 긴박한 사안의 경우에는 이러한 제도의 활용이 제한되어야 한다는 주장도 제기되었다.

후 정당지도부가 져야할 책임을 의장에게 전가하려는 발상이라고 판단될 수도 있으므로, 국회 입법과정이 다소 지연되는 불편함이 있다고 해도 직권상정은 매우 제한적으로만 실시되어야 한다.

한편 소수당의 의사를 존중해야 한다는 취지의 무제한 토론제도 등 초다수제도 문제점이 없는 것은 아니다. 그러나 국회의 입법과정이 소수당의 의견을 중요시하고 또한 충분한 시간을 가지고 논의되어야 한다는 점을 두고 볼 때, 국회선진화법 도입의 취지대로 여야 간에 대화와 타협의 문화를 정착시키는 것이 필요하다고 판단된다. 무제한 토론제도와 같은 장치는 소수당이 지연전술로 활용될 수도 있으나 소수세력이 반대의견을 표출할 수 있는 방식의 하나으로 입법취지를 살려 존중되어야 한다. 요컨대 제18대 국회 말기에 등장한 국회선진화법은 제13대 국회 개원과 함께 조성된 정당 간 '협의'의 정신에서 더 나아가, 입법과정의 순탄한 진행을 위해서는 지속적인 대화와 타협이 필요하며 '합의'의 도출이 필요하다는 점을 일깨워 준 사례라고 할 수 있다.

VI. 결론

지금까지 이 글은 제1공화국에서 제6공화국에 거치는 한국정치의 발전과정을 대한민국 정부가 수립된 후 이승만 정권이 몰락하고 군부에 의해 장면 내각이 퇴진하는 제1, 2공화국의 시기, 발전국가의 전형적인 모습이 갖추어지는 제3공화국 시기, 그리고 발전국가의 틀 속에서 정치적 참여가 억압되면서 1인 장기집권을 위한 체제가 구축되거나 정권교체를 위한 실질적인 정당 간 경쟁이 존재할 수 없었던 제4, 5공화국의 권위주의 시기, 그리고 1987년 민주화 이후인 제6공화국으로 구분하여 각 시기별로 권력구조의 특징, 선거제도 및 정당체제의 다양한 양상, 그리고 국회운영 방식을 중심으로 살펴보았다. 이러한 전체적인 논의를 통해서 각 시기별로 등장한 다양한 정치제도가 발전국가와 어떠한 정합성을 보이는지를 논의해 보았다.

전체적으로 볼 때 제1공화국과 제2공화국은 한국의 정부수립과 건국의 과정에서 해방 이후 도입된 민주적 절차와 제도가 정당정치의 틀 속에서 자기자리를 찾아가다가, 이승만 대통령의 독재 그리고 박정희 장군의 쿠데타에 의해서 그 진전이 좌절된 시기였다. 제1공화국은 한국의 대통령제가 대통령 일인의 장기집권 욕망에 의해서 변형과 왜곡을 거치면서 향후 한국정치의 발전을 상당히 지체시킨 시기로 평가될 수 있다. 이어서 등장한 제2공화국은 대통령제가 독재로 변화될 수 있다는 반성에서 의회제 권력구조를 채택하고 의회의 권한을 강화하는 등 민주적 실험을 시도하였으나, 1961년 5·16쿠데타에 의해서 그 효과를 보지 못하고 좌절되었다.

한편 5·16을 주도한 박정희 장군을 대통령으로 당선시키면서 출범한 제3공화국은 반공을 국시로 삼아 한미동맹을 통해 한국의 안보를 보장받으면서 경제발전에 국력을 집중하여 국민의 경제적 생존의 문제를 해결하고 한국을 선진국 반열에 올릴 수 있는 토대를 마련한 시기였다. 이 시기의 다양한 정치제도는 대통령을 정점으로 한 행정부가 경제건설을 추진하면서 이에 필요한 정당, 선거, 법제도 등을 정비하는 과정에서 마련되었다. 제3공화국은 '대통령중심제적'인 대통령제를 향해 나아가면서 국회를 행정부의 입법요구를 수행하는 수동적 존재로 전락시키고, 이러한 과정에서 발전국가적 국정운영에 부합하는 다양한 정치제도를 구축하였다.

권력구조에 있어서 제3공화국의 대통령제는 국무회의의 위상을 의결기관에서 심의기관으로 격하시키면서 대통령을 정점으로 하는 준권주의적 체제를 구축하였다. 이와 더불어 발전국가의 근대화정책 등 다양한 입법과제를 신속하게 추진할 수 있도록 선거제도와 국회제도의 변화도 추진되었다. 여당인 민주공화당에 유리한 비례대표제의 도입, 본회의 독회제도를 대체한 국회 상임위원회 중심주의의 도입, 대통령과 행정부의 지시에 충실한 국회의장의 권한강화와 이에 따른 국회의 통법부화 현상, 만년 다수당인 민주공화당의 상임위원회 위원장 독식 등은 제3공화국 하에서 발전국가의 진전을 위한 정치제도적 초석이 되었다.

이러한 발전국가 정합적인 제3공화국의 정치제도는 국민의 정치참여를 철저히 배제시키면서 대통령직선제를 원천적으로 봉쇄한 제4, 5공화국의 권위주의체제하에서도 그대로 유지되기에 이르렀다. 제4공화국은 박정희 대통령의 장기집권을 가능하게 만들기 위한 대통령 간선제를 도입하여 국민의 참정권을 제한하면서 사실상 정권교체의 가능성을 본원적으로 차단한 권위주의체제로 등장하였다. 이어서 민주화 운동을 진압한 신군부의 주도로 등장한 제5공화국 역시 민주한국당과 한국국민당 등 관제정당의 상호견제를 유도하면서 전두환 대통령의 민주정의당이 절대다수의석을 차지하는 국회를 구축하기에 이르렀다.

제3공화국 출범 이후 여당의 총재직을 겸직한 대통령은 집권여당의 압도적인 원내의석 우위를 바탕으로 국회를 통법부화하여 무력화시키면서 국정을 자신이 원하는 방향으로 운영해 나갈 수 있었다. 제3공화국 이래 한국의 발전국가는 대통령과 행정부의 정책주도 하에서 원내 안정다수의석을 확보해 주는 선거제도를 구비한 후, 정부발의 법률안이 지체 없이 신속하게 통과될 수 있는 상임위원회 중심주의와 상임위원회 위원장 독식관행을 바탕으로 1987년 민주화시기까지 명맥을 유지할 수 있었다. 이러한 권위주의적 통치양식 밑에서 한국정치는 민주화를 추진하려는 세력과 권위주의를 유지하려는 세력 간의 갈등과 대립으로 점철

될 수밖에 없었다.

1987년 민주화 이후 한국정치는 민주주의로의 이행과정을 거치면서 민주주의 공고화를 위해서 노력하게 된다. 이러한 공고화 과정은 하나회 숙청으로 대변되는 권위주의 잔재의 청산을 포함하여, 정당 간 경쟁을 통한 선거만이 정권교체의 유일한 방법이라는 인식을 확산시키기에 이르렀다. 이를 통해서 1987년 민주화 이후 한국정치는 선거에 대한 본원적 부정선거 시비나 군부의 정치개입 없이 지금까지 안정적으로 정치발선을 이루어 올 수 있었다.

그러나 민주화 이행 이후 대략 2002년까지의 시기는 이러한 민주주의 공고화 과정 속에서도 정당민주화가 실현되지 못한 채 지역주의 정당정치가 심화되면서 한국정치가 3김정치라는 기형적인 틀 속에서 작동할 수밖에 없는 기간이었다. 3김이라는 정당보스가 자신들이 압도적인 영향력을 행사하는 지역과 이러한 지역에 기반한 지역패권정당에 대해서 절대적인 지배권을 행사하면서, 민주화 이후의 한국정치는 이들 정당보스 간의 타협을 통해서 운영되었다.

제13대 국회의 등장 이후 여소야대현상이 빈번하게 등장하면서 한국의 대통령제는 온건다당제 속에서 불안정한 모습을 드러내게 되었으며, 이는 지역주의 정당체제가 빚어내는 고질적인 병폐의 소산으로서 향후 5년 단임의 대통령제에 변화가 필요하다는 인식을 야기하는 근본적 원인이 되었다. 3김정치의 당내 권력기반은 지역패권정당에게 불비례적인 이익을 안겨다주는 소선거구 및 단순다수제 하에서의 지역주의 투표행태와 관련되어 있었다. 이러한 문제를 해결하고자 민주주의의 공고화 이후에도 정당정치와 선거제도의 변화 등에 대한 지속적인 개혁의 목소리가 반복적으로 등장하였다. 그러기 이러한 개혁의 목소리는 정당민주화의 과제를 통해서 실현될 수밖에 없는 것이었으며, 이는 3김정치의 퇴조 이후에나 그 계기가 마련될 수 있었다.

3김정치의 퇴조가 가시화되면서 민주주의 공고화가 완성되어 가고 민주주의 심화로의 정치개혁이 추진된 것은 2002년에서 2004년에 이르는 변혁의 시기를 전후해서였다. 실제로 1987년 민주화 이후 여소야대 현상이 도래하고 이에 따라 국회운영이 협의제적인 양상을 보이게 되어 행정부 주도의 발전국가모델과는 상치되는 정치양상이 전개되기 시작하였다. 이와 관련하여 국회 내의 원구성 과정에도 변화가 생기면서 상임위원회 위원장의 배분도 정당의 의석비율에 따라서 이루어지기에 이르렀다. 또한 행정부가 국회를 통제할 수 없는 상황이 도래한 것도 과거 제3공화국에서 제5공화국에 이르기까지 행정부 주도형 발전국가의 모델과는 일치하지 않는 변화였다.

그러나 이러한 변화에도 불구하고 3김정치라는 비민주적인 정당지배구조는 위계적인 측면에서 일종의 '정당운영의 발전국가적 발현'으로서 오히려 여전히 우리 정치의식과 제도 속에 내재화되어 있는 듯했다. 그러나 노무현 후보가 새천년민주당의 후보로 당선된 2002년 이후 노무현 대통령의 개혁의지를 추종하는 열린우리당이 원내 제1당으로 부상한 2004년을 전후하여 한국정치는 발전국가모델로는 더 이상 설명될 수 없는 있는 다양한 변화를 노출하게 된다. 이러한 양상은 정당민주화, 선거제도의 변화, 공천제도의 개혁, 민주적 수용성과 투명성의 증대를 요구하고 있었으며, 이는 곧 향후 한국정치가 불확실성과 유동성을 특징으로 하는 다원주의적 발전경로를 걷게 될 것을 예상하게 해 주었다.

2002년 노무현 정부의 출범과 함께 새로 등장한 정치적 균열구조로서 세대 균열구조는 젊은 대학생을 중심으로 한 청년층 유권자의 진보적 투표성향을 확인해 주면서 한국 정당정치의 다원화에 기여하였다. 이와 함께 2004년 제17대 총선을 계기로 386정치인들이 등장하면서 한국 정당 및 의회정치는 불확실성을 노정하였으며, 국회는 정당 간 이념적 갈등이 충돌하는 장소로 변모하였다. 과거 발전국가 시절 반공과 경제적 근대화의 거대담론 속에서 억압되어 있던 다양한 이슈들이 민주주의의 심화과정에서 분출되면서, 한국정치는 과거에 금기시되던 이러한 이슈를 중심으로 갈등과 교착상태를 경험하였고 또 성장을 위한 진통을 겪었다. 소셜미디어의 등장에 따른 정보화시대의 도래, 시청 및 광화문 광장의 촛불시위로 표상되는 시위의 일상화, 적극적이고 자기표출적인 시민의 등장과 대의민주주의의 한계 노출, 정치권에 대한 시민들의 소통 및 투명성의 요구 등은 더 이상 발전국가의 모델로서는 설명되지 않는 다양한 정치변화의 잠재력을 내포하고 있는 요소라고 할 수 있다.

향후 한국정치는 행정국가의 일방적인 하향식 정책이행이나 이러한 기능에 정합적인 정치제도로는 더 이상 지속불가능한 변화에 직면하게 될 것으로 보인다. 정보통신 기술의 발달과 소셜미디어의 확산에 따른 동시다발형 네티즌 정치, 대의민주주의를 무색하게 만드는 시민의 직접적인 정치참여 욕구분출, 선거주기를 둘러싸고 정기적으로 나타나는 집권여당과 대통령 간의 주기적인 긴장관계 및 여당 내 권력분기 현상, 여소야대 혹은 온건다당제의 출현으로 인한 협치의 필요성, 세월호 사건이나 메르스 사태와 같은 국가적 대형사고에 대한 정부와 정치권의 무능한 대처에 대한 국민의 비판 등은 과거의 발전국가모델을 통해서 한국의 정치과정을 설명하는 것은 한계가 있으며, 다원화된 포스트 발전국가의 사회에 걸맞은 새로운 정치와 제도를 요구하고 있다. 이러한 현실에 비추어 볼 때 광장의 정치로 대변되는 시민의 직접적인 의사표시의 분출에 대한 대의민주주의의 대응양태가 향후 다원적 포스트발전국가의 전개와 향방에 대해서 어떠한 대답을 던져 줄 수 있을지 지속적인 관찰과 연구가 필요하다.

참고문헌

강우진·강문구. 2014. "이명박 정부와 한국 민주주의의 질." 『경제와 사회』 제104호, 265-299.

강원택. 2001. "한국정치에서 이원적 정통성의 갈등 해소에 대한 논의: 준대통령제를 중심으로." 『국가전략』 7권 3호, 29-50.

강원택(편). 2010. 『무엇을 어떻게 바꿀 것인가?: 헌법개정의 정치』 고양: 인간사랑.

강원택. 2015. "제한적 정당경쟁과 정당활동의 규제." 『한국정당학회보』 14(2), 5-32.

국사편찬위원회. 2005. 『대한민국임시정부자료집 2 임시의정원(1): 홍진 기증자료』. 서울: 국사편찬위원회.

김수용. 2008. 『건국과 헌법: 헌법논의를 통해 본 대한민국건국사』. 서울: 경인문화사.

김영명. 2013. 『대한민국정치사: 민주주의의 도입, 좌절, 부활』. 서울: 일조각.

김영명. 2014. "한국 민주주의의 발전과 퇴보: 노무현 정부와 이명박 정부." 『한국정치연구』 제23집 제3호.

김용호. 1990. "공화당과 3선 개헌." 동아일보사. 『현대사를 어떻게 볼 것인가 4』, 65-114.

김용호. 2002. "한국의 민주화 이후 단점·분점정부에 대한 평가." 『한국정당학회보』1권 1호, 89-114.

김용호. 2005. "한국의 대통령제 헌정질서의 불안정 요인 분석: 분점정부와 대통령-국회간의 대립." 『국제정치연구』 8권 1호, 257-284.

김용호.조영희. 2010. "1960년 내각제 개헌과정과 개헌안의 주요 쟁점 분석." 강원택(편). 『무엇을 어떻게 바꿀 것인가?: 헌법개정의 정치』 고양: 인간사랑, 51-81.

김욱. 2002. “대통령-의회 관계와 정당의 역할.” 『의정연구』 8권 2호, 6-31.
김일영. 2004. 『건국과 부국: 현대한국정치사 강의』. 서울: 생각의 나무.
김현우. 2010. 『한국국회론』. 파주: 한국학술정보(주).
대한민국 국회편. 1999. 『南朝鮮 過渡立法議院 速記錄』. 서울: 선인문화사.
박경미. 2012. “여성할당제의 적용 요인 연구: 제19대 총선의 여성 지역구 후보의 정당공천.” 『의정연구』 제18권 제3호, 73-103.
박경미 외. 2012. 『한국의 민주주의: 공고화를 넘어서 심화로』. 서울: 도서출판 오름.
박경미. 2018. “국회 본회의와 상임위원회 관계의 역사적 변화: 법률안 처리과정을 중심으로.” 손병권 외 『한국국회제도의 형성과 변화』. 서울: 푸른길, 224-272.
박상영. 2012. “한국 ‘포스트발전국가론’의 발전과 전개: 90년대 이후 한국 발전국가 연구경향과 향후 연구 과제.” 『현대정치연구』 5(1), 63-90.
박수철. 2012. 『입법총론』. 서울: 한울아카데미.
박찬욱. 2004. “제17대 총선에서 2표병립제와 유권자의 분할투표: 선거제도의 미시적 효과분석.” 『한국정치연구』 제13집 제2호, 39-85.
박찬표. 1996. “제헌국회 선거법과 한국의 국가형성.” 『한국정치학회보』 29(3), 69-90.
백영철. 1991. “제1공화국의 의회정치에 관한 연구: 의회와 행정부 관계를 중심으로.” 『한국정치학회보』 25(1), 133-158.
서희경. 2012. 『대한민국 헌법의 탄생: 한국 헌정사, 만민공동회에서 제헌까지』. 서울: 창비.
서희경.박명림. 2007. “민주공화주의와 대한민국 헌법이념의 형성.” 『정신문화연구』 30(1), 77-114.
손병권 외. 2018. 『대한민국 국회제도의 형성과 변화』. 서울: 푸른길.
신명순 외. 2015. 『한국의 정치 70년』. 서울: 한국학중앙연구원 출판부.
심지연.김민전. 2002. “선거제도 변화의 전략적 의도와 결과: 역대 국회의원 선거를 중심으로.” 『한국정치학회보』 36(1), 139–162.
양영석. 1987. “대한민국 임시의정원 연구(1919–1925).” 『한국독립운동사 연구 1』, 201–223.
양영석. 1988. “대한민국 임시의정원 연구(1925–1945).” 『한국독립운동사 연구 2』, 333–378.
유병곤. 2006. 『갈등과 타협의 정치: 민주화 이후 한국의회정치의 발전』. 서울: 도서출판 오름.
오미연, 김기정, 김민정. 2005. “한국정당의 여성국회의원 후보자 공천과 한국의 여성정치” 제15, 16, 17대 국회에 대한 비교분석. 『한국정치학회보』 제39권 제2호, 369–297.
오호택. 2012. 『개헌이야기』. 서울: 살림출판사.
윤종빈. 2004. “정치관계법 개정과 17대 총선: 평가와 전망.” 『한국정당학회보』 제3권 제2호, 79–105.
이동언. 1999. “대한민국임시정부의 국무위원제.” 『대한민국임시정부 수립 80주년 기념논문집(상)』. 한국근현대사학회편. 서울: 국가보훈처.
이상묵. 2004. “제3공화국 정치체제의 유형에 관한 연구.” 『한국정치학회보』 38(1), 143–165.
이상묵. 2006. “한국의 국회의원 선거제도 변화의 원인분석: 박정희 정부를 중심으로.” 『한국정치학회보』 40(5), 165–189.
이상묵. 2008. “한국의 권력구조 변화의 원인분석.” 『한국정치연구』 17(1), 59–85.
이완범. 2000. “박정희 군사정부 ‘제5차 헌법개정’ 과정의 권력구조 논의와 그 성격.” 『한국정치학회보』 34(2), 171–192.
이완범 외. 2015. 『한국의 정치 70년』. 경기도 성남시: 한국학중앙연구원출판부.
이현우. “한국 민주주의와 국회 70년.” 이완범 외. 2015. 『한국의 정치 70년』 경기도 성남시: 한국학중앙연구원출판부, 197–249.

장훈. 2001. “한국 대통령제의 불안정성의 기원: 분점정부의 제도적, 사회적, 정치적 기원.” 『한국정치학회보』 35집 4호, 107–127.
장훈. 2006. “혼합형 선거제도의 정치적 효과.” 『한국정치학회보』 40권 5호, 191–213.
장훈. 2009. “민주화 20년의 정당정치: 회색지대 속의 현실과 이론의 전개.” 『한국과 국제정치』 25권 1호, 1–31.
전용주. 2005. “후보공천과정의 민주화와 그 정치적 결과에 관한 연구: 제17대 국회의원 선거를 중심으로.” 『한국정치학회보』 제39권 제2호, 217–238.
전용주. 2010. “한국 정당 후보 공천제도 개혁의 쟁점과 대안.” 『현대정치연구』 제3권 제1호, 37–69.
전진영. 2013a. “국회의원 여성할당제 채택의 정치적 동인 분석.” 『한국정치연구』 제22집 제1호, 29–52.
전진영. 2013b. “비례대표 국회의원 여성할당제의 제도적 특성과 정당의 후보자 공천: 제16대 총선~제19대 총선을 중심으로.” 『한국정당학회보』 제12권 제3호, 89–112.
정준표. 정영재. 2005. “선거제도의 정치적 효과.” 『한국정당학회보』 4(2), 5–44.
정치개혁추진범국민협의회. 2003. “정치개혁 1차 합의안 발표 및 선거법 개정 촉구 기자회견.” 2003년 4월 15일.
조정관. 2009. “민주화 이후 국회–대통령–정당의 상생관계?: 역사적 관점에서.” 『의정연구』 15권 1호, 5–38.
조진만, 최준영. 2006. “1인2표 병립제의 도입과 유권자의 투표행태: 일관투표와 분할투표의 결정요인 분석.” 『한국정치학회보』 제40권 제1호, 71–90.
조철행. 1999. “대한민국임시정부의 국무위원제.” 『대한민국임시정부 수립 80주년 기념논문집(상)』. 한국근현대사학회편. 서울: 국가보훈처.
조현옥, 김은희. 2010. “한국 여성정치할당제 제도화 과정 10년의 역사적 고찰.” 『동향과 전망』 제79호, 110-139.

지주형. 2009. “한국 국가형태와 권력행사방식의 전환: 권위주의 개발국가에서 신자유주의국가권력으로.” 『한국정치학회보』 43(4), 176-203.

최장집. 2005. 『민주화 이후의 민주주의: 한국 민주주의의 보수적 기원과 위기』. 서울: 후마니타스.

최진홍. 2011. “대한민국 임시의정원 ‘의정활동’ 연구: 제5차 개헌논의를 중심으로.” 『한국동양정치사상사연구』 10(1), 89-104.

한국선거학회. 2011. 『한국선거 60년: 이론과 실제』. 서울: 도서출판 오름.

한철호. 1999. “대한민국임시정부의 대통령제.” 『대한민국임시정부 수립 80주년 기념논문집(상)』. 한국근현대사학회 편. 서울: 국가보훈처.

Barracca, Steven. 2003. “Democratic Consolidation and Deepening in Mexico: A Conceptual and Empirical Analysis. “Paper prepared for delivery at the 2003 Meeting of the Latin American Studies Association, Dallas, Texas. March 27-29.

Collier, David and Steven Levitsky. 1997. “Democracy with Adjectives: Conceptual Innovation in Comparative Research.” *World Politics* 49(3) (April), 430-451.

Dahl, Robert, A. 1956. *A Preface to Democratic Theory*. Chicago: University of Chicago Press,

Dahl, Robert A.. 1971. *Polyarchy: Participation and Opposition*. New Haven: Yale University Press.

Diamond, Larry. 2008. “The Democratic Rollback: The Resurgence of the Predatory State.” *Foreign Affairs* 87(2)(March/April), 36-48.

Johnson, Chalmers. 1999. “The Developmental State: Odyssey of a Concept.” Meredith Woo-Cumings. ed. *The Developmental State*. Cornell, CA: Cornell University Press, 32-60.

Gunther, Richard and Larry Diamond. 2003. "Species of Political Parties: A New Typology." *Party Politics* 9(2), 167–199.

Gaventa. John. 2004. "Triumph, Deficit or Contestation?: Deepening the 'Deepening Democracy' Debate." Paper prepared for discussion at the Seminar on Deepening Democracy. Governance and Civil Society Unit, Ford Foundation, Rio de Janeiro, Dec. 2.

Heller, Patrick. 2000. "Degrees of Democracy: Some Comparative Lessons from India." *World Politics*. 52(4)(Jul), 484–519

Heller, Patrick. 2009a. "Democratic Deepening in India and South Africa." *Journal of Asian and African Studies* 44(1), 123–149

Heller, Patrick. 2009b. "Democratic Deepening in Brazil, India and South Africa: Towards a Comparative Framework." Paper prepared for "Building Sustainable Democracies." Indiana University, Bloomington, Jan. 29–30.

Im, Hyug Baeg. 2004. "Faltering Democratic Consolidation in South Korea: Democracy at the End of the Three Kims' Era." *Democratization* 11(5) (December), 179–198.

Kapstein, Ethan B. and Nathan Converse. 2008. "Why Democracies Fail." *Journal of Democracy* 19(4)(Oct.), 57–68.

Kurlantzik, Joshua. 2013. *Democracy in Retreat: The Revolt of the Middle Class and the Worldwide Decline of Representative Government*. New Haven: Yale University Press.

Linz, Juan and Alfred Stepan. 1996. "Toward Consolidated Democracies." *Journal of Democracy* 7(2), 14–33.

Linz, Juan. 1990. "Transitions to Democracy." *Washington Quarterly* 13(5), 143–162.

O'Donnell, Guillermo. 1998. "Horizontal Accountability in New Democracies." *Journal of Democracy* 9(3), 112–126.

Schedler, Andreas. 1998. "What is Democratic Consolidation?" *Journal of Democracy* 9(2), 91–107

Siaroff. Alan. 2003. "Two–And–Half–Party Systems and the Comparative Role of the 'Half'." *Party Studies* 9(3), 267–290.

Valenzuela, Arturo. 1993. "Latin America: Presidentialism in Crisis." *Journal of Democracy* 4(4)(Oct.), 3–16.

Valenzuela, Arturo. 2004. "Latin American Presidencies Interrupted." *Journal of Democracy* 15(4), 5–19.

Valenzuela, J. Samuel. 1992. "Democratic Consolidation in Post–Transitional Setting: Notion, Process, and Facilitating Conditions." Scott Mainwaring, Guillermo O'Donnell, and J. Samuel Valenzuela, eds. *Issues in Democratic Consolidation: The New South American Democracies in Comparative Perspective.* Notre Dame: Notre Dame University Press, 57–104.

공직선거및선거부정방지법. 2003.

http://www.law.go.kr/lsInfoP.do?lsiSeq=62485&ancYd=20030204&ancNo=06854&efYd=20030204&nwJoYnInfo=N&efGubun=Y&chrClsCd=010202#0000

공직선거및선거부정방지법. 2004.

http://www.law.go.kr/lsInfoP.do?lsiSeq=62354&ancYd=20040312&ancNo=07189&efYd=20040312&nwJoYnInfo=N&efGubun=Y&chrClsCd=010202#0000

공직선거법. 2005.

http://www.law.go.kr/lsInfoP.do?lsiSeq=70230&ancYd=20050804&ancNo=07681&efYd=20050804&nwJoYnInfo=N&efGubun=Y&chrCls

Cd=010202#0000
공직선거법. 2015.
http://www.law.go.kr/lsInfoP.do?lsiSeq=172022&ancYd=20150619&ancNo=13334&efYd=20150619&nwJoYnInfo=N&efGubun=Y&chrClsCd=010202#0000
대한민국 헌법
http://www.law.go.kr/lsInfoP.do?lsiSeq=61603&efYd=19880225#0000
대한민국 국회법
http://www.law.go.kr/lsInfoP.do?lsiSeq=152073&efYd=20150319#0000
대한민국 선거법
http://www.law.go.kr/lsInfoP.do?lsiSeq=179480&efYd=20160115#0000
대한민국 정당법
정당법. 2004.
http://www.law.go.kr/lsInfoP.do?lsiSeq=58718&ancYd=20040312&ancNo=07190&efYd=20040312&nwJoYnInfo=N&efGubun=Y&chrClsCd=010202#0000
http://www.law.go.kr/lsInfoP.do?lsiSeq=173847&efYd=20150811#0000
제헌국회 국회법. 1948년 10월 2일 제정
http://www.law.go.kr/lsInfoP.do?lsiSeq=4013&ancYd=19481002&ancNo=00005&efYd=19481002&nwJoYnInfo=N&efGubun=Y&chrClsCd=010202#0000
헌법재판소. 2001년 7월 19일. 2000헌마91-112-134(병합) 전원재판부. "공직선거 및 선거부정방지법 제146조 제2항 위헌확인, 공직선거법 및 선거부정방지법 제56조 등 위헌확인, 공직선거 및 선거부정방지법 제189조 위헌확인."
http://search.ccourt.go.kr/ths/pr/ths_pr0101_P1.do
헌법재판소. 2014년 10월 30일. 2000헌마91-112-134(병합) 전원재판부. "공직선거법 제25조 제2항 별표 1 위헌확인."
http://search.ccourt.go.kr/ths/pr/ths_pr0101_P1.do
헌법재판소. 2016년 7월 28일. 2015헌마236-412-673(병합) 전원재판부. "부정청탁 및 금품 등 수수의 금지에 과한 법률 제2조 제1호 라목 등 위헌확인."
http://search.ccourt.go.kr/ths/pr/ths_pr0101_P1.do

한국형 발전국가의 국가이념과 정치제도

발행일 1쇄 2018년 6월 1일
지은이 박성우 · 손병권
펴낸이 여국동

펴낸곳 도서출판 인간사랑
출판등록 1983. 1. 26. 제일 - 3호
주소 경기도 고양시 일산동구 백석로 108번길 60 - 5 2층
물류센타 경기도 고양시 일산동구 문원길 13 - 34(문봉동)
전화 031)901 - 8144(대표) | 031)907 - 2003(영업부)
팩스 031)905 - 5815
전자우편 igsr@naver.com
페이스북 http://www.facebook.com/igsrpub
블로그 http://blog.naver.com/igsr
인쇄 하정인쇄 **출력** 현대미디어 **종이** 세원지업사

ISBN 978 - 89 - 7418 - 380 - 6 93340

* 책값은 뒤표지에 있습니다. * 잘못된 책은 바꿔드립니다.

이 도서의 국립중앙도서관 출판시도서목록(CIP)은 서지정보유통지원시스템 홈페이지(http://seoji.nl.go.kr)와 국가자료공동목록시스템(http://www.nl.go.kr/kolisnet)에서 이용하실 수 있습니다.(CIP제어번호: CIP2018016005)